Wo sind unsere Toten? Sehen wir sie wieder?

ERHARD BÄZNER

Wo sind unsere Toten? Sehen wir sie wieder?

Eine Abhandlung
über Tod und Wiederverkörperung

DREI EICHEN VERLAG

D–8300 Ergolding

Die Deutsche Bibliothek – CIP-Einheitsaufnahme

Bäzner, Erhard:
Wo sind unsere Toten?
Sehen wir sie wieder? :
Eine Abhandlung über Tod und
Wiederverkörperung / Erhard Bäzner. –
5. Aufl., 15.–16. Tsd. –
Ergolding : Drei-Eichen-Verl., 1991
ISBN 3-7699-0517-2

ISBN 3-7699-0517-2
Verlagsnummer: 517

Alle Rechte vorbehalten!

© 1966 by Drei Eichen Verlag, D-8300 Ergolding

Nachdruck, auch auszugsweise, die fotomechanische Wiedergabe, die
Bearbeitung als Hörspiel, die Übertragung durch Rundfunk sowie auf
Daten- und Tonträger, die Verfilmung und Übersetzung in andere Sprachen
dieser und der nach ihr hergestellten Fassungen bedürfen der
schriftlichen Genehmigung des Drei Eichen Verlages.

5. Auflage, 15.–16. Tsd. 1991

Druck und Verarbeitung: Ebner Ulm

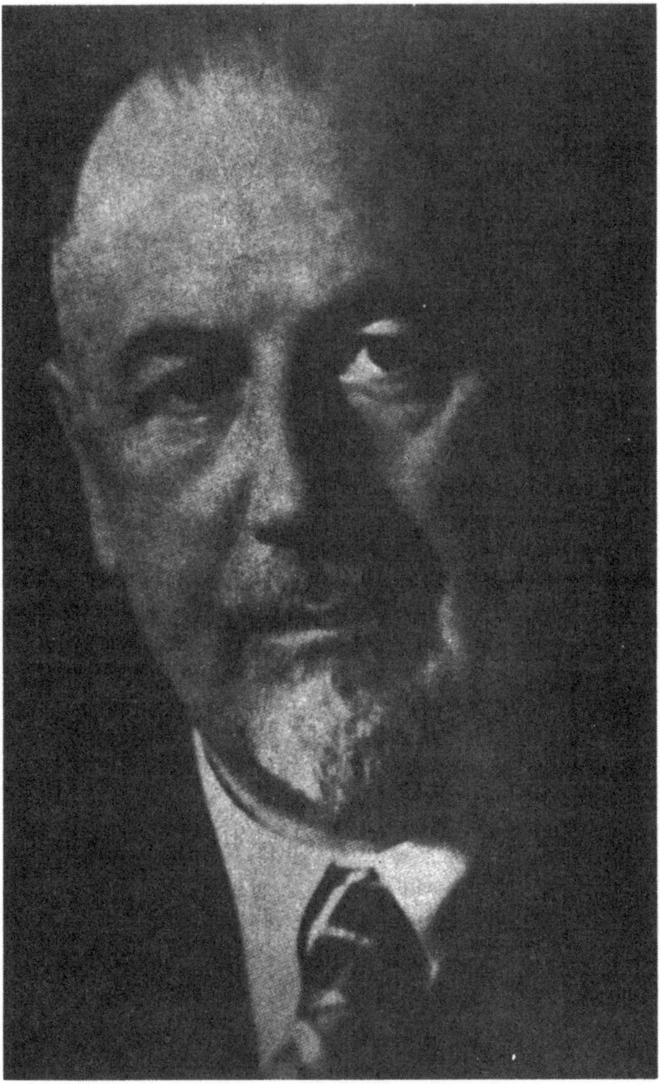

INHALT

ZUM GELEIT 9

EINLEITUNG:
Das Rätsel des Lebens und das Geheimnis des Todes . . . 13

WO SIND DIE TOTEN?

I. DAS JENSEITS 22
Das Hineinragen des Diesseits ins Jenseits — Beziehungen zwischen Jenseits und Diesseits

II. DER TOD UND DER VORGANG DES STERBENS 34

III. DER ABGESCHIEDENE IN DER WUNSCHWELT 61
In der Hölle — Im Fegefeuer — Im Sommerland

IV. DER ABGESCHIEDENE IN DEN HIMMELN 83
In der Gedankenwelt — In der Tugendwelt

V. DER WEG ZUR WIEDERVERKÖRPERUNG 99
Der Abstieg in die Wunschwelt — Die Vorbereitungen zur Wiederverkörperung — Der Vorgang der Wiederverkörperung

SEHEN WIR DIE TOTEN WIEDER?

I. DER VERKEHR MIT DEN VERSTORBENEN 108
Kurz nach dem Tode — Durch Medien — Während des Schlafes — Unmittelbar durch Entfaltung des 6. Sinnes und durch geistige Entwicklung

II. DIE WIEDERVERKÖRPERUNG
ALS ENTWICKLUNGSGESETZ 138
Was sich wiederverkörpert — Die Notwendigkeit der Wiederverkörperung — Erinnerung an frühere Erdenleben — Vererbung, Verwandtschaft, Geschlecht — Bemeisterung des Schicksals

III. STIMMEN DER DICHTER UND DENKER ÜBER TOD UND WIEDERVERKÖRPERUNG 177

INHALT

WAS LEHRT UNS DIE TATSACHE DES FORTLEBENS NACH DEM TODE? 197

Unser Verhalten am Sterbebett — Unser Verhalten nach der Bestattung unserer Abgeschiedenen — Unser Verhalten bei den Erscheinungen Verstorbener — Können wir den Toten helfen? — Können uns die Toten helfen? Die Höherentwicklung des Menschen — Der mystische Tod

ILLUSTRATIONEN: 221

I/III. Der Vorgang des Sterbens in drei Stufen dargestellt

IV. Das Aurische Ei, die schematische Darstellung der siebenfältigen Natur des Menschen und des Kosmos

ZUM GELEIT

Das Buch, das hier neu aufgelegt wird, ist nicht irgendeines, und der es schrieb, ist nicht irgendwer. Es berichtet von einer Welt, die gemeinhin und nur ungenügend als »Jenseits« bezeichnet wird, und erörtert den »Tod« als eines der wichtigsten, ältesten und erregendsten Probleme des Lebens.

Die Ära des Materialismus, der den geistigen Ursprung der Welt und des Menschen verneint, geht ihrem Ende entgegen. Immer mehr neigt die moderne Wissenschaft einer geistigen Erklärung der Welt und des Menschen zu, denn nicht die Materie ist das Absolute, wie die mechanistische Physik bisher behauptete. Die neuen physikalischen Erkenntnisse geben dem Vorhandensein einer immateriellen geistigen »Sphäre« als einer »realen Welt« (M. Planck) Raum, die sich hinter der sichtbaren physischen Welt befindet, und in der, wie man zunehmend erkennen wird, sich graduelle Stufen (Sphären) mit sichtbaren Erscheinungen befinden, von denen die physische Welt nur eine, und zwar die unterste bildet.

Die Frage, ob der Mensch aus eigenem Vermögen Kenntnis einer feinstofflicheren Welt erhalten kann, haben große Weise bejaht. »Der Geist erforscht alle Dinge, auch die Tiefen der Gottheit« (1. Kor. 2,10). Daß auch ernst zu nehmende Gelehrte Erfahrungen in »jenseitigen Sphären« machen können, hat Swedenborg gezeigt. Wir möchten glauben, daß der Mensch nicht für immer nur auf die dürftigen Ergebnisse der Beobachtung durch die äußeren fünf Sinne angewiesen sein wird. Sollten die Alten recht haben, welche von noch unerschlossenen Erkenntniskräften im Menschen gesprochen haben? Warum sollte es nicht Forscher geben, die bewußt in jenen Reichen »des Unbewußten« Erfahrungen machen können, die der Mensch im allgemeinen nur unbewußt, etwa im Traumzustande betreten kann? Der Verfasser gehört zu den wenigen, die in der Lage waren, aus der Welt der Abgeschiedenen berichten zu können.

Den Bereich der Seele, den der Psychologe C. G. Jung »die Tiefe des Unbewußten« nennt, hat Erhard Bäzner *mit Bewußtsein* erfahren. Ihm war die göttliche Gabe des Schauens verliehen. Als begnadeter Seher vermochte er den geheimnisvollen Pfad der Seele in die unserer Erde zugeordnete Welt des Jenseits zu beschreiben, die wir nur darum als ein Jenseits bezeichnen, weil wir — im Diesseits befangen — »im Fleische leben«, wie es die Heilige Schrift bezeichnet. Erhard Bäzner erlebte die Realität der metaphysischen Welt aus eigener Erfahrung, ebenso wie zahlreiche Begnadete vor ihm, die sich hüten mußten, davon zu sprechen. Sein Schauen war eine Naturanlage und offenbarte sich schon in frühester Kindheit. Dem aus den einsamen Wäldern des Hochschwarzwaldes stammenden Schwaben mit dem Geisteserbe der innigen Naturverbundenheit seiner Ahnen war mit seiner Sehergabe ein einzigartiges, unmittelbares Verhältnis zur erweiterten Gottnatur der Welt und des Menschen gegeben. Seine okkulte Wesensveranlagung war völlig natürlich, klar, real und gänzlich entfernt von den riskanten Experimenten und zweifelhaften Abenteuern der Pseudo-Okkultisten, die sich anstrengen, in eine andere Welt vorzustoßen. Sie war gleicherweise ganz und gar dem Wesen der unwissenden Medien entgegengesetzt, die wie vom Geistwind umhergewirbelte Blätter ins Jenseits eindringen und ihre unkontrollierbaren Botschaften im Zustand der Trance übermitteln.

Der Verfasser hat seine psychische Forschung über die Gesetze des Jenseits weiterhin in eine klare Lebensphilosophie eingekleidet und damit der heutigen Parapsychologie einen wertvollen Beitrag zur Erklärung der übersinnlichen Phänomene einer anderswertigen Welt geleistet. Sein Buch spricht zu den Menschen unserer Zeit und erhellt ihnen das scheinbar undurchdringliche Dunkel vor dem Eingang zum Jenseits.

Oberflächlich denkenden Menschen, denen vergängliche Freuden der einzige Lebensinhalt sind, dürfte das Buch wenig sagen. Aber solchen, und deren sind nicht wenige, die in großer innerer Not nach einer Hand suchen, die sie aufrichtet, namentlich beim Verlust lieber Angehöriger, wird es höhere Einsichten und einen sicheren Halt in schicksalsschweren Stunden geben. Ihnen könnte das Buch zu einem Lebensbuche werden.

Möge das Lebenswerk Erhard Bäzners, seine Botschaft von der Unsterblichkeit, die er in Tausenden von Vorträgen verkündet hat, auch nach seinem im Jahre 1963 erfolgten Heimgang viele der sehnsüchtig Suchenden erreichen, ihnen Trost und Hoffnung, Erkenntnis und Frieden schenken! Seiner Botschaft wohnt eine Leuchtkraft inne, die weit in die Zukunft ausstrahlt und noch bei kommenden Generationen Ehrfurcht und Ergriffenheit auslösen wird.

Die Illustrationen wurden nach genauen Angaben des Sehers von seinem Künstlerfreunde *Franz Wenzel* angefertigt.

Gertrud Bäzner

»Mich läßt der Gedanke an den Tod in völliger Ruhe; denn ich bin der festen Überzeugung, daß unser Geist ein ewig fortwirkender ist, der Sonne ähnlich, die auch nur unseren irdischen Augen unterzugehen scheint, in Wirklichkeit aber ewig fortleuchtet.«

GOETHE

EINLEITUNG

Das Rätsel des Lebens und das Geheimnis des Todes

Kein Ding im Weltall hat irgendwelche Dauer. Alles wechselt, alles befindet sich in beständigem Fluß. Alles Werdende ist schon im Augenblick des Entstehens dem Tode geweiht.

Der Fels, der jahrtausendelang im Gebirge lag und dort allen Stürmen und Natureinflüssen standhielt, zerspringt plötzlich, rollt in die Tiefe des Talgrundes, wird in eine Menge kleiner Stücke zerschlagen und löst sich im Laufe der Zeit in Sandkörner auf.

Bäche, Flüsse und Ströme durchziehen das Land und tragen fortwährend Teilchen der Berge und des Ufers dem Meere entgegen. Während sich der Meeresboden langsam, aber beständig hebt, bringen anderseits gewaltige Katastrophen Inseln und Länder zum Versinken. Wo heute Städte liegen und sich Burgen auf lichten Bergeshöhen erheben, wo jetzt wuchtige Steinbauten, staunenerregende Kraftanlagen und herrliche Kunstwerke als Wahrzeichen unserer Kultur stehen, da wird nach Jahrtausenden das Meer rauschen und der Sturm die Wellen peitschen. Und da, wo wir heute die

Wunder der Tiefsee erforschen, wird sich neues Festland erheben und darauf eine Kultur erblühen, von der wir uns heute, im Vergleich zu unseren gegenwärtigen Verhältnissen, noch keine Vorstellung machen können.

Alles ist in Bewegung und befindet sich im Übergang von einem Zustand in einen anderen. Nirgends gibt es einen Stillstand. Immer neue Gebilde entstehen aus den alten, vergehenden Formen. Doch bei jedem sich auflösenden Dinge, bei jedem sich zersetzenden Körper wird nur die Form verändert. Die Substanz bleibt und erscheint in einem anderen Zustande wieder. Verdampft das Wasser, so ist es nicht verschwunden, sondern hat nur seine Form gewechselt. Es ist als Dampf vorhanden und verwandelt sich durch Abkühlung wieder in flüssiges Wasser; der Frost läßt es zu Eis erstarren, das unter dem Einfluß der Wärme zerschmilzt und wieder flüssig wird. An der Oberfläche der Gewässer verdunstet das Wasser beständig, der Dunst steigt in die Höhe, bildet Nebel, dessen feine Tröpfchen ballen sich zu Wolken und kehren in Form von Regen und Schnee wieder zur Erde zurück. Die Raupe wird zur Puppe, ist als Raupe »gestorben«, und wenn die Zeit gekommen ist, feiert sie Auferstehung, um als Schmetterling dem Lichte entgegenflattern und im Sonnenscheine die duftenden Blumen besuchen zu können. Der Frühling geht in den Sommer über, der Sommer in den Herbst, der Herbst in den Winter. So stellt die Natur überall ihre Wegweiser auf und zeigt, daß das Leben ein fortlaufendes Sichumwandeln, ein beständiges Aufsteigen vom Niederen zum Höheren darstellt.

Auch im Leben des Menschen beobachten wir verschiedene Stufen. Der Mensch stirbt gleichsam als Kind, um zum Jüngling oder zur Jungfrau zu werden und weiterhin zum Manne oder zur Frau heranzureifen. Im Greisenalter ist er ein ganz anderer als im Kindes-, Jünglings- und Mannesalter. Auf keiner dieser Stufen stirbt er wie im Augenblick des Todes, und doch bringt jeder Übergang von einer zur anderen Stufe einen oft vollständig veränderten Zustand.

Angesichts dieser Beobachtung drängen sich uns die Fragen auf, die in diesem Buche behandelt werden sollen: »*In welchem Zustand lebt der Mensch nach dem Tode weiter? Wo sind die Toten? Sehen wir sie wieder?*«

Zu allen Zeiten stellten denkende Menschen diese Fragen, und in allen Völkern der Vergangenheit brachte man dem Lebens- und Todesproblem ein allgemeines und lebendiges Interesse entgegen. Auch in der Gegenwart wird auf mancherlei Art versucht, das Rätsel des Lebens zu lösen und das Geheimnis des Todes zu enthüllen. Doch auch heute noch gehen, wie in früheren Zeiten, die Meinungen der Forscher über dieses Gebiet weit auseinander. Viele vertreten die Anschauung, daß man über diese Fragen überhaupt nichts Bestimmtes wissen noch sagen könne, da noch kein Verstorbener »vom anderen Ufer« zurückgekehrt sei, um uns den Zustand nach dem Tode zu beschreiben. Darüber aber sind sich alle Forscher einig, daß die Lösung dieser Fragen von weittragender Bedeutung ist; denn sie sind die Kernfragen des Lebens und bestimmen unsere Lebensführung.

Solange der Mensch den schäumenden Becher des Lebens trinkt und nur der Lust lebt, denkt er selten an den Tod. Genießen erscheint ihm Lebenszweck; darum lebt er im Taumel des Sinnenlebens dahin, als ob er niemals sterben würde. Der Gedanke an Sterben und Tod erfüllt ihn mit Bangigkeit und lähmender Furcht, und er sträubt sich dagegen, diesen Gedanken in sein Gemüt und Bewußtsein aufzunehmen.

Aber für jeden einzelnen schlägt einmal die Todesstunde, sei es früher oder später. Der siegreichste Held, das größte Genie und der gewaltigste Machthaber sind ebenso dem Tode verfallen wie das neugeborene Kind, das kaum einen Lichtblick in diese Erdenwelt getan hat. Sie alle stehen dem

Tode macht- und hilflos gegenüber. Sehr häufig durchkreuzt er die Pläne der Menschen und bringt all ihren Hader zum Schweigen. Eindringlich mahnt er uns, den Blick nach innen und das Bewußtsein vom Vergänglichen auf das Ewige zu lenken und unser inneres und äußeres Leben in harmonischen Einklang zu bringen. Unter dem gewaltigen Eindruck des Todes heben sich alle persönlichen Unterschiede und Gegensätze auf. Das Ereignis des Todes berührt unser Innerstes aufs tiefste.

Stehen wir im Sterbezimmer oder am Sarge einer lieben, fürsorglichen Mutter, eines gütigen Vaters, eines geliebten Kindes oder treuen Freundes, dann vergessen wir alle Wünsche, persönlichen Neigungen und alle Lustbarkeiten. Alle Schätze und Güter und die Herrlichkeiten des vergänglichen Daseins zerrinnen wie Schaum. Alle äußeren Werte erscheinen angesichts des Todes völlig wertlos; denn höher als jede Erdenpracht steht uns die Liebe zu unseren Entschlafenen, und wertvoller als alles Erdenglück wäre für uns die Gewißheit, sie wiederzusehen und mit ihnen vereint zu sein.

Es ist eine eigenartige Erscheinung, daß gerade die Menschen, welche die Möglichkeit eines Fortlebens leugneten, vor ihrem Sterben oft den Wunsch nach einem Weiterleben äußern. Beim Herannahen der Todesstunde weichen alle Zweifel in bezug auf ein Weiterleben der Seele. Gerade diejenigen, welche überlaut verkündeten: »Es gibt weder ein Jenseits noch ein Weiterleben nach dem Tode! Nach dem Tode ist alles aus!« — gerade sie zweifeln selbst an der Richtigkeit ihrer Meinung, wenn sie auf schwerem Krankenlager unter bitteren Schmerzen leiden und wirklich die große Reise in das sogenannte »Nichts« antreten sollen. Dann zieht meist Angst und Entsetzen in ihre Herzen ein. Sie fühlen nun, daß das Leben doch noch etwas anderes ist als nur Zellen- und Gehirntätigkeit oder reine Zufallssache. Es kommt ihnen dann mehr und mehr zum Bewußtsein, daß mit des

Grabes dunkler Pforte des Lebens Lauf noch nicht beendet sein kann. Heinrich Heine schreibt auf seinem Sterbebette: »Glauben Sie mir, mein Freund, denn Heinrich Heine sagt es Ihnen auf seinem Schmerzenslager, nachdem er jahrelang überlegt und alles durchforscht und weislich erwogen hat, was alle Nationen darüber gesagt und geschrieben haben — — — glauben Sie mir: Ich bin zur Gewißheit gekommen, daß es einen Gott gibt, der ein Richter unserer Taten ist, daß unsere Seele unsterblich ist, und daß es ein Jenseits gibt, wo das Gute belohnt und das Böse bestraft wird.«

Noch erstaunlicher ist jedoch die Beobachtung, daß sich manche Menschen auf ihren Tod freuen, ja ihren Tod wie ein heiliges Erlebnis erwarten. Welche Ruhe und Ergebung zeigt sich manchmal bei Sterbenden im jugendlichen Alter und bei Verunglückten, die sich voll bewußt sind, wieviel Stunden oder Minuten ihr Leben noch währt! Wie ergreifend ist das Bild einer jungen, werdenden Mutter, die sich ihrer gefahrvollen Lage voll bewußt ist und ruhig und getrost dem Tode entgegensieht! Keine Spur von Verzweiflung liegt auf ihrem Antlitz, aus ihren Augen spricht nicht das geringste Anzeichen von Erbitterung darüber, daß sie im blühenden Lebensalter, bei völliger körperlicher Gesundheit von der Erde scheiden muß. Mit einem verklärten Blick frommer Geduld und stiller Ergebung, ja mit einem glücklichen Lächeln haucht sie ihren Atem aus. Ein Zauber der Verklärung breitet sich über den erkaltenden Körper, eine tiefe Stille und Weihe erfüllt das Sterbezimmer. In allen, welche den Raum betreten, werden reinere und höhere Gefühle wach.

Während hier der Tod in seiner Erhabenheit die Gemüter ergreift und die Seele emporhebt, löst er bei anderen erstarrende, dunkle und dumpfe Empfindungen aus. Eine düstere Trauer liegt dann wie eine erdrückende Last über dem Sterbehaus. Gleich einem zersetzenden Gift wirkt diese Trauerstimmung entweder erregend oder lähmend auf alle, die das Haus betreten. Der inneren Lebenseinstellung gemäß übt das Ereignis des Todes auf jeden einzelnen verschiedene Wirkungen aus und bedingt damit die entsprechende Stellungnahme zu dem Problem des Todes. Dem intellektuell eingestellten Menschen ist er ein unbegreifliches und unlösbares Rätsel, vor dem er sich schließlich in tiefer Ehrfurcht beugen muß. Dem Frommen ist er ein strenger, aber gerechter Richter, dem mutigen und hoffnungsfrohen Jüngling und der glückseligen Jungfrau ist er ein grausamer Räuber, der ihnen das Beste und Liebste hinwegrafft. Für den Verzweifelten ist der Tod ein willkommener Befreier. Der Altersschwache sehnt ihn herbei als den Engel, der ihn zur Ruhe in die Heimat geleitet. Die Dichter und Künstler bezeichnen ihn als Freund und Bruder und erkennen in ihm den großen Umwandler und Erneuerer des Lebens.

So sehen wir uns gezwungen, selbst Stellung zu dem Todesproblem zu nehmen; denn wir fühlen, daß wir nicht eher zur Ruhe kommen können, bis wir es gelöst haben. Es wäre nun aber ein vergebliches Beginnen, alle Spekulationen über den Tod zu berücksichtigen, weil dadurch doch keine Lösung dieser Grund- und Kernfrage gefunden werden kann. Wir können und dürfen eine solche durch die Kenntnisnahme der darüber bestehenden Theorien und Meinungen nicht erwarten; denn Begriffe, Methode und nicht minder die eigene Lebenserfahrung, Schicksal und Veranlagung sind bei jedem Menschen anders. Die Erkenntnisfähigkeit ist bei den einzelnen Menschen verschieden entwickelt, je nach dem Grade ihres Bewußtseins. Was dem einen selbstverständlich ist, erscheint dem anderen unbegreiflich. Wo der eine ein Verbrechen sieht, erblickt der andere nur eine kluge Tat. *Wie aber kommen wir der Lösung des Todesproblems näher?*

Dazu ist es notwendig, daß wir uns über Wesen und Natur des Menschen, seine Stellung im Weltall und sein

Verhältnis zur Gottheit Klarheit verschaffen. Dabei können uns bis zu einer bestimmten Stufe die Lehren der großen Weisen und Erleuchteten als Wegweiser eine große, wertvolle Hilfe sein. Sie führen auf den Pfad zur Selbsterkenntnis, zur Theosophie, in der sich alle Rätsel des Lebens und das Geheimnis des Todes lösen.

Alle großen Weisen und Denker der Vergangenheit und Gegenwart erklären, daß nur *ein* Leben den Weltenraum erfüllt und alle Welten und deren Geschöpfe durchdringt. Sie weisen darauf hin, daß sich der Mensch in einem Meer von unendlichem Leben und Bewußtsein bewegt, das alle Dinge belebt und erfüllt, in dem alle Dinge ihr Dasein haben und aus dem sie alle hervorgegangen sind. Die großen Erleuchteten verkünden: »Dort ist das Eine, vollkommene Bewußtsein, das Eine Wesen aller Erscheinungen, die Eine Kraft, die alles im Innersten zusammenhält.« »In Gott leben, weben und sind wir«, sagte der Apostel Paulus. Gott ist erhaben über alle Dinge, frei von allem Wechsel und den Schranken der Zeit, der Verursachung und des Ortes. Da der Mensch diesen Schranken unterliegt, vermag er Gott nicht zu begreifen. Gott wird, wie die Bibel sagt, nur »im Geiste und in der Wahrheit« erkannt. Wir können ihn aber erleben in seinem Werke, der wunderbaren Weltenschöpfung, die seine Weisheit, Liebe, Schönheit, Güte und Allmacht offenbart.

Wenn sich der Mensch nicht mehr in der Welt der Vielheit, der stets wechselnden Erscheinungen verliert, sondern in sich selbst, in der inneren, tiefen Stille lebt und alle selbstgeschaffenen Vorstellungen und Phantasiegebilde, alles Persönliche, Eigenwillige aus seinem Inneren entfernt, dann findet er Gott. So sagt auch Meister Eckhart: »Tue alles von dir hinweg, was nicht Gott ist, und es bleibt nichts anderes übrig als Gott.« Je reiner und stärker die Liebe ist, um so klarer offenbart sich Gott in uns. »Gott ist die Liebe, und wer in der Liebe bleibet, der bleibet in Gott und Gott in ihm.«

Leuchtet einmal das Gottesbewußtsein im Menschen auf, dann erscheint ihm die Welt als ein großer, einheitlicher Organismus, in dem der Eine Weltenbaumeister wirkt und immer neue, edlere Formen hervorbringt, sowohl im Mineral- wie im Pflanzenreich und, immer weiter aufsteigend, auch im Tierreich. Im Menschen wird die vollkommene Form erreicht. Der göttliche Geist durchdringt die Materie immer mehr und mehr mit Bewußtsein, und so vollzieht sich durch die gewaltige Entwicklung der Wesen eine fortwährende Bewußtseinssteigerung und gleichzeitig damit eine Verfeinerung der Formen, bis der Geist in den vollkommen beseelten Formen zum Selbstbewußtsein gelangt. »Gott hält das All umwoben und umwunden, bis er sich selbst in sich zurückgefunden.« Gott, Welt und Mensch sind nicht voneinander getrennt, sie bestehen nicht nebeneinander, sondern sind unzertrennlich verbunden, wie der Künstler mit seinem Werke, wie die Sonne mit dem Sonnenstrahl und das Licht mit der Wärme.

Durch ein ernsthaftes Studium der theosophischen Lehren (der Geheimlehren der Weisen und Erleuchteten) finden wir den *Schlüssel*, der uns das Reich der Toten erschließt, sofern wir ihn nicht zur *Befriedigung der Neugierde*, sondern zum *Heil der Menschheit gebrauchen*. In diesen Lehren wird der Mensch nicht auf Theorien, auf äußere Mittel und Mittler, sondern nur auf sich selbst verwiesen. Sie zeigen klar und unzweideutig, wie er in sich selbst die Kräfte und Fähigkeiten entfalten kann, die es ihm ermöglichen, sein wahres Wesen zu erkennen. »Mensch, erkenne dich selbst,« war der Mahnruf aller Weisen. Darum ist es des Menschen wichtigste Aufgabe, sein wahrer Lebenszweck, zur Selbsterkenntnis zu erwachen.

Dies ist aber nur möglich, wenn er seinen äußeren Sinnen, seinen Gedanken, Wünschen und Begierden, die ihn von seinem ewigen Wesen ablenken, Schweigen gebietet.

Indem er den Blick nach innen richtet, erwacht sein inneres, höheres Leben, die Erkenntnis seines unvergänglichen Wesens. Lauschen wir still und aufmerksam auf den Grundton unseres unsterblichen Wesens, so ruhen wir im ewigen Sein, das wir mit dem Verstande nicht ergründen können.

> »Vergebens sucht der irrende Verstand
> Des Daseins Rätsel zu ergründen.
> Das Dasein wird nur durch das Sein erkannt;
> Wer's kennen will, der muß sich selber finden.«
>
> RÜCKERT

In dem Maße, wie der Mensch sein Wesen erkennt, begreift er, daß alle die verschiedenartigen Kräfte, die im Weltall und in ihm selber wirken, der lebendige Ausdruck eines einheitlichen Willens sind, des Einen, göttlichen Willens, der sich in allen Geschöpfen und Dingen, in allem Geschehen, im größten wie im kleinsten, offenbart. Er ist das Eine Leben alles Lebens, die Eine Grundkraft aller Kräfte und die Ursache alles Daseins. Je ungehinderter und stärker dieser allmächtige, heilige Wille in ihm und durch ihn zu wirken vermag, je mehr also der Mensch sein Leben mit Ihm in Einklang bringt, um so klarer, tiefgründiger und umfassender wird seine Erkenntnis in bezug auf das Rätsel des Lebens und das Geheimnis des Todes.

»Wir sind von einer Atmosphäre umgeben, von der wir noch gar nicht wissen, was sich alles in ihr regt, und wie sie mit unserem Geiste in Verbindung steht, so viel ist gewiß, daß in besonderen Zuständen die Fühlfäden unserer Seele über ihre körperlichen Grenzen hinausreichen können.«

GOETHE

WO SIND DIE TOTEN?

Das Jenseits
Das Hineinragen des Diesseits ins Jenseits

Alle Religionssysteme verkünden, wenn auch in verschiedener Form, die Unsterblichkeit der Seele und ein Fortleben des Menschen nach dem Tode im Jenseits. Mächtiger als alle Einflüsse und Ereignisse im äußeren Weltgeschehen wirkt auf das Denken, Wollen und Handeln des Menschen der Glaube an ein Jenseits und die Gewißheit eines Weiterlebens nach dem Tode ein.

Wir verstehen unter dem Jenseits alles das, was jenseits der fünf Sinne des Menschen liegt und deshalb mit diesen nicht wahrgenommen werden kann. Jedermann weiß, daß der Mensch mit seinen körperlichen Sinnen die wunderbaren Gebilde im Mineral-, Pflanzen- und Tierreich und all die feinen, zarten Gewebe seines Körpers nicht vollkommen erkennen kann. Darum versucht er die Wahrnehmungsfähigkeit seiner unzureichenden Sinnesorgane mittels genial konstruierter Instrumente und Apparate zu erhöhen. So kann er z. B. durch das Mikroskop die dem bloßen Auge unsichtbaren, kleinsten Lebewesen und die Vorgänge im

Tier-, Pflanzen- und Mineralreich beobachten. Durch das Telephon, den Rundfunk und das Fernsehen vermag er Töne, Stimmen und Bilder selbst aus fernen Ländern so leicht zu hören und zu sehen, als ob es eine Entfernung gar nicht gäbe. Die Röntgenstrahlen zeigen das Innere des Körpers, als ob dieser durchsichtig wäre. Wer wollte aber annehmen, daß sich mit diesen Hilfsmitteln nun alle Möglichkeiten der Forschung und Wahrnehmung erschöpft hätten? Auf allen Gebieten, besonders auf dem Gebiete der Technik, werden immer neue, erstaunliche Entdeckungen gemacht. Und dennoch vermögen selbst die kunstvollen Instrumente keine Kunde vom Jenseits zu geben.

Den Schlüssel zum Jenseits findet der Mensch nur in sich selbst, in seiner zusammengesetzten Natur. Durch die stille Einkehr in uns selbst kommt es uns zum Bewußtsein, daß wir nicht der äußere, sichtbare Körper sind, sondern daß uns eine höhere, geistige Einheit zu Grunde liegt, ein unvergängliches Wesen, das über allem Wechsel erhaben ist. Es wird uns klar, daß sowohl geistige als auch seelische Kräfte neben den körperlichen und den Lebenskräften in uns wirksam sind. Alle Kräfte, die im Weltall liegen, sind auch im Menschen vorhanden, seien sie schlummernd oder offenbar. Er ist »ein Mikrokosmos im Makrokosmos« — eine Welt im kleinen. Sein Organismus enthält alle höheren und niederen Schwingungsarten des großen, universellen Lebens. Der große Philosoph und Mystiker Paracelsus (1494 bis 1541) erklärt: »Hätte der Mensch etwas in sich, das *nicht* im Makrokosmos enthalten ist, so wäre er ein unnatürliches Ding, und hätte er weniger, als was derselbe enthält, so wäre er ein unvollkommenes Erzeugnis der Natur.«

Das Traumleben ist der beste Beweis dafür, daß der Mensch nicht, wie es äußerlich scheint, in seinem physischen Körper eingeschlossen ist. Im Traume treten oft alle die Gedanken, Vorstellungen und Eindrücke besonders hervor, die sich am Tage nicht oder nur unvollkommen zu äußern vermochten. Sie wirken dann während des Schlafes im Traum ebenso stark, ja oft noch lebhafter als die Tagesereignisse auf das Gemüts- und Gedankenleben ein. Die oft seltsamen Erscheinungen im Traum- und im Seelenleben wären ohne die Voraussetzung eines Jenseits gar nicht zu erklären. Die besten Gedanken stellen sich in manchen Fällen im Traume ein. Mancher Irrsinnige spricht im Traume klar, während er am Tage verwirrt redet. Vorausahnungen, Visionen, Gedankenlesen, Mediumschaft, Materialisationen, Erscheinungen Verstorbener, Fernsehen in Zeit und Raum, Fernwirkung durch Heilkräfte, hypnotische und andere Erscheinungen wären unerklärbar, wenn man nicht das Vorhandensein eines Jenseits annähme.

Auch die verschiedenen Stadien von sehr häufig auftretenden Geisteskrankheiten und die verschiedenen Arten von Besessenheit, sowie die Nachwirkungen der Hypnose sind auf jenseitige Einwirkungen zurückzuführen und können nur unter Kenntnis der jenseitigen Gesetze erklärt und erfolgreich behandelt werden. Selbst die kosmischen Ereignisse, Katastrophen und Naturerscheinungen aller Art werden nur durch die Voraussetzung eines Jenseits und der Einwirkung unsichtbarer, jenseitiger Kräfte begreiflich.

Wie sonderbar muten die Erscheinungen im Somnambulismus an! Betrachten wir einen Menschen im somnambulen Zustande! Wer nicht wüßte, daß er einen Lebenden vor sich hat, würde ihn für tot halten, so vollständig gleicht sein Zustand dem eines Toten. Dennoch ist er innerlich ebenso lebendig und von Bewußtsein erfüllt wie im Wachzustand. Im somnambulen Zustand ragt der Mensch teilweise bewußt ins Jenseits hinein, er überschreitet die Grenze der sinnlichen Welt. Mondsüchtige sehen alles, was sich in ihrer Umgebung befindet, obwohl sie die Augen geschlossen haben, und vermögen sich ebenso sicher zu bewegen wie im tagwachen Bewußtsein. Auch bei plötzlich eintretender Ohnmacht hat der Mensch oft innere Erlebnisse, die man durch äußere Anlässe und Einflüsse nicht erklären kann.

Wir unterscheiden im Menschen eine geistig-seelische und eine physisch-materielle Natur. *Goethe* drückt diese Erkenntnis in den Worten aus:

>»Zwei Seelen wohnen, ach! in meiner Brust,
>Die eine will sich von der andern trennen;
>Die eine hält in herber Liebeslust
>Sich an die Welt mit klammernden Organen;
>Die andre hebt gewaltsam sich vom Dust
>Zu den Gefilden hoher Ahnen.«

Der Mensch ist nicht der materielle Körper, dieser ist nur sein Werkzeug, die Hülle der Seele; die Seele aber wiederum gehört als das Instrument des in ihr wirkenden Geistes nicht den Erscheinungswelten an, sondern ist ein Bürger der geistigen Welt, ein Kind der Ewigkeit. Der Mensch ist seinem innersten Wesen nach Geist, ein Strahl der Gottheit, ein Kraftzentrum des göttlichen Lichtes, ein Kanal der Liebeskraft Gottes. Er wurzelt im Urgrund des Seins, der Region des göttlichen Allselbstbewußtseins.

Wenn wir den Menschen in seiner Natur betrachten, so unterscheiden wir außer dem *grob-physischen Körper* noch den *Äther-* oder *Lebensleib*. Dieser ist der Träger der Lebenskräfte im Menschen. Die Wunschkräfte und Gefühle haben ihren Träger in dem *Wunschleib*, auch Astral- oder Gefühlskörper genannt. Wie der Ätherleib die Verbindung zwischen dem physischen und dem Wunschleibe herstellt, so bildet der Wunschleib die Verbindung zum *Gedankenleib*, dem stofflichen Träger der Gedankenkräfte. Dieser wird auch Mentalkörper genannt. In ihm haben wir weiterhin ein Verbindungsglied mit dem lichten *Tugendleib*, welcher auch als *Ursachenkörper* oder *Kausalkörper* bezeichnet wird.

In ihm liegen alle Tugendkräfte. Der noch höhere Teil des Menschen wird der *spirituelle Leib*, der *Christus-* oder *Auferstehungsleib* genannt, er ist der Träger der geistigen Kräfte. Über allen diesen Körpern leuchtet und wirkt der in uns als ewiger Wesenskern liegende Gottesfunke, der *gottbewußte Teil*, der göttliche Strahl, der dem Reiche Gottes angehört und uns mit dem Einen Gott verbindet. Er ist der ruhende Pol in dem Wechsel der Erscheinungen, über alles Geschaffene und Werdende erhaben, der strahlende Stern am Himmel der Ewigkeit, das Ebenbild Gottes.

So unterscheiden wir einen unsterblichen und einen sterblichen Teil des Menschen. Den unsterblichen Teil nennen wir den Geistmenschen und den sterblichen die Persönlichkeit. Die Grundteile des Geistmenschen sind der Gottesfunke, der Christus- oder Auferstehungsleib (der verklärte Leib) und der Tugendleib. Der sterbliche Teil wird gebildet von dem Gedankenleib, dem Wunschleib, dem Ätherleib und dem grobphysischen Körper.

Diese Körper dürfen wir uns aber keinesfalls voneinander getrennt, etwa neben-, unter- oder übereinander vorstellen, sie sind vielmehr ineinander verwoben. Sie durchdringen einander wie das Wasser den Schwamm und wie der Sauerstoff das Wasser. Alle diese Körper haben ihre Organe, die entwicklungsfähig sind.

Wie der Reiter eines Pferdes und der Flieger eines Flugzeuges bedarf, so bedient sich der Mensch seiner verschiedenen Körper als Werkzeuge, um bewußt auf der irdischen Ebene und in den unsichtbaren Welten leben und wirken zu können. Will sich der Reiter als Flieger betätigen, so muß er sein Pferd mit einem Flugzeug vertauschen und sich mit der Technik des Flugwesens beschäftigen. Will er ein Taucher werden, so wird er sich nicht eines Flugzeuges, sondern eines Tauchapparates bedienen und sich in die Forschungsergebnisse der Meereswissenschaft vertiefen müssen. Seine bisherigen Fähigkeiten bleiben dadurch unberührt. Ebensowenig braucht der Mensch eine Veränderung seines sichtbaren Körpers herbeizuführen, wenn er sich ins Jenseits erheben will. Er gebraucht dazu einen feineren Körper mit Organen und Kräften, die denen der unsichtbaren Welten entsprechen. Da diese Kräfte bereits in ihm liegen, so bedürfen sie nur der Anregung zu ihrer Erweckung und Betätigung.

Zwischen dem Jenseits und dem Diesseits gibt es keine räumliche Grenze. Diese liegt nur in unserem Empfinden und wird durch die Empfindungsfähigkeit bestimmt. Je mehr sich der Mensch verinnerlicht, veredelt und vergeistigt, desto mehr lüftet sich und verschwindet der Schleier, der ihn vom Jenseits trennt, um so leichter vermag er sich ins Jenseits zu erheben. In demselben Maße, wie er seine Gedanken beherrscht und damit auch die Neigungen, Wünsche, Begierden und Leidenschaften überwindet, klärt sich ihm die jenseitige Welt. Immer klarer und bestimmter kommt es ihm zum Bewußtsein, daß er sich allüberall im Jenseits befindet. Er sucht es nicht mehr außerhalb seiner selbst, sondern lebt ebenso bewußt im Jenseits wie im Diesseits.

Beziehungen zwischen Jenseits und Diesseits

Die täglichen Lebenserfahrungen und die Erscheinungen im Leben der Natur zeigen mit großer Deutlichkeit die Einwirkung geistiger Kräfte und jenseitiger Intelligenzen auf das physische Leben des einzelnen Menschen und auf das kosmische Leben der Natur. Jeder Mensch steht sowohl im Erdenleben als auch nach dem Tode unter dem ständigen Einfluß des Jenseits und in dauernder Wechselbeziehung mit den im Jenseits wirkenden Kräften.

Die jenseitige Welt ist die Welt der Ursache, die diesseitige die der Wirkung. Wie Ursache und Wirkung nicht voneinander getrennt werden können, so kann auch das Diesseits nicht ohne das Jenseits bestehen. Im Diesseits könnten ohne die beständige Einwirkung des Jenseits und der jenseitigen Kräfte keine Formen entstehen und könnte kein Wachstum sich entfalten. Nur durch das immerwährende Ineinander- und Aufeinanderwirken der jenseitigen und diesseitigen Kräfte vollzieht sich die Höherentwicklung und Vervollkommnung der Formen und Wesen.

Das Jenseits ist ein höherer Schwingungszustand der Materie, und das Diesseits ist nur ein Niederschlag, eine Kristallisation des Jenseits. Wie die physische Welt, so ist auch die jenseitige eine Erscheinungswelt, und zwar eine Verdichtung der höchsten, geistigen, formlosen Welt; das Diesseits stellt als die Fortsetzung dieses Verdichtungsprozesses die festeste Form der geistigen Welt dar. Das Jenseits gliedert sich in verschiedene Bewußtseinsreiche. Diese sind nicht räumlich voneinander getrennt, ebensowenig wie die verschiedenen Körper oder Grundteile des Menschen; sie unterscheiden sich nur durch den Grad der Dichtigkeit ihres Stoffes und die Zahl ihrer Schwingungen.

Wie im Wandel des Tages verschiedene Lichtunterschiede wahrzunehmen sind, von der anbrechenden Morgendämmerung bis zum Aufsteigen des feurigen Sonnenballs und dem Aufleuchten der Sonnenstrahlen, so gibt es auch verschiedene Lichtsphären im Weltall. Die nun folgenden Darlegungen über die zusammengesetzte Natur des Menschen, seine physische und metaphysische Konstitution, und ihre Beziehung zur kosmischen Natur will das Schema im Schlußteil verdeutlichen. Es werden vier, beziehungsweise fünf verschiedene Dichtigkeitszustände oder Sphären unterschieden. Die gröbste ist der äußerlich wahrnehmbare Teil der Erde, die *sichtbare, physische Welt*; die nächst feinere der unsichtbare *ätherische* Teil, der Träger des physischen

Lebens. Die drei übrigen Welten sind aus noch feinerer Substanz als der Erdstoff gebildet und darum für die physischen Sinnesorgane ebenfalls nicht sichtbar. Die der physischen Welt zunächst liegende Sphäre ist die *Wunschwelt*, auch *Astralwelt* genannt. Ihre Materie ist von so feiner Beschaffenheit, daß sie mit keinem der uns bekannten Stoffe verglichen werden kann. Sie ist feiner als die Äthermaterie. In ihr liegen die Triebkräfte der Neigungen, Wünsche, Begierden und Leidenschaften. Die Materie der nächsthöheren Welt ist wieder feiner als die der Wunschwelt. Diese Sphäre wird die *Gedankenwelt*, auch *niedere Himmelswelt* oder *Devachanebene* genannt. Sie bildet gleichsam ein Meer von Gedankenkräften, aus dem der Mensch seine Gedanken schöpft. Aus noch viel feinerem und lichterem Stoffe besteht der *mittlere* Himmel, die *Tugendwelt*, die auch den Namen *Kausal-* oder *Ursachenwelt* trägt. In ihr liegen die Ursachen aller Erscheinungen, die Typen aller Formen, sowohl der sichtbaren als auch der unsichtbaren Welten. Auch alle Kräfte, die sich durch die Betätigung der Tugenden auswirken, leben ihn ihr. Sie ist die planetarische Heimat des Menschen, aus der er, bildlich gesprochen, in die Welt der Erscheinungen hinabstieg, und in die er auf dem Wege der Entwicklung einst wieder zurückkehrt.

Unendlich erhaben über alle diese Welten und ihre Sphären ist die *geistige (spirituelle) Welt*, der *höhere* oder *kosmische* Himmel oder die Region des göttlichen Allselbstbewußtseins, die Welt des reinen Geistes. Sie umschließt, durchdringt und erfüllt alle Welten und Wesen und ist die Heimat der Vollendeten. In ihr vollzieht sich die Vereinigung des Christus oder Gottmenschen mit seinem göttlichen Vater, dem Allselbst. Da spricht dann der zum göttlichen Selbstbewußtsein Erwachte: »Ich und der Vater sind eins.« Er erkennt sein wahres Sein und die Einheit, die ihn mit allen Wesen verbindet. Er lebt in der Welt der Wirklichkeit, der Ewigkeit, im Reiche des Lichtes und der wahren Freiheit.

Mit Recht wird der Mensch ein Weltenwanderer genannt. Vor langen Zeitaltern verließ die menschliche Seele, getrieben von einem unaufhaltsamen Drange nach Betätigung, ihre kosmische Heimat, die geistige Welt. Indem sie in immer dichtere Sphären hinunterstieg, umkleidete sie sich mit immer gröberen Hüllen. So durchwandert sie alle Räume des Weltalls und kommt nach und nach in Verbindung mit allen Wesen und Formen der verschiedenen Welten, um durch allseitige Erfahrung zu lernen und sich zu befähigen, ein zielbewußter Mitarbeiter an dem göttlichen Weltentwicklungsplane zu werden. Je tiefer der Mensch in die Materie eindringt, um so mehr vergißt er seine wahre Heimat, die lichte Welt des Geistes. Er verfällt in das Sondersein. Sein Eigenwille wird stärker, seine Wünsche werden zahlreicher und seine Begierden und Leidenschaften heftiger. Durch Befriedigung derselben schafft er sich Leiden aller Art, die sich, je mehr er seinen Trieben nachgibt, immer mehr verstärken und verschärfen. Jedoch bittere Enttäuschungen und schwere innere und äußere Kämpfe zwingen ihn zur Umkehr. Er tritt den Heimweg an, dessen Ziel die Vollkommenheit ist. Aber erst dann vermag er diesen Weg zu betreten, wenn er sein eigenes Wesen erkannt hat und seiner Erkenntnis und wahren Lebensbestimmung gemäß lebt.

Solange der Mensch die höchste Stufe der Entwicklung noch nicht erreicht hat, die das bewußte Leben, die Selbsterkenntnis (Theosophie) und das beständige Wirken in der geistigen Welt, der Ebene des ewigen Lichtes ist, kommt er immer wieder und wieder in die stofflichen Welten, um in der Schule des Lebens neue Erfahrungen zu sammeln, alle Kräfte und Keime seines Wesens zur Entwicklung und zur Blüte zu bringen und sie zu Früchten der Unsterblichkeit heranreifen zu lassen.

»In jedem wohnt ein Bild, des, das er werden soll.
Solang' er dies nicht ist, ist nicht sein Friede voll.«

RÜCKERT

Die Entfaltung dieses Idealbildes, des wahren, unsterblichen Menschen, des Gottmenschen oder Christus in uns ist die wahre Lebensaufgabe, der Zweck des Lebens, das Ziel des Daseins. Darum muß das innere, göttliche Bild herausgestaltet werden im Sinne und Geiste eines Christus, der zu uns spricht: »Ihr sollt vollkommen sein, gleichwie Euer Vater im Himmel vollkommen ist.«

Auf dem Wege der Entwicklung und Vervollkommnung, der zur Selbsterkenntnis Gottes im Menschen führt, werden alle Keime geweckt und alle seelischen und geistigen Kräfte entfaltet. Die inneren Körper werden entwickelt und für die Betätigung in den jenseitigen Welten brauchbar gemacht. Dies geschieht um so mehr, je gründlicher der Mensch an seiner Veredlung und Durchgeistigung arbeitet. Werden die inneren Körper und ihre Sinne durch eine allseitige, harmonische Entwicklung geweckt, so vermag sich der Mensch in allen Ebenen zu betätigen, und die Wunder der Schöpfung zeigen sich ihm in immer lichtvollerer Schönheit, die der persönliche Mensch, dessen Sinne nur auf das Materielle gerichtet sind, weder kennt noch ahnt. Ebenso wie das geschulte Ohr eines Musikers Tonunterschiede wahrnimmt, die der Laie nicht hört, und wie das Auge des Malers und Bildhauers Farbtönungen und Schattenunterschiede sieht, die für ein ungeschultes Auge nicht vorhanden sind, so vermag auch der Mensch, der die Organe seiner inneren Körper entfaltet hat, Erscheinungen und Klänge aus dem Jenseits wahrzunehmen, für die der gewöhnliche Mensch blind und taub ist. Im Laufe der Entwicklung werden jedoch bei allen Menschen die inneren Sinne zur Entfaltung kommen. Daß hierzu eine lange, sorgfältig geübte Selbstschulung, eine beständige Selbstkontrolle und unermüdliche Arbeit in der Selbstüberwindung nötig sind, erscheint als eine Selbstverständlichkeit, wenn man bedenkt, daß schon die Erlernung und Ausübung irgendeines Berufes, sei es der eines Handwerkers oder eines Künstlers, Forschers, Feldherrn oder Leiters auf irgend einem Gebiete langjähriger Übung und vielseitiger Studien und Versuche bedarf, damit ein guter Erfolg erzielt werden kann.

Noch vielmehr ist dies aber der Fall auf dem Gebiete des Übersinnlichen, das nicht etwa ein Übernatürliches ist; denn etwas Übernatürliches kann es in einer Welt der Gesetzmäßigkeit nicht geben. In den jenseitigen Welten ist das Dasein viel lebendiger und der Formenreichtum weit größer, so daß die Möglichkeit der Betätigung im Verhältnis zur diesseitigen, sichtbaren Welt beinahe unbegrenzt ist.

Es ist für die Entwicklung des Menschen und der ganzen Menschheit von größter Wichtigkeit, über das Jenseits und seine Gesetze Klarheit zu gewinnen. Erkennt der Mensch die im Weltall wirkenden Gesetze, die inneren Zusammenhänge und Ursachen, dann wird ihm auch das eine, allwaltende, göttliche Gesetz im Universum immer *klarer*. Immer lichter wird es in ihm, und er erlebt die Einheit aller Wesen und Dinge, die unaussprechliche Größe, Weisheit, Liebe, Güte und Allmacht des Weltenschöpfers. Wie klein und unbedeutend erscheint ihm dann sein flüchtiges Dasein, seine vergängliche Persönlichkeit, wie wundervoll und bedeutend dagegen sein inneres, unsterbliches Sein im Lichte der Ewigkeit! In diesem Lichte erhält dann alles, was ihm begegnet, auch das scheinbar Wertlose im Alltag und das oftmals unbegreiflich Scheinende im Leben des Menschen und im Schicksal der Menschheit, eine höhere Weihe. Alles bekommt Sinn und Bedeutung. Der Mensch lernt Wesen und Form unterscheiden und alles im rechten Sinne bewerten. Auch auf das Jenseits vermag er sich richtig einzustellen. Er wird es weder über- noch unterschätzen, sondern das in allem wirkende Gesetz als den göttlichen Willen, alle Erscheinungswelten und ihre Formen als die Offenbarung Gottes, der Liebe und Weisheit ist, erkennen. Sein Wille ist nur darauf gerichtet, immer mehr in Einklang mit dem göttlichen Willen zu kommen, um völlig eins mit Ihm und ein brauchbares Werkzeug des Weltenbaumeisters, ein bewußter Mitarbeiter an Seinem erhabenen, unvergänglichen Werke zu werden. Immer reinere, höhere, lichtere Sphären offenbaren sich ihm, je tiefer er sich in sein Inneres, sein eigenes Wesen versenkt. Für ihn gibt es keinen Tod mehr. Das Ablegen seines Körpers, das wir Tod nennen, ist für ihn dasselbe, als ob er im äußeren Leben seine Kleider wechselt. Sein Leben ist Unsterblichkeit, sein Wissen Daseinserkenntnis, sein Bewußtsein Einheit und Ewigkeit, sein Sein Seligkeit, Licht und Freiheit geworden.

»Der Tod ist ein freudiges Ereignis, das bloße Zerbrechen eines Glases, durch das man bisher die Welt betrachtete, unter Ersatz durch ein besseres.«

TOLSTOI

Der Tod und der Vorgang des Sterbens

In vielen Werken der Kunst und Literatur finden wir den Tod dargestellt als schreckenerregendes Gerippe mit drohend erhobener Keule oder mit der Sense auf der Schulter, wie er alles Leben bedroht und unsägliches Leid schafft. Es ist darum begreiflich, daß viele Menschen sich vor nichts mehr fürchten als vor dem Sterben. Daher kann man der Menschheit wohl keinen größeren Dienst erweisen, als sie von der Todesfurcht zu befreien.

Die Ursache der *Todesfurcht* liegt in der materialistischen Weltanschauung, die die Form der Erscheinungswelt für wirklich hält. Die Todesfurcht ist einerseits die Folge des persönlichen Anhängens an materielle Güter, an Familie, Freunde oder eine liebgewordene Lebensaufgabe, anderseits hat sie ihren Grund in der Unkenntnis der Natur und des Wesens des Menschen, seines Fortlebens und Wirkens nach dem Tode des physischen Körpers. Nur die Erkenntnis, daß der Mensch ein geistiges, ewiges Wesen ist, das beim »Sterben« lediglich die Fesseln des Körpers ablegt, vermag den Tod seiner Schrecken zu entkleiden.

Der »*Tod*« ist der Übergang von einer Bewußtseinsform in eine andere. Er bedeutet also nicht Vernichtung, sondern die Geburt in eine andere Bewußtseinswelt. Meister Eckhart lehrt: »Die Seele ist über Raum und Zeit erhaben; sie ist etwas viel Höheres als der Körper«. Sie ist göttlicher Natur und hört nie auf, in Gott zu sein. Ihre Kraft ist ein Licht, das nie erlischt. Die wahre Natur seiner Seele erkennen heißt, Gott erkennen.

Was nützt uns aber die Kenntnis, daß die menschliche Seele nach dem Tode des Körpers weiterlebt, wenn wir uns keine Vorstellung von diesem Zustand machen können, wenn wir keine Ahnung haben, von welcher Beschaffenheit wir dann sind, wo wir uns aufhalten, und ob wir das Bewußtsein unserer Existenz und Umgebung noch haben? Diese Fragen vermag nur der Mensch zu beantworten, der imstande ist, sein Bewußtsein in seine unsichtbaren, inneren Körper zu verlegen, sich in ihnen zu betätigen und sie durch seinen Willen zu lenken. Das Organ, das die Verbindung mit ihnen darstellt, ist die Zirbeldrüse, das feinste Nervenzentrum des physischen Gehirns. Sie wird auch »das dritte Auge« genannt, das bei den Menschen früherer Rassen allgemein entwickelt war und gebraucht wurde. Durch die vorwiegende Verstandesentwicklung der Menschheit unseres Zeitalters trat die Tätigkeit dieses Organs zurück; es verkümmerte mehr und mehr. Doch wird es im Laufe der geistigen Entwicklung des Menschen von neuem naturgemäß zur vollen Entfaltung kommen, wie es auch zu allen Zeiten und in allen Völkern schon Menschen gegeben hat, die die Kräfte dieses Organs bewußt in Tätigkeit setzen konnten. Das war eine Frucht ihrer inneren Reife, nicht aber das Ergebnis einer eigenwilligen, künstlichen Entwicklung mit Hilfe der gefährlichen ›okkulten Übungen‹ (Exerzitien). Ein innerlich gereifter Mensch vermag mit Hilfe seines Wunschleibes (Astralkörpers) die Wunschwelt (Astralwelt) und durch seinen Gedankenleib (Mentalkörper) die Gedankenwelt (Mentalwelt) zu betrachten und in ihnen Wahrnehmungen ebenso bewußt zu machen wie durch seine physischen Organe in der materiellen Welt. Er kann die Zustände eines Menschen nach dessen Tode beobachten, ihm helfend und stützend zur Seite stehen und auf das

Leben des entkörperten Menschen noch ebenso einwirken wie auf das des verkörperten.

Betrachten wir nun das Bild, das sich beim Sterben dem zeigt, dessen innere Sinne erschlossen sind und der imstande ist, seine verschiedenen Körper und deren Organe bewußt zu gebrauchen!

Beim Tode verläßt der wahre, geistige Mensch den äußeren Leib. Ist der Augenblick des Todes gekommen, so trennt sich, ähnlich wie beim Einschlafen, der Äther- oder Lebensleib mit dem Wunschleib und den anderen feinerstofflichen Körpern vom physischen Körper. Zwischen Tod und Schlaf besteht nur der Unterschied, daß sich beim Einschlafen der Ätherleib nicht vollständig von dem physischen Körper löst, sondern mit ihm durch ein feines, silberhelles, vibrierendes *Band* verbunden bleibt, das in schillernder Farbe leuchtet. Die Farbe ist dem Charakter der Menschen entsprechend verschieden. Der Ätherleib entströmt der linken Körperseite in der Form eines Bandes, das sich wie eine Spirale aufrollt und um den Kopf des Schläfers zieht. Dieser Vorgang löst bei dem Einschlafenden, sofern er in seinem Wunschleibe wachbewußt ist, das Gefühl aus, als ob sich etwas vom Körper loslöse, etwa so, wie wenn ein spinnwebfeiner Faden aus dem Körper an der Stelle der Herzgrube herausgezogen würde, jedoch nicht völlig, so daß er sich durch diesen Faden noch mit dem physischen Körper verbunden fühlt. Befindet sich der Mensch im Tiefschlaf, so vollzieht sich gleichsam eine Teilung des Ätherleibes, indem sich aus der ätherischen Spirale eine zweite Spirale herauswickelt, die sich an das Ende der ersten anschließt und, sich immer mehr dehnend, senkrecht über dem Schlafenden erhebt, um gleich einem Kometenschweif in den Raum hineinzuragen. Sie erstreckt sich in um so größere Entfernung, je stärker und konzentrierter das Denken, je lebendiger und gefestigter der Wille und je harmonischer das Leben des Menschen ist. Dem starken Strahl eines Scheinwerfers ähnlich, kann sie sich über das Zimmer und das Haus, ja, bei einem geistig erwachten Menschen weit über Städte, Berge, Länder und ganze Erdteile ausdehnen. In allen Farben und in verschiedener Leuchtkraft, vom Dämmerlichte, Kerzen-, Gas- und elektrischen Licht bis zur Stärke des Blitzes in tiefschwarzer Nacht ziehen sich und strahlen diese feinen, zarten Bänder über den Erdball, verschieden durch den Charakter und den Grad der Entwicklung des Menschen. Der Wunschleib des Menschen, der sich während des Schlafes vom physischen Körper entfernt, zieht dieses ätherische Band mit sich fort. Es wird immer dünner und zarter, je mehr die Entfernung zwischen beiden zunimmt. Die Gebilde der sich durch den Raum ziehenden Ätherbänder ähneln Telefon- und Telegrafendrähten. Sie schweben wie Spinnwebfäden über den Städten, wobei fast jeder »Draht« eine von den anderen verschiedene Richtung einschlägt.

Der Schlaf gleicht daher ganz dem Tode und wird mit Recht der jüngere Bruder des Todes genannt; einer ist das Bild des anderen. Der in den inneren Welten Wachbewußte sieht seinen Körper im Bett liegen; er selbst aber vermag sich, in seinem feinerstofflichen Körper schwebend, überallhin zu begeben. Wir können uns entweder freier bewegen als am Tage, oder aber wir fühlen uns gebundener. Das hängt davon ab, ob während des Schlafens unsere inneren Sinne erwachen. Im Traume erleben wir Dinge, die uns am Tage unbekannt sind, ja, wir können im Traumzustand in wenigen Augenblicken mehr erleben als im täglichen Leben im Verlaufe von Jahren. Wir sind imstande, während des Schlafens fremde Orte und Länder zu besuchen, die uns dann, wenn wir sie später auf einer Reise wirklich sehen, wohlbekannt und vertraut vorkommen. Mit Verstorbenen, die wir schätzen und lieben, treffen wir während der Nacht zusammen, können mit ihnen verkehren wie einst zu Lebzeiten und sind am Morgen beim Erwachen ebenso sehr von dem Eindruck der stattgefundenen Unterredung erfreut wie einst, als wir sie noch in der physischen Welt besuchen konnten. Wir können im Traume Ereignisse, die sich oft erst nach Jahren einstellen, im voraus bis in alle Einzelheiten beobachten und sind erstaunt, wenn sie sich später in unserem Leben auswirken, nachdem wir sie längst vergessen hatten. Während der Zeit des Wanderns in den anderen Ebenen muß der Mensch seinen physischen Körper und das ätherische Band fortwährend überwachen, damit der physische Körper, wenn ihm eine Gefahr droht, alsbald wieder bezogen und damit geweckt werden kann. Dieser Vorgang ist für den in den jenseitigen Sphären Wachbewußten mit einem Gefühl verbunden, als ob er durch etwas Weiches, Flaumartiges hindurchginge, und prägt sich im Augenblick des Erwachens dem physischen Bewußtsein oft in Form eines ganzen Dramas ein.

Die Zellen des physischen Körpers sowie die Lebensströme des Ätherleibes, die durch den Willen des Lebenden zu einem geordneten, einheitlichen Ganzen zusammengehalten werden, stellen beim Tode ihre Tätigkeit ein, trennen sich und lösen sich in ihre Bestandteile auf. Infolgedessen zerfällt der Organismus. Goethe sagt: »Der Moment des Todes ist der, wo die Seele die regierende Zentralkraft entläßt, aber nur, um wieder neue Verhältnisse einzugehen, weil sie von Natur unvergänglich ist.« Mit der Verwesung des grobstofflichen Erdenleibes geht auch die Zersetzung des feinstofflichen Ätherleibes, der dem physischen Körper als Träger seiner Lebenskräfte diente, vor sich. Der Tod nimmt seinen Anfang an der Stelle des physischen Körpers, die durch Krankheit, Abnutzung oder Veranlagung am meisten geschwächt ist. Die Lebensströme kreisen in den übrigen Teilen des Körpers ebenfalls immer langsamer, am längsten aber im Kopfe. Dies geschieht meist auch dann noch, wenn der Körper allen äußeren Anzeichen nach schon völlig bewußt- und leblos geworden ist. Der Sterbende vermag dann noch lebhaft und klar zu denken, obwohl die Nerven ihre Tätigkeit eingestellt haben und das Gefühl in dem physischen Körper schon gänzlich erstorben ist. Das Denken kann sogar in diesen Augenblicken noch an Stärke und Klarheit zunehmen. Das Bewußtsein erlischt erst, wenn sich der Ätherleib *vollständig* vom physischen Körper getrennt hat. Nachdem sich die höheren Prinzipien oder Grundteile zurückgezogen haben, bleibt der physische Körper als leere Form oder Schattenbild zurück. Bei Menschen, die noch sehr am physischen Leben hängen oder große Todesfurcht haben, vergehen oft mehrere Stunden, bis sich der Prozeß des Herauslösens des Lebens- und Wunschleibes aus dem Körper vollzogen hat.

Bei dieser Betrachtung taucht die Frage auf: *Ist das Sterben denn nicht schmerzhaft?*

Es könnte fast so scheinen, wenn man den Todeskampf mancher Sterbender beobachtet. Doch ist dies nicht der Fall. Der Tod ist bei den in der Freiheit lebenden und eines natürlichen Todes sterbenden Tieren, wie auch bei den Naturvölkern schmerzlos. Wohl krümmt und verkrampft sich in schwerem Atem, Ringen und Kämpfen der physische Körper mancher Sterbenden, doch ist dies nur solange der Fall, als sich der Ätherleib und der Wunschleib von ihm trennen. Die Schmerzen haben ihre Ursache im physischen Leib und sind eine Folge der Krankheit desselben. Sobald aber die Loslösung der Seele vom Körper ihren Anfang nimmt, läßt das Schmerzgefühl nach und weicht, wenn der Sterbende innerlich ruhig und harmonisch eingestellt war, einem Gefühl der Gesundung und Befreiung, das sich immer mehr und mehr steigert. Der Sterbende lebt meist schon in einer anderen Welt, während sein Körper im Sterben liegt, daher oft das Leuchten der Augen, das strahlende Lächeln, das freudig-verklärte Antlitz mancher Sterbenden.

Menschen, die z. B. dem Tode des Ertrinkens nahe waren und wieder zum Leben zurückgebracht wurden, erklärten den Zustand des Sterbens als schön und wunderbar. Ein Mädchen lag anscheinend tot auf seinem Lager, so daß man schon an das Leichenbegräbnis dachte, als die Scheintote plötzlich einen Seufzer ausstieß, worauf man sie wieder zu sich brachte. Sie aber brach in Klagen aus, daß man sie einem Zustand entrissen habe, der voll unaussprechlicher Ruhe und reiner Seligkeit gewesen sei. Sie sagte, keine Freude ihres Lebens komme der von ihr erfahrenen gleich. Sie sei ganz frei von jeglicher Angst und Beunruhigung gewesen.

Eine andere Sterbende sprach von leuchtenden, marmornen Stufen, die mit Rosen und Blumen aller Art bestreut waren, von einem herrlichen Gesang, wundersamer Musik und weihevollem Glockenklang.

Goethe soll nach Jennie von Pappenheims Mitteilungen mit den bekannten Worten gestorben sein: »Nun kommt die Wandlung zu höheren Wandlungen.«

Jakob Böhme fragte, bevor er einschlief, seinen Sohn, ob er denn die schöne Musik nicht höre. Und seine letzten Worte waren: »Nun fahre ich ins Paradies.«

Giordano Bruno nahm auf dem Scheiterhaufen mit den Worten Abschied: »In diesem Rauche steigt meine Seele zum Paradies empor.«

Während der Zeit des Sichloslösens vom physischen Körper zieht an dem sterbenden Menschen sein ganzes Leben noch einmal in einer Reihe von lebendigen Bildern wie ein Panorama vorüber. Alles, was er während seines Lebens gedacht und erlebt hat, erscheint noch einmal in voller Lebendigkeit vor seinem geistigen Auge, vom letzten Augenblick beginnend und bis zu seiner Geburt zurückgehend, und er kann nunmehr auf Grund seiner Erkenntnis das Ergebnis aus seinen Handlungen ziehen. Es wird ihm in diesen Augenblicken klar, wo er gefehlt, oder was er versäumt hat, und wie er seine Fähigkeiten hätte anwenden können und sollen. Dann ist es meist sein einziger Wunsch und Gedanke, mit dem nunmehr erlangten Wissen noch einmal das Leben zu beginnen, um die verkehrten Handlungen gutzumachen oder das Versäumte nachzuholen. Dieses Gefühl wirkt auf seine anderen Körper, besonders auf den Kausalkörper ein, so daß aus dem Kausalbewußtsein heraus bei einer neuen Verkörperung auf Erden, mit Hilfe der Lenker Karmas, die notwendigen Vorbedingungen geschaffen werden, den im Augenblick des Sterbens gehegten Wunsch und Gedanken zu verwirklichen. Die letzten Augenblicke sind darum bedeutungsvoll für das nächste Erdenleben.

Wenn sich *im Augenblick des Todes*[1]) das ätherische Band mit dem Wunschleib gelöst hat, rollt es sich mit der übrigen Äthermaterie und dem Wunschleib ungefähr in der Mitte des Leichnams zu einem rundlich-ovalen Ballen zusammen, der sich gleich einer stahlblauen, bei geistig entwickelten Menschen himmelblauen Wolke wie eine feine Nebelhülle in der Form eines länglichen Eies über den physischen Körper erhebt und in einer Höhe von ungefähr 60 bis 70 cm über demselben schwebt. Aus diesem Wolken-

---

[1] Den *Vorgang des Sterbens* und die allmählich eintretende Loslösung des inneren Menschen vom Körper veranschaulichen die Bilder im Anhang des Buches.

Bild 1 zeigt das Phänomen erhöhter geistiger Bewußtheit vor dem Tod, während bereits der Austritt des Ätherkörpers in Form einer leuchtenden Fadenspirale vonstatten geht.

Bild 2: Die Lebensströme haben den Körper nahezu verlassen und formen eine eiförmige Äthergestalt über dem Sterbenden.

Bild 3: Aus ihr entwickelt sich und ersteht der Verstorbene in seinem Ätherleibe. Der Tod ist eingetreten. Das verbindende Silberband hat den Leichnam verlassen. Der Mensch ist nun aus dem Bereiche des Diesseits in das zeitlose, postmortale Leben eingegangen.

gebilde heraus, das immer lebhafter vibriert, formt sich nach und nach, in der Regel in einem Zeitraume von 15 bis 25 Minuten, ein Gesicht, das dem Sterbenden ähnlich sieht. Zunächst erscheint es ohne jeden besonderen Charakterzug, wie etwa das Gesicht eines neugeborenen Kindes. Doch in kurzer Zeit zeigen sich alle Charakterzüge vollständig, so daß es schließlich bis in alle Einzelheiten immer lebendiger erscheint, indes die scharfen Formen des physischen Gesichts sich mehr und mehr verlieren. Zu gleicher Zeit bildet sich auch der übrige Teil des Körpers aus dem ätherischen Wolkengebilde. Nach wiederum 15 bis 25 Minuten schwebt das vollständige Abbild in leuchtender Farbe über dem physischen Leichnam. Das Bewußtsein des Menschen zieht sich nunmehr aus diesem Gebilde des Ätherleibes zurück, ähnlich wie beim Einschlafen aus dem physischen Körper, und der Verstorbene versinkt zunächst in einen tiefen Schlafzustand, aus dem er erst nach und nach erwacht. Er hat dann dasselbe Gefühl wie nach dem Erwachen aus dem physischen Schlafe.

Die meisten Verstorbenen werden von einem großen Erstaunen erfaßt, da sie sich von derselben Szenerie umgeben sehen wie vor dem Tode; denn die jenseitige Welt gleicht ja ganz der diesseitigen. Je mehr der Verstorbene zum Erwachen kommt, um so stärker wird das Gefühl der Verwunderung und Erwartung. Er wundert sich vor allem über sich selbst, über die plötzlich gesteigerten Fähigkeiten, über das erweiterte Wissen und über die Veränderung der Menschen und Dinge in der nahen und weiteren Umgebung. Dazu kommt, daß die Bewegungsmöglichkeit und auch die Wahrnehmungsfähigkeit eine viel größere ist als vor dem Tode. Er sieht und hört seine Hinterbliebenen und nimmt sowohl gedanklich als auch durch sein lebendiges Empfinden an ihrem Leben teil. Sein Fühlen und Wollen prägt sich auch in seiner astralen Erscheinung stärker aus als je zuvor. Alle Wünsche nehmen bestimmte Formen an, da ja der Astralstoff so beweglich und anpassungsfähig ist wie die feinste Flüssigkeit. Wie sich diese der Form des Gefäßes, in welche man sie gießt, anpaßt, so nimmt jeder Wunsch und Gedanke des Verstorbenen in der Wunsch- und Gedankenwelt sogleich die Form an, welche dem Charakter des Gedankens und der Natur des Wunsches entspricht. Der Verstorbene sieht daher seine Gedanken und Wünsche als lebendige Gestaltungen.

Viele Verstorbene merken oft erst allmählich, daß sie gestorben sind, ja bei manchen Verstorbenen bedarf es längerer Zeit, bis die Erkenntnis des Gestorbenseins in ihnen erwacht. Darüber vergehen oft Jahre und Jahrzehnte. Manche Verstorbene, die kurz nach ihrem Tode in bestimmtem Grade erwachen und ihren Leichnam beobachten können, versuchen diesen zu erwecken und zu beziehen und sind erstaunt, ja erregt, wenn ihnen dies nicht gelingt. Sie versuchen auch mit ihren Hinterbliebenen, die sie um sich sehen, in Verbindung zu treten; sie rufen sie an, greifen nach ihnen, reden auf sie ein und sind verwundert, wenn ihre Angehörigen weder antworten noch auf andere Art reagieren.

Nach dem Loslösen des Wunschleibes von dem Leichnam kann sich der Verstorbene nach Belieben frei bewegen. Nachdem er vorher wochen- oder jahrelang auf schmerzvollem Krankenbette gestöhnt hat, fühlt er sich nun auf einmal gesund; er kann leichtbeschwingt gehen und sich bewegen und mit größter Schnelligkeit durch alle Räume schweben. Physische Mauern, Wände, Schränke, Türen, Fenster, ja, überhaupt alle festen, dichten Gegenstände sind nun kein Hindernis mehr für ihn. Sie scheinen ihm durchlässig, als ob sie gar nicht vorhanden wären. Er kann durch sie ebenso leicht hindurchgehen wie durch die Luft; er braucht auch, um sich zu entfernen, keinerlei Anstrengungen zu machen; denn fast in dem Augenblick, in dem er an irgend einen Ort denkt, ist er auch schon dort. Eine Entfernung in unserem Sinn gibt es für ihn nicht. Der Wille und Gedanke, an einen bestimmten Ort zu gehen, löst zugleich die Kraft aus, ihn dorthin zu versetzen. Der Verstorbene kann auch, wenn er seinen Wunschleib beherrscht und seinen noch bestehenden Ätherleib bewußt gebrauchen kann, irgend jemanden, mit dem er sich verbunden fühlt, besuchen und sich ihm *sichtbar* machen. Denkt er an einen entfernten Freund, so ist er auch schon bei ihm, und durch seine Liebe, verbunden mit dem starken Willen, mit ihm in Verbindung zu treten, vermag er seinen *Ätherleib* so zu stärken, daß dieser eine entsprechende Gestalt annimmt, die dem Freund als lichte Erscheinung sichtbar wird. Die Fälle, in denen Überlebende ihre Verstorbenen wahrnehmen konnten, sind sehr häufig. Besonders während des Weltkrieges ist öfter darüber berichtet worden. Diese Erscheinungen zeigen sich meist in lichter Gestalt, durchscheinend, im Volksmunde »Spukerscheinungen« genannt.

Die Zustände der Verstorbenen sind, entsprechend ihrer geistigen Einstellung, ganz verschieden. Ein Mensch, dessen Bewußtsein nicht über seine Persönlichkeit hinausreichte, findet kurz nach seinem Tode keinen wesentlichen Unterschied in bezug auf die Verhältnisse seiner Umgebung. Bedeutende Gelehrte und Forscher von Weltruf sind darum nach ihrem Tode manchmal ebenso schwer davon zu überzeugen, daß sie gestorben sind, wie die gewöhnlichen Durchschnittsmenschen.

So ging es dem Führer einer materialistisch-monistischen Vereinigung. Er war wissenschaftlich sehr gebildet, ein hervorragender Redner und eifriger Vertreter der materialistischen Weltanschauung und besonders ein begeisterter Bekenner der Darwinschen Vererbungstheorie. Er hatte einen Sohn, der sich aber ebenso begeistert der Metaphysik zuwandte, wie sein Vater der materialistischen Weltanschauung. Der Sohn versuchte des öfteren, seinen gelehrten Vater auf das geistige Gebiet hinzulenken, ihn für geistige Probleme zu interessieren. Doch vergebens: es bestärkte diesen nur in seiner Anschauung und regte ihn zu ihrer Verbreitung noch mehr an; die Sorge um seinen vermeintlich ungelehrten, entgleisten und rückständigen Sohn steigerte sich trotz seiner Überzeugung von der Richtigkeit der Vererbungstheorie. Er erkrankte und konnte trotz aller ärztlichen Kunst nicht mehr am Leben erhalten werden.

Kurz vor seinem Tode hatte er sonderbarerweise verschiedentlich Angstzustände, obwohl er nach seinen Erklärungen auf dem Krankenbette nach wie vor von dem »großen Nichts« fest überzeugt war und jede andere Meinung und Weltanschauung als rückständig und unsinnig rundweg ablehnte. Er starb am späten Abend, und nachdem er sich in der geschilderten Weise von seinem physischen Körper losgelöst hatte, schaute er verwundert um sich auf seine Angehörigen, die weinend und klagend sein Bett umstanden. Er konnte die Ursache der plötzlichen Trauer nicht begreifen, fühlte er sich doch vollkommen gesund und wohl. Seine Gedanken arbeiteten viel schneller, klarer und bestimmter, seine Empfindungen waren weit tiefer und lebendiger als je zuvor. Daher war es für ihn eine Selbstverständlichkeit anzunehmen, daß er nun wieder vollkommen genesen wäre, und daß die schärfere Gedankentätigkeit und das erhöhte Gefühlsleben nur eine Folge der Gesundung seien. Er stand in seinem Wunsch- und Ätherleibe auf, kleidete sich an, wie er es im Leben gewohnt war, und ging nach dem elektrischen Schalter, um das Licht anzudrehen, da ihm das Zimmer etwas dunkel schien. Mit einer Hand seines Wunschleibes griff er durch den Schalter hindurch, was er aber nicht bemerkte. Er glaubte vielmehr, der elektrische Schalter wäre beschädigt und während seiner

Krankheit nicht wieder in Ordnung gebracht worden. Darüber verärgert, machte er Frau und Kindern schroffe Vorwürfe. Nachdem er einige Zeit in den Zimmern umhergegangen war und sich an seinem Schreibtisch beschäftigt hatte, verlangte er eine Mahlzeit und konnte nicht begreifen, warum man von ihm und seinem Verlangen so gar keine Notiz nahm. Darum versuchte er, nach seinen Angehörigen, welche immer noch klagend an seinem Bett standen, zu greifen, allerdings wieder nur mit dem negativen Erfolge wie zuvor. Er glaubte nun, durch Schimpfen seinem Herzen Luft zu machen und seine Angehörigen durch Stoßen und Schieben bestimmen zu können, ihm das Verlangte herbeizuschaffen. Nachdem er aber die Nutzlosigkeit dieses Tuns eingesehen hatte, ohne jedoch den Grund davon zu erkennen, begab er sich selbst nach der Speisekammer. Da ihm aber auch dort die festen Gegenstände und selbst die Speisen so unerklärlich durchsichtig erschienen und sich wie Luft anfühlten, geriet er von neuem in Zorn, dem er, sobald er ins Zimmer zurückgekehrt war, kräftigen Ausdruck verlieh. Er glaubte, das Besteck sei unbrauchbar, und die Speisen seien verdorben. Schließlich setzte er sich auf sein Bett, sann nach, legte sich wieder nieder und glaubte nun, daß alles nur ein Traum sei. Bald aber erinnerte er sich wieder seiner Krankheit und der bitteren Schmerzen. Als er seinen Leichnam im Bett liegen sah, den er allerdings nicht erkannte, sondern für eine Halluzination seiner erregten Sinne hielt, sprang er von neuem erstaunt auf, rief seine Angehörigen bei ihren Namen und stellte immer wieder Fragen an sie. Dabei geriet er immer stärker in Zorn, da er auf alle seine vielen und eindringlichen Fragen keine Antwort erhielt. Er selbst verstand aber alles, was um ihn herum verhandelt wurde. Am meisten ärgerte er sich, wenn er die Worte »gestorben« und »Tod« vernahm, oder wenn der »unwissende, abergläubische« Sohn von einem Weiterleben nach dem Tode sprach und seine Angehörigen zu trösten versuchte. Auch am nächsten Morgen, als sich verschiedene mittrauernde Anverwandte und Bekannte des Verstorbenen einstellten, war er bei den Gesprächen aufmerksamer Teilnehmer und manchmal sehr erregt. Als nun immer wieder von seinem Tode die Rede war, erklärte er schließlich die Anwesenden für unzurechnungsfähig. Als sein Sohn sich in des Vaters Büro begab, um dort die geschäftlichen Angelegenheiten mit des Vaters Bürovorsteher und Angestellten zu besprechen, folgte er ihm auch dorthin und sprach fortwährend dazwischen. Dabei geriet er wieder in heftige Erregung, weil man auch hier keinerlei Notiz von ihm nahm, und weil er die Bestimmungen seines Sohnes den Angestellten gegenüber nicht billigte. Nicht nur sein Sohn, sondern auch sein Bürovorsteher samt seinen Angestellten hatten nach seiner Meinung den Verstand verloren. Die Vorbereitungen zu seiner Bestattung verstand er ebensowenig. Es vergingen Wochen, bis er sich einigermaßen beruhigt hatte und anderen Verstorbenen, die sich in der Wunschwelt seiner annahmen, Folge leistete.

Nach etwa zwei Monaten fing er an, den Verstorbenen Vorträge über den Unsinn des Glaubens an ein Jenseits zu halten. Er versuchte wie einst, seinen Zuhörern zu beweisen, daß es ein Jenseits nicht geben könne. So beschäftigte er sich etwa zweieinhalb Jahre, bis er endlich einsah, daß er selbst gestorben sei, nachdem ihm wiederholt ein vor ihm verstorbener Bekannter vorgestellt worden war, der ihn über den Tod und das Jenseits aufzuklären versucht hatte. Nun fing er an, mit diesem Bekannten zusammen sich so lebhaft für das Jenseits und das Leben nach dem Tode zu interessieren, wie er es vordem geleugnet hatte. Von dieser Zeit an begab er sich überall dorthin, wo geistige Interessen gepflegt wurden. So hörte er Vorträge über geistige Probleme, besuchte geistliche Konzerte, ging in Kirchen,

Museen, Kunstwerkstätten, Ausstellungen und in ideale Vereinsveranstaltungen. Überall war er ein begeisterter Zuhörer und Lernender. Oft folgte er seinem Sohne und war freudig und dankbar bewegt, wenn sich dieser mit anderen über geistige Dinge unterhielt.

Ähnlich gestaltete sich das Leben eines der bedeutendsten Naturforscher nach seinem Tode. Auch er konnte zunächst nicht daran glauben, daß er gestorben sei. Nach vielen vergeblichen Versuchen, mit seinen Angehörigen und Bekannten, seinen Mitarbeitern und Schülern in Verbindung zu treten, fing er schließlich an, tiefer und bestimmter über seinen Zustand nachzudenken, ihn mit seinen darüber aufgestellten Lehren zu vergleichen und durch die einst von ihm vertretenen Theorien zu erklären. Doch bald begann er, seine Theorie dahin zu verbessern, daß er bekannte, er sei zwar bisher insofern im Irrtum gewesen, als er geglaubt habe, alle Sinne würden mit dem Tode des Körpers ihre Funktionen einstellen und damit auch alle Gedanken und Gefühle sofort aufhören. Dies scheine aber nicht der Fall zu sein, da er, wenn auch keinen wirklichen Körper, so doch einen ätherischen Leib besitze. Er glaube allerdings mit Bestimmtheit, daß auch dieser sich in nicht allzuferner Zeit auflösen und das Leben dann endgültig zum Abschluß kommen werde. Er meinte in der Folgezeit, nach dem Tode seines physischen Körpers einen Zwischenzustand zu durchleben, über dessen Dauer er sich jedoch nicht klar war. Er war dann eifrig damit beschäftigt, seinen früheren Werken ein neues Werk über diesen neuentdeckten Zustand hinzuzufügen, um zugleich den früher vertretenen Standpunkt in bezug auf das Jenseits zu vervollständigen. Daß er seine zahlreichen Notizen, die er mit großem Fleiße eifrig vermehrte, nur gedanklich und gefühlsmäßig bearbeitete, erkannte er längere Zeit nicht. Doch ist er im Interesse der Allgemeinheit mit derselben Begeisterung und Energie, wie zuvor im Erdenleben, in sein früheres Forschungsgebiet vertieft, und es ist anzunehmen, daß er wohl in einem späteren Dasein neue Gebiete erschließen und bearbeiten wird zum Wohle der Menschheit. —

Ein im Weltkrieg gefallener junger Lehrer kam einige Stunden nach seinem Tode in seinem Wunschleibe in das Zimmer, das er früher bewohnt hatte, in dem nun aber ein anderer Mann, der inzwischen das Zimmer gemietet hatte und der ein Hellseher war, lebte. Während dieser sich eines Abends zum Schlafe niedergelegt hatte, setzte sich der Verstorbene in seinem Wunschleibe an den Tisch und suchte etwas in der Schublade, in der er früher seine schriftlichen Arbeiten liegen hatte, wobei er andauernd stöhnte. Aus seinem Kopfe und seiner Schulter, wo sich klaffende Wunden zeigten, floß anscheinend fortwährend Blut. Erst nach etwa zwei bis drei Stunden entfernte er sich, kam aber mehrere Nächte hintereinander wieder, ja, er zeigte sich manchmal sogar am Tage in klarer, bestimmter Gestalt und vollständiger Uniform mit Abzeichen und Ausrüstung, so daß er kaum von seiner physischen Erscheinung zu unterscheiden war. Wiederholt versuchte er, sich seiner ehemaligen Wirtin durch Anrufen und Anfassen bemerkbar zu machen. Da sie aber nichts merkte und keine Notiz von ihm nahm, war er sehr erstaunt und entfernte sich in trauriger Stimmung. Als vier bis fünf Wochen verflossen waren, traf die Todesnachricht aus dem Felde ein, und wie nun durch Umfrage bei seinen überlebenden Kameraden festgestellt werden konnte, war er gerade am Abend vor jener Nacht, als er zum erstenmal erschien, am Kopfe und an der Schulter durch eine Granate schwer verwundet worden, so daß nach kurzer Zeit der Tod eintrat. —

Der obige junge Hellseher hatte eines Tages auf einem Wege durch die Stadt beobachtet, wie ein Soldat hinter einem älteren Manne, dessen Sohn im Felde stand, herging. Der Soldat suchte sich dem Manne durch seine astralen Sinne und Organe, durch Rufen und Anfassen bemerkbar zu machen. Auch die übrigen, ihm bekannten Passanten rief er an und versuchte, sie aufzuhalten und mit ihnen zu sprechen. Dabei preßte er immer wieder mit schmerzlicher Miene seine Hände und Arme auf seine Brust, wo an der Uniform ein kleines Loch mit einem schwarz-braunen Brandflecken zu beobachten war. Der ältere Mann war inzwischen an seinem Wohnhause angekommen und sprach auf dem Hofe seines Hauses mit einem Bekannten, der das Haus eben verließ, über seinen Sohn, der erst vor kurzem in Urlaub zu Hause gewesen war. Nach weiteren vergeblichen Versuchen, sich dem Vater bemerkbar zu machen und sich mit ihm zu verständigen, entfernte sich der Soldat erstaunt und traurig.

In den folgenden Nächten erschien der Soldat einem jungen Manne, der die Fähigkeit hatte, ihn zu sehen und sich mit ihm zu verständigen. Er hatte aber bemerkt, daß der Hellseher ihn wahrgenommen und verstanden hatte und war ihm bis an dessen Wohnung gefolgt. In den folgenden Nächten erschien er dem Seher und bat ihn, seinen Eltern, deren Adresse er angab, mitzuteilen, daß er gefallen sei und jetzt in einem viel schöneren Zustande weiterlebe. Nach etwa 10 Tagen bekamen die Eltern die Todesnachricht aus dem Felde. Wie sich später durch Aussprache mit den Eltern herausstellte, war der Soldat, der hinter dem älteren Manne gesehen wurde, dessen Sohn, der zur selben Zeit, als er in der Heimat als lichte Erscheinung beobachtet wurde, durch einen Schuß in die Brust den Tod gefunden hatte.

Ein anderer Krieger zeigte sich in einer frühen Sonntagmorgenstunde seinem Freunde in lebendiger Gestalt. Mit verklärtem Blick kam er ihm freudestrahlend entgegen, so daß ihn der Freund zuerst für lebend hielt und glaubte, er komme, um ihn zu besuchen. Erst beim Näherkommen zeigte sich auf der Brust eine große Wunde, aus welcher das Blut strömte. Mit segnend erhobenen Händen schwebte er, seinen Freund liebevoll betrachtend, in die Höhe und verschwand in den Wolken. Nur ein feuriger, goldglänzender Schein, gleich der untergehenden Sonne, war noch einige Minuten zu sehen.

Wie der Freund nach etwa drei Wochen erfuhr, hatte der Krieger in jener Morgenstunde, in einem von ihm geführten Angriffsgefecht, durch ein großes Geschoß, das ihn in die Brust traf, den Tod erlitten. Auch wurde von dem Freunde beobachtet, wie dieser edle Verstorbene in der Wunschwelt seine gestorbenen Kriegskameraden beruhigte und sie tröstend Stufe für Stufe in reinere, höhere Sphären emporführte. Überall war er ein treuer Helfer und Führer der Verstorbenen, die sich ihm vertrauensvoll anschlossen und aufmerksam und dankbar seinen Belehrungen lauschten. Wie er während seiner Lebenszeit auf der physischen Welt ganz seinen Idealen gelebt und in selbstloser Liebe der Menschheit gedient hatte, so lebte und diente er auch nach seinem Tode seinen verstorbenen Mitmenschen in reiner Liebe und treuer Fürsorge. Manche gelangten auf diese Weise durch die empfangenen Lehren und durch die ihnen erwiesene Hilfe nach kurzer Zeit in die höchsten Unterebenen der Wunschwelt, das sogenannte Sommerland, oder auf die ersten Unterstufen der Himmelswelt. — —

Die Verstorbenen beschäftigen sich in den ersten Stunden und Tagen nach ihrem Tode mit den Problemen oder den Gegenständen ihres Interesses, mit denen sie sich vor ihrem Tode beschäftigt haben. Der Forscher vertieft sich in seine Forschungen, der Chemiker macht weitere Versuche in seinem Fache, der Philosoph bearbeitet seine Probleme, der Feldherr unternimmt Feldzüge und eröffnet, wenn auch nur in seinen Gedanken, ähnlich wie während des Erdenlebens im Traume, neue Gefechte. Der Soldat kämpft, fällt oder siegt, wie dies eben vor seinem Tode in seinem Bewußtsein lebte. Der Arzt besucht seine Kranken, der Professor sein Kolleg. Der Fabrikant begibt sich in seine Fabrik, der Kaufmann schließt neue Verträge ab, und der fanatische Politiker hält seine anfeuernden Partei- und Parlamentsreden. Ging der Techniker ganz in seinem Berufe auf, so konstruiert er nach seinem Tode gedanklich modernere Maschinen und Apparate. Der Architekt entwirft immer neue Pläne, und der Baumeister baut an seinen Gebäuden weiter. Der Handwerker übernimmt neue Aufträge und führt sie in Gedanken aus. Der Lehrer, der nur für seine Schule lebte, erteilt auch weiterhin seinen Unterricht, der Prediger hält Predigten, der Schriftsteller verfaßt neue Schriften, der Dichter gestaltet neue Dichtungen, der Künstler gibt Konzerte und studiert neue Gesänge und Melodien, der Dirigent übt andere Stücke ein, der Komponist sucht weitere Musikstücke zu schaffen, der Kunstmaler bearbeitet jüngst gefundene Motive, der Bildhauer gestaltet Neues. Der begeisterte Schauspieler und Rezitator stellt auch im Jenseits die ihm bekannten Rollen dar und trägt neue literarische Schöpfungen vor. Der Jurist beschäftigt sich auch weiterhin mit der Rechtspflege. Der Mörder mordet weiter, der Dieb stiehlt in seinen Gedanken und Vorstellungen wie vorher, der Taugenichts bummelt auch nach dem Tode in Straßen, Winkeln und üblen Lokalen der dunklen Sphären der Wunschwelt umher, der Hypnotiseur gibt Suggestionen*) und vergewaltigt die Seelen seiner betörten und wehrlosen Opfer, der Spiritist bemüht sich, mit »höheren« Geistern in Verbindung zu treten, während der Materialist den Unsinn des Glaubens an jenseitige Welten zu beweisen sucht. Stand der Mensch jedoch im Gegensatz zu seinem Berufe oder

---

*) Siehe Erhard Bäzner, Der Hypnotismus, sein Wesen und seine Gemeinschädlichkeit.

seinen familiären und wirtschaftlichen Lebensverhältnissen, so versucht er auch nach dem Tode den Schwierigkeiten zu entrinnen und neue Lebensmöglichkeiten zu schaffen. Der Durchschnittsmensch, dessen Bewußtsein nicht über seine Persönlichkeit hinausreichte, findet daher keinen wesentlichen Unterschied in den Zuständen und in seiner Umgebung vor und nach dem Tode.

Auch dazu einige Beispiele: Der Besitzer einer chemischen Farbenfabrik starb plötzlich durch einen Schlaganfall in der Blütezeit seines Lebens. Mit großer Energie hatte er sich längere Zeit mit Problemen in seinem Fache beschäftigt und nach vielen, mit unermüdlicher Geduld durchgeführten Versuchen auch wertvolle Entdeckungen gemacht, die dem Betriebe einen neuen, gewaltigen Aufschwung gaben. Sein plötzliches Hinscheiden wurde darum um so mehr bedauert, als es ihm nicht mehr vergönnt war, den überaus günstigen Erfolg seiner langen und mühevollen Versuche und Anstrengungen zu erleben. Doch der Verstorbene nahm, da er in seinem Berufe aufging, auch nach seinem Tode an allem, was besprochen und bestimmt wurde, ja sogar an scheinbar unbedeutenden Ereignissen lebhaften Anteil und war so, wenn auch für seine Angehörigen und Mitarbeiter unsichtbar, ein lebendiger Zeuge seiner Erfolge, die in ihm dieselbe Freude und Begeisterung auslösten, wie sie es in seinem körperlichen Dasein getan haben würden.

Sogleich, nachdem er seinen Körper verlassen und in der Wunschwelt in seinem Wunschleib erwacht war, begab er sich in seine Fabrik und beteiligte sich gedanklich an den Gesprächen und Arbeiten seiner Angehörigen und Angestellten. Er beobachtete jeden einzelnen und kam in Erregung, wenn irgend etwas nicht genau so ausgeführt wurde, wie er es sich dachte, oder wie er es einst angegeben hatte. Tag und Nacht war er in seinem Betriebe tätig und war bei seinen Versuchen stärker denn je konzentriert. Nur war es ihm unbegreiflich, wie es kam, daß alle seine Materialien und Werkzeuge verdorben waren, wie er glaubte; denn er konnte sie nicht erfassen, sondern griff durch sie hindurch, als wenn sie aus Luft wären. Nachdem er aber einige Angehörige und Bekannte, die vor ihm gestorben waren, beobachtete und diese sich seiner liebevoll angenommen hatten, kam es ihm nach und nach zum Bewußtsein, daß er gestorben sei. Zunächst erstaunt und traurig, fühlte er sich nun besonders zu seinen Hinterbliebenen hingezogen. Wie die um ihn weilenden, früher verstorbenen Angehörigen und Freunde ihn zu belehren und zu trösten suchten, so bemühte er sich nun auch um seine Hinterbliebenen und gab ihnen, hauptsächlich in der Nacht, wenn sie schliefen und sich in die jenseitigen Welten erhoben hatten, Belehrung und liebevollen Trost. Sehr eifrig war er bestrebt, ihnen seine Erfahrungen und Kenntnisse mitzuteilen und ihnen Anregung zu neuen Versuchen zu geben. Große Freude erfüllte ihn, wenn es ihm gelang, durch seine Einwirkungen in seinen Angehörigen und Mitarbeitern entsprechende Vorstellungen zu erwecken, die für sie der Anlaß zu neuem Wirken und Schaffen wurden. Erst nach längerer Zeit, nachdem ihm selbst tiefere und eindringlichere Belehrungen gegeben worden waren, zog er sich nach und nach in sich selbst zurück, um sich für die Erhebung in höhere Sphären vorzubereiten. —

Eine Mutter starb nach längerem Krankenlager. Als sie sich in den jenseitigen Sphären von allen körperlichen Schmerzen und Leiden befreit fühlte, war sie von seliger Freude und tiefer Dankbarkeit erfüllt. Sie glaubte sich aus einem langen, schweren Schlaf erwacht und hatte das erlösende Gefühl des Gesundseins. Sie führte ihre Genesung auf die Wirkung einer neuen Heilmethode zurück, die man nach Versagen so vieler anderer Mittel am Ende ihres Erdenlebens angewendet hatte. Ein Gefühl lebendiger, innerer

Kräftigung erfüllte sie und steigerte ihr Frohgefühl immer mehr. Frisch gestärkt und von neuem Lebensmute erfüllt, erhob sie sich von ihrer Lagerstätte. Sie konnte sich frei und unbehindert bewegen, alle persönlichen Schranken schienen plötzlich gefallen, die Krankheit und die früheren oft schweren Erlebnisse, alle trüben Ereignisse und bitteren Enttäuschungen schienen ihr nun wie ein schreckhafter Traum. Hatte sie bisher in dem kleinen, öden Krankenzimmer qualvolle Tage und Nächte durchlebt, so fühlte sie sich plötzlich in eine blühende, duftende, unendlich weite Frühlingslandschaft voll von Sonnenschein, von Freude und unermeßlicher Schönheit versetzt. Alle Gegenstände um sie her erschienen ihr in neuer Pracht und strahlten ein besonderes Licht aus, als ob sie von einer unsichtbaren Kraft durchleuchtet würden. Sie entschwebte nach den ihr wohlbekannten Bergwiesen; dort ließ sie, in sich selbst versunken, in froher und andächtiger Beschauung die ihr neue Welt in all ihrer Schönheit auf sich einwirken. Erinnerungen froher Kindheitstage und seliger Jugendzeit tauchten in buntem Reigen vor ihr auf und zogen gleich lebendigen Märchenbildern an ihr vorüber. Wie im sonnenbestrahlten Ostermorgen lag die Landschaft in festtäglicher Weihe, friedlich und in verklärter Schönheit vor ihr ausgebreitet. Erst nach einigen Tagen, als ihr Körper im Krematorium bereits zu Asche verbrannt und die Trauer und Sorge der Angehörigen immer stärker und größer geworden war, kam es ihr zum Bewußtsein, daß sie nicht mehr in ihrem vergänglichen Erdenleib weile, sondern gestorben sei. Von Sorge erfaßt, eilte sie nun in das verlassene Heim, ging von Zimmer zu Zimmer und umarmte ihre Kinder. Ein jedes preßte sie in ihrer Vorstellung an die Brust und gab ihm liebevolle Ermahnungen. Sie redete auch die übrigen Angehörigen an und bat sie, sich der mutterlosen Kinder anzunehmen. Als inzwischen ihr Mann vom Kriegsschauplatz heimkehrte, ging sie ihm freudestrahlend entgegen, umarmte und tröstete den um den Verlust seiner geliebten Gattin Trauernden. In der Nacht, als sein Körper schlief und er sich zu ihr in ihre Sphäre erhob, gab sie ihm Anweisungen und Belehrungen, die er als Traumerlebnis mit ins physische Bewußtsein brachte. In den anderen Angehörigen bewirkte sie ebenfalls die verschiedensten Eindrücke, die sie durch Belehrungen verstärkte und lebendig machte. Die Folge davon war, daß die Angehörigen ihrem Gatten in jeglicher Art ihre Hilfe anboten und sich der Kinder liebevoll annahmen. So sorgte die Mutter noch von den jenseitigen Sphären aus für das Wohl ihrer Lieben. —

Durch einen Unglücksfall verstarb plötzlich ein Lehrer eines kleinen Dorfes. Den Inhalt seines Lebens hatte der Unterricht gebildet, den er seinen Dorfkindern mit großer Liebe und Hingabe erteilt hatte. Das Wohl der Kinder und der Gemeindeglieder zu fördern, hatte sein ganzes Denken erfüllt. Er war darum von allen hochgeachtet gewesen und auch in der Umgegend sehr geschätzt worden. Seine größte Freude war der Sonntagsdienst gewesen. Mit künstlerischem Talent hatte er die Orgel der kleinen Dorfkirche gespielt und auch den Geistlichen, wenn dieser verhindert war, vertreten. Viele Jahre hatte er treu seinem Schul- und Kirchendienste gelebt. Eine tiefe Trauer erfüllte darum die ganze Gemeinde, als der Lehrer so unerwartet abberufen wurde. Allgemeines Beileid wurde der vaterlosen Familie entgegengebracht.

Nachdem dieser Lehrer in seinem Wunschleibe in der jenseitigen Welt erwacht war und bemerkt hatte, daß sein verletzter Körper gestorben war, begab er sich sogleich in die Wohnung und tröstete seine leidtragende Familie und dann auch die um ihn trauernden Dorfbewohner. Als seine Frau und seine Kinder schliefen, gab er ihnen im Jenseits Anregungen und belehrte sie über die Unsterblichkeit der

Seele. Dasselbe versuchte er auch bei den Einwohnern des Dorfes, die von ihm gesprochen hatten und seiner gedachten. Er klärte sie in einer ihnen verständlichen Weise durch Heranziehung entsprechender Beispiele aus der Natur über das Werden und Vergehen aller Dinge und die ewige Dauer der Seele auf. Von Haus zu Haus schwebend, wiederholte er seine Aufklärungen, während sich die Bewohner im Schlafe befanden. Zum Schluß ermahnte er sie zu einem reinen, tugendhaften Lebenswandel, einem unermüdlichen Wirken und freudigen Schaffen.

Als sein Körper bestattet wurde, schwebte er in seinem Wunschleibe vor dem Leichenzuge her und dirigierte den Gesang der Schulkinder. Auf dem Friedhof angekommen, stellte er sich vor das Grab neben den Geistlichen und hörte seiner Predigt aufmerksam zu. Dann begann auch er in seinen Gedanken eine Ansprache zu halten, in der er besonders die Unsterblichkeit der Menschenseele und die Weihe des Todes in ernsten Worten verherrlichte. Er betonte, daß der Tod keine Trennung, sondern eine innigere Verbindung mit denen bedeute, die uns in Liebe zugetan sind. Nachdem die Feier beendet war und die Teilnehmer sich zum Heimweg anschickten, streckte er am Ausgange des Friedhofes jedem die Hand (seines Wunschleibes) entgegen und verabschiedete sich mit herzlichen Worten von ihnen. Er selbst ging nun nach der kleinen Dorfkirche, setzte sich dort an die Orgel und spielte in seinen Gedanken und Vorstellungen Choräle.

Bei den Gottesdiensten erschien er noch längere Zeit in seinem Wunschleibe und spielte die entsprechenden Choräle. Auch an dem Unterrichte seines Nachfolgers nahm er regen Anteil und versuchte, auf den Lehrer und auf seine Schulkinder einzuwirken. Sehr häufig wanderte er in der Nacht, wenn die Menschen schliefen und sich in den jenseitigen Sphären bewegten, zu ihnen, versammelte sie um sich und gab ihnen Belehrungen. In liebevollen Worten versuchte er, sie durch Gleichnisse und Beispiele zu einem innerlichen Leben anzuregen. Mit besonderer Liebe und Fürsorge widmete er sich den Kindern und der Belehrung seiner Familie. Freudig und dankbar begleitete er sie dann in ihre Wohnungen zu ihren Körpern zurück. —

Ein glückliches Elternpaar war in tiefe Trauer versetzt worden; denn sein neunjähriges Töchterchen war nach kurzer, schwerer Krankheit gestorben. Das Mädchen hatte im Krankenhaus, wo es operiert worden war, seine Schmerzen mit großer Geduld ertragen. Versuchte man es zu trösten, so hatte es nur ein friedliches Lächeln auf seinem blassen Gesicht. Es war der Liebling des ganzen Krankenhauses, nicht nur der Ärzte und des Pflegepersonals, sondern auch der übrigen Kranken, soweit sie die kleine Patientin sehen und besuchen konnten. Darum waren auch alle sehr bewegt, als die kleine Heldin ihre Seele aushauchte. Sie war nach einigen qualvollen Tagen in einen ruhigen Schlaf verfallen, aus dem sie nicht mehr erwachte. Fast kein Auge blieb ohne Tränen, als man das Mädchen aus dem Hause trug.

Gleich nachdem das Kind in seinem Wunschleibe im Jenseits erwacht war, erhob es sich freudestrahlend und verwundert, faltete seine Hände und betrachtete ehrfürchtig die umstehenden anderen Verstorbenen und die in seiner Nähe schwebenden Sylphen und Devas.*) Es rief nach seinen Eltern und war freudig überrascht, als es im selben Augenblick auch schon bei ihnen war. Jubelnd fiel es ihnen und dem Bruder um den Hals und war erstaunt, daß diese so traurig und niedergeschlagen waren. Es verstand nicht, daß man seinetwegen trauerte, fühlte es sich doch unvergleichlich glücklich und nur von Pracht und Schönheit umge-

---

*) Siehe Erhard Bäzner, Die Naturgeister.

ben. In der Nacht, als sich die Schlafenden in die jenseitigen Sphären erhoben hatten, kam es ihnen wiederum freudestrahlend entgegen und tröstete sie, indem es ihnen versicherte, daß es sich doch so glücklich, froh und gesund fühle, und daß alles Leid vorbei wäre. Dann entschwebte es in seinem lichten Körper aus dem Elternhause und begab sich nach dem Krankenhause. Dort ging es von Zimmer zu Zimmer, trat an jedes einzelne Krankenbett und sprach den Kranken Trost zu, wobei es ihre Hände streichelte. Den Ärzten und Pflegerinnen reichte es freudestrahlend die Hände und dankte ihnen für alle Mühe, die sie mit ihm gehabt hatten.

Als sein physischer Körper bestattet wurde, folgte es an der Seite seiner Eltern dem Trauerzuge. Bei der Bestattungsfeier kniete es zwischen den Eltern, faltete fromm die Hände und sprach die ihm bekannten Gebete. Noch in den folgenden Tagen wiederholte es seine Besuche im Eltern- und Krankenhause. —

Ein hervorragender Dirigent verschied nach kurzem Krankenlager. Der Verstorbene war sich beim Verlassen seines Körpers des Abgeschiedenseins vollbewußt und hörte mit freudiger Aufmerksamkeit die wundersame Sphärenmusik, die ihm in herrlichen Melodien entgegenscholl. Er war tief bewegt, als er all die vielen Lichtgestalten in nie gesehener, unvergleichlicher Schönheit um sich erblickte. Diese lichten Wesen führten ihn sogleich in höhere Sphären, deren Pracht und Schönheit ihn immer mehr verklärte. Voll seliger Freude erkannte er einige vor ihm verstorbene Meister der Musik, die ihm wie zum Willkommensgruß entgegenschwebten. Dankbar und wunschlos fühlte er sich in der Nähe derer, die er so sehr verehrte. Restlos zufrieden, glücklich und beseligt war er in ihrer Gegenwart.

An dem Tage nun, als ihm zu Ehren eine Gedächtnisfeier stattfinden sollte, ausgeführt von seinem Orchester, erschien er in dem Konzert. Nachdem der Dirigent das Podium bestiegen hatte, trat auch er an das Dirigentenpult und dirigierte das Konzert in seiner altgewohnten Weise mit. Dabei war er sehr erstaunt, daß die ihm wohlbekannten Musiker zum Teil sehr bewegt waren und so lebhaft an ihn dachten, was er an den Formen ihrer Gedanken und Vorstellungen, die er wahrnehmen konnte, beobachtete. Noch mehr erstaunt war er aber über die wunderbare, lichtvolle Auswirkung des Konzerts im Jenseits. Alle Motive der Melodien erschienen ihm als farbenfrohe Gemälde und architektonische Kunstwerke. Während der Pause trat er zu den Mitgliedern des Orchesters und reichte ihnen bewegt und mit herzlichen Worten die Hand. Auch den zweiten Teil des Konzertes dirigierte er mit. Nachdem die Konzertbesucher längst das Haus verlassen hatten, setzte er das Konzert unter Mitwirkung höherer Naturgeister die ganze Nacht hindurch fort. Dabei wurde seine Freude und Begeisterung immer größer, als immer neue Zuhörer herbeiströmten. Aus vielen Ländern kamen die Verstorbenen in großen Scharen herbei und lauschten andächtig den herrlichen Darbietungen. —

Die geschilderten Vorgänge aus dem Leben der Verstorbenen, wie es sich *kurz nach dem Tode* gestaltet, lassen, wie gesagt, klar erkennen, daß durch das Ablegen des physischen Körpers an dem Wesen und Charakter der Verstorbenen nichts verändert wird. Jeder ist nach seinem Tode genau der, der er vor seinem Tode bereits war. Nichts anderes trifft er im Jenseits an, als was er schon vor seinem Tode in seinem Bewußtsein, seinen Gedanken und Gefühlen in sich trug. Nur das, was in seinem Willen und seinen Vorstellungen lebte, kann sich ihm als lebendige Wirklichkeit in den Ereignissen, Erscheinungen und Szenerien seines Lebens im Jenseits zeigen. Er gestaltet sich seine Umgebung selbst durch seine Willensrichtung, sein Gedanken-, Gefühls- und Vorstellungsleben.

Der Abgeschiedene in der Wunschwelt

In jedem der unsichtbaren, jenseitigen Bewußtseinsreiche sind sieben verschiedene Stufen oder Sphären zu unterscheiden.

Die Wunschwelt ist gleichsam der Wunschkörper (Astralkörper) unseres Planeten. Wie der Wunschleib des Menschen über dessen physischen Körper hinausragt, so überragt die Wunschwelt den festen Erdball, befindet sich also ebenso in wie über der Erde.

Die drei untersten Regionen bilden die *Unterwelt*. Sie werden darum so genannt, weil sie unter der Erdoberfläche, also im Erdinnern, liegen. Die Wesen, die in diesen Sphären leben, befinden sich meist, besonders am Tage, in der Erde. Doch vermögen sie auch, wenn ähnliche Schwingungen in ihrer Nähe ausgelöst werden, sich über die Erde zu erheben. Die verschiedenen Regionen der Unterwelt und deren Zustände sind bedingt durch die Stärke der Begierden und Leidenschaften. Diese bestimmen den Ort, die Gestalt und den Zustand der in der Unterwelt lebenden Wesen. Geiz, Wollust und Bosheit geben ihnen ein ihrer Stufe und ihrem Charakter entsprechendes Aussehen.

Die unterste Region der Unterwelt oder *Hölle* bildet den Ort und Zustand der niedrigsten Triebe und ist der Aufenthaltsort von Dämonen und niederen Wesen verschiedenster Art und Gestaltung. Diese Region erscheint, von den höheren Ebenen der Wunschwelt aus betrachtet, als eine Welt der *Finsternis*. Sie gleicht in ihrer dichten, grauschwarzen Sphäre, die undurchdringlich erscheint, einer giftigen Essenz. In dieser untersten, siebenten Sphäre leben teuflische Naturen, niedere, boshafte und lasterhafte Charaktere, deren Leben und Treiben eine Abscheulichkeit, ein Bild des Jammers darstellt, das unbeschreiblich ist. Ihr finsteres, oft grauenhaftes Wesen entspricht ganz dieser dunkeln, öden, eisigen, stürmischen und grauenvollen Sphäre. Die nächsthöhere Region ist ebenfalls eine Stätte des Grauens und Entsetzens. Wenn sie auch nicht so düster wie die unterste Sphäre ist, so ist sie doch fast ebenso grau und undurchdringlich. Sie ist bewohnt von Verstorbenen, die einst in ihrem Erdenleben geizig, gewalttätig, falsch, habgierig, heuchlerisch waren.

In der folgenden Sphäre befinden sich solche Verstorbene, die einst vorwiegend ein Leidenschafts- und Genußleben führten, die Egoisten und Scheinheiligen. Auch diese Welt ist dunkel, öde und finster und voller Schrecken.

In der Unterwelt leben also niedere Elementarwesen, Gedankenschöpfungen, sowie verstorbene Menschen von niederer Gesinnung, die oft raubtierartig miteinander kämpfen. Ist der Neuverstorbene von Haß und Neid, Stolz, Begierden und Leidenschaften erfüllt, so wird er manchmal in den Kreis der Kämpfenden hineingezogen, die ihrerseits alles daransetzen, diese Kräfte in ihm herauszufordern. Gerät er in eine Gruppe, die ihm die Erfüllung seiner niederen Wünsche ermöglicht, so wird er von allen Seiten bestürmt, seine Begierden und Leidenschaften skrupellos zu befriedigen. Solange der Verstorbene seiner Leidenschaft frönt, wird er mit dieser Gruppe verbunden bleiben. Diese umgibt ihn dann beständig, schließt ihn ein und hält ihn unter dauerndem Anreiz auf, so daß es ihm nicht möglich ist, sich von ihr zu trennen, selbst wenn er dies auch unter den größten Anstrengungen versuchte. Er ist an sie gebannt und vermag nicht, aus ihrem Kreise zu flüchten. In dieser Zeit des Kämpfens und Genießens taumelt er, wie Goethe in seinem Faust sagt, von Begierde zu Genuß, und im Genuß verschmachtet er nach Begierde. Er leidet durch das unstillbare Verlangen und sehnt sich nach Ruhe und Frieden. Es wird ihm nach und nach klar, daß nicht der Genuß den eingeborenen Drang zu stillen vermag. So macht die Seele die wertvolle Erfahrung, daß alle Genüsse und Lustbarkeiten des Lebens nur größeres Verlangen hervorrufen und immer neues Leid schaffen. Sie ahnt, daß nur im Höheren, Reineren ein Dauerndes liegt, das allein die ersehnte Erquickung, wirklichen Frieden und die dauernde Glückseligkeit bringt. Diese allmählich dämmernde Ahnung macht jenseitige Helfer (Bewohner höherer Reiche) auf ihn aufmerksam, die ihm nun zum Aufstieg in die *Zwischenregion* verhelfen.

Dieses *Zwischenreich* gleicht einer Gegend im Zwielicht. Hier hat der Verstorbene das Gefühl, als ob er sich in einem starken Nebel und Dunstkreis befände, in welchem kein Gegenstand richtig zu erkennen ist und die Umrisse der Formen nur verschwommen und verzerrt zu sehen sind. In dieser Sphäre leben besonders diejenigen Verstorbenen, die sehr launenhaft, anspruchsvoll und träge waren. Bei ihnen wechseln die inneren Zustände von Lust und Leid häufig miteinander ab..

Das *Fegefeuer* ist ein allmähliches Sichlosringen der Seele vom Zustand der Hölle, der Art der büßenden Seele, die sich über den niederziehenden Schlamm der Hölle erhebt. Die Seele ahnt und empfindet selbst in aller Schärfe die Größe der Leiden, die sie einst anderen verursachte, und erkennt die Folgen der niederen Triebe, Wünsche, Begierden und Leidenschaften. Sie nimmt den Kampf mit diesen auf und erfährt, wie schwer es ist, die niederen Kräfte zu überwinden. Hier erwacht in dem Verstorbenen die Einsicht, daß er die selbstgeschaffenen Leiden und Schmerzen ertragen und lernen muß, sie willig gleichsam als Flammen der Reinigung auf sich zu nehmen, um sich aus dem Schmutz zur Reinheit, aus dem Zustand der Verzweiflung, der Lebensverneinung zum Zustand der Hoffnung, der Lebensbejahung, aus dem Tiermenschlichen zum wahren Menschentum zu erheben.

Wenngleich der Zustand der Seele im Zwischenreich noch leidvoll ist, so erwachen doch in ihr die Hoffnung und der

Glaube, daß es eine Möglichkeit der Befreiung, eine Erlösung aus dieser leid- und schmerzerfüllten Sphäre gibt. Darum ist diese Bewußtseinssphäre eine schaffende Kraft, ein Ort der Läuterung, wo die Seele strebt und sich bemüht, in das Reich der Ideale, der Freude, des Lichtes und des Friedens durchzudringen. Darum leben hier alle die Verstorbenen, in denen die Empfindung lebendig geworden ist, daß sie höherer, göttlicher Abstammung sind, und daß sie bisher in einem verkehrten, unnatürlichen Zustand lebten, umstrickt von ihren eigenen Lastern, Begierden, Leidenschaften und Wünschen. Hier hält die Seele Abrechnung mit ihrer niederen Natur und allem, was vergänglich ist, im Vertrauen auf die Möglichkeit der Befreiung und Erhebung, in der Hoffnung auf Erlösung von der in ihr tobenden Hölle. So ist der Zustand des Fegefeuers eine Stufe zur Befreiung vom Niederen und Leidvollen.

Haben sich in der Region des Fegefeuers die Kräfte der Laster und Leidenschaften erschöpft, und sind die Begierden zum Ausschwingen gebracht worden, so zieht sich der Verstorbene in sich selbst zurück und verfällt in einen schlafähnlichen Zustand, in dem er ein Traumdasein führt. Er durchlebt die in seiner Erinnerung liegenden Erfahrungen immer wieder von neuem und zieht daraus Schlußfolgerungen, die Anregung zu neuen Entschlüssen geben. Dadurch wird er nach und nach wieder wach und durchlebt seine Lebenserfahrungen in verstärktem Maße.

Ein matter Lichtschimmer, gleich einer anbrechenden Morgendämmerung, erhellt nun die Sphäre des *Zwischenreiches*. Der Verstorbene hat den Eindruck, als ob die schwer hin- und herziehenden Nebelschleier sich allmählich zerteilten und einige farbige Bilder erkennbar würden. Der Drang nach Befriedigung neuerwachter Wünsche, aber auch die Sehnsucht nach Befreiung und Erhebung werden stärker und lösen sich oft längere Zeit hindurch beständig ab. Unterliegt der Verstorbene den Versuchungen durch häufige Wiederholung der Erinnerungsbilder aus seinem Wunschleben, so zieht es ihn in den Zustand der Hölle zurück. Folgt er aber seiner inneren Stimme und stärkt seine in ihm wachwerdenden Ideale durch Erinnerungen an Bilder einstiger Liebhabereien, aus denen ihm harmlose, unschuldige Freuden erwuchsen, so vermag er sich in die nächsthöhere Region, das Sommerland, zu erheben. Dies gelingt ihm um so eher, je mehr er sich empfänglich für die Belehrungen höherer Wesen zeigt.

Das *Sommerland* bildet mit seinen drei verschiedenen Sphären den Aufenthaltsort von Verstorbenen, die sich bereits von ihren niederen Trieben und Leidenschaften befreit haben. Der Zustand der Seele im Sommerland ist ein hoffnungsfrohes, erwartungsvolles Leben. Die Seele empfindet die wohltuende Befreiung von den niederen, brennenden Begierden und Leidenschaften. Sie erfährt, welch edle, reine Gefühle im Streben nach Idealen liegen, und welche belebende Kraft in der Verwirklichung der Ideale ausgelöst wird. Diese Erfahrung stärkt ihre Freude und ihre Liebe zu dem Höheren und erhebt sie immer mehr. Die Verstorbenen leben dort ihren persönlichen Idealen und Freuden und führen ein Dasein kindlicher Beschaulichkeit.

Die *untere* Sphäre im Sommerland ist schon bedeutend heller als die der Zwischenregion. Die Szenerie zeigt ein ruhig-ernstes Landschaftsbild, das als taghelle Lichterscheinung aus zarten, wallenden Nebelschleiern hervortaucht. Gebilde aller Art zeigen sich im bunten Wechsel. Diese Sphäre ist vorwiegend von Verstorbenen belebt, die im Erdenleben in eigennütziger Gesinnung ganz in ihrem Berufsleben aufgingen und ihren Mitmenschen und Mitgeschöpfen gegenüber gleichgültig waren.

Viel formen- und farbenreicher ist die *mittlere* Region des Sommerlandes. Hier glaubt sich der Verstorbene in einer sommerhellen Landschaft mit üppiger Vegetation zu befinden. Hier scharen sich solche Verstorbene zusammen, die in ihrem Erdenleben hauptsächlich persönliche Liebhabereien pflegten.

Die *höchste* Sphäre des Sommerlandes stellt ein idyllisches, von der Sonne hell bestrahltes Gefilde dar, das mit seinen unübersehbaren, duftenden, blumigen Matten und seinen in architektonischer Vollendung erstrahlenden Prachtbauten ein Bild unbeschreiblicher Schönheit bietet. Weite Meere spiegeln das klare, blaue Himmelszelt wider, hochragende Gebirge bieten ein bezauberndes Panorama. Zartgrüne Auen mit blühenden Bäumen und prächtige, rauschende Wälder, in denen zahlreiche Quellen murmeln und sprudeln, wechseln ab mit blumenreichen Gärten und weithin sich ausdehnenden Obstanlagen. Die verschiedenartigsten Tiere leben in kleineren und größeren Gruppen friedlich nebeneinander. In Wirklichkeit sind es allerdings nur die eigenen Vorstellungen und Gedankenbilder der Verstorbenen.

Diese Sphäre bildet den Aufenthalt von Verstorbenen, die einst auf Erden im Familienleben und im Freundeskreise aufgingen und nur persönlichen Idealen lebten. In dieser reinen, schönen Welt haben sie dasselbe Empfinden und Bewußtsein wie in den schönsten Jahren ihres Erdenlebens. Sie fühlen sich jugendlich frisch und stark; voll Tatkraft und froher Begeisterung fassen sie neue Entschlüsse und durchdenken neue Pläne, die sie nach ihren Idealen auszuführen bestrebt sind. Sie bauen durch ihre lebhaften Gedanken ihre Städte, Straßen, Dörfer, Schlösser, Museen, Kirchen, Schulen, ihre Park- und Gartenanlagen, ihre Kanäle, wie überhaupt alles, was ihnen auf Erden lieb und wert war. Sehr viele Verstorbene legen sich, allerdings nur in ihrer Vorstellung, einen landwirtschaftlichen Betrieb an, arbeiten mit schönen, kräftigen Pferden, die sie in ihrer Vorstellung pflegen, wie sie es einst zu ihren Lebzeiten taten. Sie verbinden sich als Eheleute, haben Freunde und organisieren sich zu Körperschaften, Vereinen und Staatenverbänden. Ihre Lebensart gleicht ganz der, die sie auf Erden kannten; nur ist sie in bezug auf Schlaf, Ruhe, Essen und Trinken eine andere. Im Sommerland haben die Verstorbenen nur selten das Bedürfnis nach Schlaf und körperlicher Ruhe. Tritt dasselbe auf, so legen sie sich in ihrem Wunschleibe in die Betten oder auf die Ruhestätten, die im selben Augenblick, wo sie in ihrer Erinnerung als Vorstellung auftauchen, auch schon formhaft vor ihnen stehen. Sie entkleiden sich in ihrer Phantasie und ruhen nun ebenso, als ob sie noch im physischen Körper lebten. Wird in den Verstorbenen die Vorstellung von Hunger und Durst lebendig, so stillen sie ihr Verlangen, indem sie den ätherischen Duft der Bäume, Blumen und Früchte, sowie die kühlende Frische sprudelnder Quellen gleichsam tief in sich einatmen oder einsaugen, ähnlich wie die Bienen den Honigseim der Blumen trinken. Dadurch stellt sich ebenso wie nach der Nahrungsaufnahme im grobmateriellen, physischen Körper ein Sättigungs- und Kräftigungsgefühl ein. Die astralen Schwingungen und Strömungen werden lebhafter, und der Verstorbene fühlt sich verjüngt und gestärkt.

Viele Verstorbene glauben, sich im Sommerland in ihrem Himmel zu befinden, wie sie ihn sich in ihren seligsten Kinderjahren ausgemalt hatten. Sie fühlen sich hier sehr glücklich. Deshalb ist auch der Aufenthalt in diesen Sphären für viele Verstorbene sehr lang. Viele haben lange Zeiten hindurch nicht den Wunsch, diese Regionen zu verlassen und verbleiben Jahrhunderte dort.

An den in der physischen Welt stattfindenden Feiern und Festlichkeiten, sowie den Veranstaltungen von Gesellschaften, die dem Allgemeinwohl dienen, insbesondere den künstlerischen und religiösen Darbietungen nehmen die im Sommerlande lebenden Verstorbenen oft mit lebhaftem Interesse und großer Aufmerksamkeit teil. Auch in Kunstsammlungen, Kunstwerkstätten und Ausstellungen, in Schulen und anderen Lehranstalten sind sie sehr oft unsichtbare Gäste und sehr interessierte Zuhörer. Sie wiederholen im Sommerland die Veranstaltungen und belehren dadurch auch die in ihrer Umgebung weilenden anderen Verstorbenen. Je eifriger sie dies tun, desto häufiger und gründlicher werden sie selbst wieder belehrt von Wesen der höheren Welten, sowie von innerlich eingestellten, geistig erwachten Menschen, die in den jenseitigen Welten bewußt und planmäßig an der Höherentwicklung der Menschheit und aller Wesen in Einklang mit dem göttlichen Willen arbeiten, obwohl sie noch im physischen Körper auf der Erdenwelt leben.

Die geschilderte höchste Stufe des Sommerlandes ist der untersten Sphäre der Himmelswelt ähnlich und bildet daher auch den Übergang in diese.

Die Dauer des Aufenthaltes in den verschiedenen Sphären der Wunschwelt hängt von der Stärke des Wunschlebens ab. War der Verstorbene stark in seiner Wunsch- und Begierdennatur verstrickt, so wird sein Aufenthalt in den Regionen der Hölle und in den Zuständen des Fegefeuers sehr lang sein. *Doch ist die Zahl der Leidenden gering; sie dürfte kaum mehr als ein Zehntel der Verstorbenen betragen.* Hatte der Abgeschiedene wenig Leidenschaften in sich, so ist er nur kurze Zeit in diesen Sphären und geht bald in das Sommerland ein. War er aber frei von Wünschen, so geht er, kaum berührt von den Sphären der Wunschwelt, in die lichte, selbstlose Welt der Ideale, die Himmelswelt über. *Für die größere Zahl der Menschen gibt es nach dem Tode kein Leid, sondern Freude.*

So durchlebt der Verstorbene in der Wunschwelt die verschiedenartigsten Zustände, während er sich in den seiner Natur entsprechenden Sphären aufhält und sich dort seinem

Charakter gemäß betätigt. Der Grad des Wachbewußtseins, wie auch die Fähigkeit des Wahrnehmens der neuen Umgebung ist sehr verschieden, ebensosehr wie die Veranlagungen und Fähigkeiten der Menschen in der physischen Welt verschieden sind, auf der sich kaum zwei Menschen vollkommen gleichen.

Eine äußere, allgemeine Gleichheit ist darum in der Wunschwelt ebensowenig wie in der physischen zu finden. Ja, noch viel weniger ist dies dort der Fall; denn in der Wunschwelt treten die Verschiedenheiten noch viel schärfer hervor als auf der Erde. Aus diesem Grunde stimmen die Mitteilungen der spiritistischen Medien über die jenseitigen Zustände und Verhältnisse sehr wenig überein.

In bezug auf Aussehen, Kleidung, Ausdrucksweise und Verhalten der Verstorbenen besteht in der Wunschwelt der größte Unterschied. Das *Aussehen* der Verstorbenen entspricht ihrem Charakter. Wunsch- und Gedankenleib nehmen unter dem Einfluß des Willensimpulses ganz die Form an, die dem Charakter der Verstorbenen entspricht. Hat es ein Mensch in seinem Erdenleben verstanden, sich mit großem schauspielerischem Talent und durch eine heuchlerische Dressur vor seinen Mitmenschen ein anderes Bild zu geben, als dies seiner Gesinnung und seiner wahren Natur entsprach, so ist ihm dies in der Wunschwelt nicht mehr möglich. Jeder Gedanke und jede Regung, ja selbst das schwächste Gefühl prägt sich sofort in die Gestalt ein und ruft in ihr eine entsprechende Veränderung hervor. Eine Verstellung ist darum unmöglich. Jeder offenbart dort durch sein Aussehen, wie sein Inneres beschaffen ist. Gar mancher, der sich in seinem Leben auf Erden mit allen erdenklichen Dingen schmückte und damit sein Inneres verdeckte, hat in der Unterwelt ein schreckenerregendes Aussehen. Wer oft auf Erden in Pracht und Herrlichkeit lebte und als Krösus gefeiert wurde, sieht dort wie ein gieriges Raubtier oder ein verkommener Mensch aus. Mancher schlichte, scheinbar ganz unbedeutende, unbeachtete, bescheidene Mensch leuchtet und strahlt dagegen nach seinem Tode in der Wunschwelt und den höheren Sphären wie ein Stern oder eine Sonne. Er geht in einer Gestalt einher, die nur der Edelmensch hat, und zeigt eine Reinheit und Schönheit, wie sie der genialste Künstler nicht idealer darstellen könnte.

Auch die *Kleidung*, sofern man in der Wunschwelt von einer solchen sprechen kann, nimmt in der Astralmaterie die Form an, die den Erinnerungen und Vorstellungen des Verstorbenen in bezug auf seine Kleidung während seines Erdenlebens entspricht. Jeder Verstorbene erscheint darum in der Wunschwelt in der Kleidung, die ihm auf Erden die liebste war.

Die *Sprache* des Verstorbenen ist dem Entwicklungsstandpunkte, dem Grade der Erkenntnis entsprechend, sehr verschieden. Auch die Entkörperten besitzen eine sprachliche Verständigungsmöglichkeit. Doch besteht ihre Sprache mehr in einer Gedankenübertragung, in einer Formung ätherischer, astraler oder mentaler Klangbilder, die sich unmittelbar dem Bewußtsein des anderen einprägen und entsprechend erwidert werden können. Je nach der Beschaffenheit und Feinheit der Sphäre, in der sich der Verstorbene aufhält, wird darum die Sprache verschieden sein. Sie ist ja der Ausdruck und die Folge des Denkens und Fühlens. Je höher der Mensch seine Denkkräfte und geistigen Fähigkeiten entwickelt, um so weniger bedarf er der äußeren Sprache. Er vermag die geheimsten Gedanken der Menschen zu erfühlen und in ihnen wiederum Gefühle und Gedanken, Eindrücke und Vorstellungen zu erwecken. Der bewußt in der geistigen Welt Lebende und Wirkende versteht die Sprachen aller unter ihm liegenden Reiche.

Grundverschieden ist auch das *Verhalten* der einzelnen Verstorbenen. Der geistig träge Mensch hat ein großes Verlangen nach Ruhe und Bequemlichkeit. Er entfernt sich darum nach seinem Tode nur auf kurze Strecken von seiner Wohnstätte. Er hält sich entweder in der ehemaligen Wohnung selbst auf oder aber in ihrer unmittelbaren Nähe. Manchmal gehen solche Verstorbene, Müßiggängern gleich, in träger Bewegung ziellos in den Straßen oder auf dem Friedhofe einher. Andere legen sich, wie von Müdigkeit befallen, erschöpft an ihren einstigen Lieblingsplätzen nieder, um dort allmählich einzuschlummern. Der nun folgende Schlafzustand kann jahre-, oft jahrzehntelang andauern. Doch wird er durch ein Erwachen, das sich auf Tage und Wochen erstrecken kann, unterbrochen. Der Erwachte wandert dann wiederum längere oder kürzere Zeit an die in seiner Erinnerung auftauchenden Orte und Plätze. Nach einiger Zeit setzt wieder eine Schlafperiode ein, bis wieder, vielleicht nach Jahren oder Jahrzehnten, ein langsames, allmähliches Erwachen folgt. Dieser Wechsel von Schlafen und Wachen dauert so lange an, bis der Verstorbene andere entkörperte Begleiter findet. Diese waren wohl schon vorher neben ihm, doch hatte er sie infolge seiner Müdigkeit und seines Schlafbedürfnisses weder bemerkt noch ihre Sprache gehört oder verstanden. Erst nach und nach lösen sich diese geistig trägen Menschen von der irdischen Welt und gehen in die Wunschwelt über.

Da jeder Gegenstand der physischen Welt sein astrales Gegenstück, sein Modell hat, so findet der Verstorbene in der Wunschwelt alles wieder, was er zu Lebzeiten an Gegenständen kannte und als Vorstellung in sich aufgenommen hatte. Ja, er lernt immer mehr Dinge kennen, und je mehr sein Interesse für diese lebendig wird, um so mehr schwindet ihm die Erinnerung an die Einzelheiten der physischen Welt. In demselben Maße, wie sein Verständnis für seine Umgebung wächst, werden auch die Neigungen, Wünsche und Begierden in ihm stärker und lebendiger. Erstaunt sieht er sich sogleich an dem Orte und im Besitze des Gegenstandes seines Wunsches.

Nun erst beginnt das eigentliche Leben in der Wunschwelt, eine Zeit des Wanderns und Suchens. In kleineren und größeren Gruppen schließen sich die Verstorbenen zusammen, wandern über Ebenen und Hügel, durch Täler und Berggegenden, auch über hohe Berggipfel. Sie schließen sich ihrem Charakter, ihrem Wissen, ihren Fähigkeiten und Anschauungen entsprechend zusammen, knüpfen Freundschaften und bilden Vereinigungen und Parteien.

Der *Wilde* lebt im Jenseits sein Naturdasein weiter und glaubt in seinem Urwald zu sein, den er durch seine Gedanken und Vorstellungen um sich geschaffen hat.

Der *Kulturmensch* ist beständig auf seinen Fortschritt bedacht. Alle Kräfte sucht er für sich auszunützen und erwartet sein Heil von äußeren Reformen. Dabei kommt er mit seinen Neuordnungen nie zu Ende und fällt fortwährend von einem Extrem in das andere.

Der *Trinker* frönt auch nach seinem Tode seiner Leidenschaft. Er begibt sich an die Orte, an denen Alkohol zubereitet und genossen wird, um sich an den Düften zu laben, die er in sich aufnimmt, ähnlich wie der verkörperte Mensch die Luft einatmet. Auch veranlaßt er auf Erden lebende Trinker, dem Laster recht oft zu frönen, um dann seine Begierde mitbefriedigen zu können. Auf diese Weise macht sich mancher zur Trunksucht Neigende nach und nach, ohne es zu ahnen, zum blinden Werkzeug und Spielball niederer Charaktere, die ihn von der Wunschwelt aus beeinflussen und allmählich ganz nach ihrem Willen leiten und beherrschen. Da der Trinker im Jenseits kein volles Genügen des früher gekannten Genusses hat, so ist die Gier nach Befriedigung seines Lasters um so stärker. Er gerät darum oft in einen Zustand wahnsinniger Raserei. Ähnlich ergeht es dem, der sich am Tage infolge eines Gelöbnisses oder durch äußeren Zwang der Trunksucht enthält, sie aber in seinem Bewußtsein noch nicht überwunden hat, sondern sich gedanklich an dem Genusse weidet. Er frönt dann diesem äußerlich unterdrückten Laster während des Schlafes in der Wunschwelt um so mehr und begibt sich überall dahin, wo Alkohol und andere Genußgifte vorhanden sind. Darum hat eine erzwungene Enthaltsamkeit, eine Enthaltsamkeit ohne Erkenntnis keinen Wert.

Ist für den *Mörder* der Augenblick des Todes gekommen, und ziehen die Bilderreihen seiner Taten und Gedanken an ihm vorüber, so wird ihm sein Verbrechen in seiner ganzen Tragweite und Ausweitung vor Augen stehen. Das Leid und den Schmerz, die sein Verbrechen verursachten, fühlt er nun selbst in voller Lebendigkeit. Ist es ihm vielleicht im Erdenleben gelungen, seiner Bestrafung zu entgehen, so wird es ihm nunmehr klar, daß es in Wirklichkeit kein Entrinnen gibt. Der Umstand, daß in der Unterwelt seine Gedanken, sowie auch die seines Opfers, als reale Formen in voller Lebendigkeit dauernd vor ihm stehen, läßt ihn nicht zur Ruhe kommen. Sie verfolgen ihn beständig, wohin er sich auch wenden mag, und er wähnt sich dadurch fortwährend in mannigfacher Weise gepeinigt. Er glaubt, schwere, fast erdrückende Lasten über weite Ebenen und Berge schleppen zu müssen oder sich in großer Gefahr zu befinden. Rastlos wandert er von Ort zu Ort, über Städte und Länder. Überall fühlt er sich bedroht. Nirgends glaubt er eine Heimat, eine kurze Ruhestätte oder ein Verständnis zu finden. Das Astrallicht erscheint ihm wie ein Zwielicht. Sehnend blickt er in seiner Umgebung umher, er vermag sie aber nicht zu durchdringen. Immer erwartet er den Morgen mit seinem klaren Lichte. Oft wird er in schauerliche Szenen und wüste Kämpfe verwickelt. Manche Mörder sind, nachdem sie ihre eigene Gestalt geschaut haben, sehr beschämt. Aber auch für diesen schrecklichen Zustand der Mörder gibt es ein Ende, wenn die verursachten Leiden ihren Ausgleich gefunden haben und eine gewisse Einsicht in ihnen erwacht.

Der Mörder aber, den die Strafe der *Hinrichtung* ereilte, ist von Haßgedanken erfüllt, wenn er aus dem physischen Leben scheidet. Er versucht noch weiter zu morden und sich an der Menschheit zu rächen. Nachdem er sich seines Körpers gewaltsam beraubt sieht, wendet er sich überall dorthin, wo er verwandte Neigungen findet. Willensschwache Menschen und besonders solche, die ähnliche verbrecherische Veranlagungen haben, werden während des Schlafes von solchen abgeschiedenen Verbrechern astral aufgesucht und durch gedankliche Einwirkungen (Suggestionen) bestimmt, ein ähnliches Verbrechen zu begehen. So wird mancher, dem man es niemals zugetraut hätte, gegen seinen Willen zum Verbrecher, zum Werkzeug und Medium eines unsichtbaren, haßerfüllten Wesens, das sich auf diese Weise an seinen Mitmenschen rächt. So erreicht man durch die Todesstrafe nur das Gegenteil von dem, was man durch sie bezwecken will, ja, man verursacht auf diese Weise Verbrechen, die weit entsetzlicher sind als das, was der Verbrecher durch seinen Tod sühnen sollte. Aus dieser okkulten Tatsache geht hervor, daß die *Todesstrafe* nicht nur *völlig unzweckmäßig* zur Bekämpfung von Verbrechen ist, sondern daß sie diese sogar *vermehren* hilft, da ja der Tod den Charakter des Menschen nicht ändert, den Verbrecher also nicht bessert, und dieser außerdem noch andere gleichartig veranlagte Naturen zu verbrecherischen Handlungen veranlassen kann. Hierbei ist zu beachten, daß nicht der Verbrecher selbst hingerichtet wird, sondern nur sein Körper, das bloße Werkzeug des Verbrechens. Sein Körper war aber zugleich seine größte Fessel. Von ihr nun befreit, ist er sogar noch stärker geworden, und keine diesseitige Macht kann ihn mehr in seinem Treiben hindern. Er bildet nun eine weit größere Gefahr für seine Mitmenschen als zuvor.

Zur Verminderung der sich immer wiederholenden Verbrechen wäre darum die Abschaffung der Todesstrafe das sicherste Mittel.

Die Verbrecher sind als *seelenkranke* Menschen zu betrachten, die man in Besserungs- und Heilanstalten bringen sollte, wo ihnen durch eine ihrer Natur und ihren Fähigkeiten angepaßte Beschäftigung Gelegenheit gegeben werden sollte, in sich zu gehen und sich zu veredeln. Doch müßte die Behandlung eine derartige sein, daß der Verbrecher seinen Aufenthalt in einer solchen nicht als harte Strafe empfindet, sondern ihn mehr als Hilfe und Wohltat, als eine Gelegenheit zur Besserung erkennt. Ein großer Teil der Verbrecher würde dann gebessert und geheilt aus den Anstalten entlassen und der menschlichen Gesellschaft als nützliche Glieder wieder zugeführt werden können.

Der gewaltsam seines physischen Körpers beraubte Verbrecher verbringt lange Zeiten in den unteren Sphären der Wunschwelt, wo er seine Verbrechen meist viele Male wiederholt. Er ist auch selbst für die Bewohner der Wunschwelt zum Schrecken geworden. Überall, wo er sich zeigt, löst seine Gegenwart Furcht aus; bei niederen Charakteren erweckt sie Haßgedanken, die auf die physische Welt zurückwirken, indem sie überall da angezogen werden, wo ähnliche Gedankenströmungen vorhanden sind, die sie verstärken und vermehren. So reifen neue Verbrechen heran. Viele Jahrzehnte vergehen, bis es den fortgesetzten Belehrungen erwachter Seelen gelingt, solche bedauernswerte, irrende Verstorbene zu beruhigen und zu höherer Tätigkeit anzuregen.

In einem ähnlichen Zustande lebt nach seinem Tode auch der *Selbstmörder*. Er versucht auch im Jenseits noch weiter, durch Vernichtung seiner vergänglichen Hüllen seinen Lebensschwierigkeiten zu entrinnen und erlebt immer neue, noch leidvollere Enttäuschungen, da er nicht erkennt, daß er sich nicht das Leben nehmen, sondern nur die Lebensform zerstören kann. Sein innerer, seelischer Zustand bleibt derselbe, ja, dieser verschärft und verschlimmert sich infolge der Enttäuschungen nur noch mehr. Doch entspricht sein Zustand stets dem Motiv seiner Tat. Da die Beweggründe, die den Selbstmord veranlaßt haben, sehr verschieden sein können, so sind auch die Eindrücke, die der Selbstmörder nach dem Verlassen des physischen Körpers in der Wunschwelt erhält, ganz verschieden und öfters wechselnd. Würde z. B. eine Anzahl Selbstmörder, die ein und dieselbe Todesart gewählt und zu einem und demselben Zeitpunkt ihre Tat vollbracht haben, ihre Eindrücke und Empfindungen wiedergeben können, so würde jede Beschreibung anders lauten, wenngleich auch einige Punkte sich ungefähr deckten.

Es ist daher nicht möglich, eine bestimmte, bis ins einzelne gehende, allgemeingültige Charakteristik über den Zustand und das Leben der Selbstmörder nach dem Tode zu geben; es müßte dies jeweils von Fall zu Fall geschehen. Gibt es doch Umstände, unter denen das Schicksal eines Selbstmörders sich günstiger gestaltet als das eines frommen Muckers und Scheinheiligen, deren Zahl ungleich größer ist als die der heiligen und wahrhaft gläubig-religiösen Menschen. Doch ist und bleibt der Selbstmord immer ein folgenschwerer Mangel an Selbst- und Gottvertrauen und bringt darum auch keine Befreiung. Der Selbstmörder lehnt sich gegen seine Menschenpflicht auf und versucht, sich dem göttlichen Willen zu widersetzen.

Im allgemeinen befällt den Selbstmörder, meist schon während des Verlassens seines physischen Körpers, jedenfalls aber nach dem Eintritt des Todes, ein Gefühl der Erwartung und des Staunens, dem dann der Zustand einer großen Enttäuschung folgt. Dieser steigert sich bald zu einer lebhaften Entrüstung. Es ist ein eigenartiges Bild, wie verwundert und enttäuscht der Selbstmörder um sich blickt, sobald der Lebens- und der Wunschleib mit den höheren Grundteilen des Menschen sich vom physischen Körper losgelöst haben. Diese Trennung der genannten Körper dauert bei dem Selbstmörder durchweg etwas länger als bei dem Menschen, der eines natürlichen Todes stirbt. Manchmal vergehen Stunden, bis sich die vollständige Trennung vollzogen hat, da die unsichtbaren Hüllen durch die lebhaften Gedanken und starken Vorstellungen des Selbstmörders sehr fest mit dem physischen Körper verbunden sind. Bei manchen Selbstmördern muß der Ätherleib vom Wunschleib gleichsam stückweise getrennt werden, was dem Selbstmörder große Schmerzen verursacht. Es ist dies für ihn eine Empfindung, als ob vom physischen Körper bei vollem Wachbewußtsein Teile weggerissen und Muskeln und Nerven einzeln herausgezogen oder abgetötet würden. Eine entsetzliche Qual bedeutet es für den Selbstmörder, wenn oft schon kurz nach seiner Tat eine *Leichensektion* an ihm vorgenommen wird. Sehr oft hat er sich noch nicht vollständig von seinem physischen Körper losgelöst, oder aber er ist nach der Loslösung an den physischen Körper gebannt. In beiden Fällen muß er den ganzen grauenvollen Akt mitansehen und wachbewußt miterleben, was für ihn einer Vivisektion gleichkommt.

Der Selbstmörder erwacht in der untersten Sphäre der Wunschwelt, die ihm grauschwarz erscheint. In dem ihn umgebenden Dunkel erblickt er seine eigenen Gedankenformen als farbig leuchtende Bilder, die gleich lebendigen Persönlichkeiten in lebhafter Bewegung um ihn kreisen. Da die meisten Selbstmörder nicht unterscheiden können, ob es wirkliche Wesen oder Scheingebilde sind, so ergreift sie bei diesem Anblick meist eine heftige Furcht. Sie hofften, nach dem Tode allen Hindernissen und Widerwärtigkeiten entrückt zu sein, und nun wird ihnen klar, daß diese sich nur fortwährend steigern und vermehren. Sie ringen nach Befreiung und fühlen sich unfreier denn je, ja, sie fühlen sich von einer unsichtbaren Kraft mit Gewalt an den Ort gebannt. Viele Selbstmörder, die in ihrer großen Erregung ihren physischen Körper nicht mehr beobachten, glauben, ihre Absicht sei ihnen noch nicht vollständig gelungen, und sie lebten noch. Das bestärkt sie in dem Wahne, die unheilvolle Tat immer wieder ausüben zu müssen, um dem leidvollen Zustande und der unangenehmen Umgebung entgehen zu können. Andere, die ihren verlassenen Körper noch beobachten und den Jammer ihrer Freunde, Angehörigen und Bekannten mitanhören, brechen nun gleichfalls in heftige Klagen aus. Sie folgen ihrem Leichnam auf den Friedhof, stehen manchmal wochen- und monatelang vor ihrem Grabe und versuchen mit allen Mitteln, ihren Körper wieder zu beleben und in ihn einzutreten. Dabei ist es für sie furchtbar, die Zersetzung ihres physischen Körpers im Grabe mitansehen zu müssen. In unaufhörlicher Furcht stehen oder sitzen sie unter andauerndem Klagen und Stöhnen vor ihrem Grabe, sich in seelischen Qualen verzehrend. In besonderen Fällen hält sich der Selbstmörder oft längere Zeit, selbst jahre- und jahrzehntelang an dem Orte seiner Tat, auf dem Friedhofe oder an einem seiner Lieblingsplätze auf. Er ist fortwährend mit den Gedanken und Beweggründen, die ihn zur Tat verleiteten, beschäftigt. Da sich infolge seiner großen Erregung seine Gefühle und Gedanken immer neu beleben und wiederholen, so erscheint ihm seine Lage immer trüber und trauriger. Während er zu Lebzeiten auf Erden bei gründlicher Überlegung da und dort noch einen Ausweg gesehen und eine Lösung seiner Schwierigkeiten, eine Regelung seiner Angelegenheiten gefunden haben würde, so ist ihm jetzt jeder Ausweg verschlossen. Angesichts dieser Umstände greift er dann (allerdings nur gedanklich) wieder zur Waffe, um diesem Zustande ein Ende zu machen, ohne ein anderes Ergebnis zu sehen. Die Leiden verstärken sich, die Möglichkeit auf eine Besserung und Befreiung wird noch fragwürdiger, und von neuem wiederholt er die Tat. Dies geschieht oft an einem Tage bis zu hundertmal und mehr und zwar so lange, bis der Zeitpunkt herangekommen ist, an dem der Tod auf natürliche Weise eingetreten wäre, ja manchmal noch über diese Zeit hinaus. Es ist dies der bedauernswerteste seelische Zustand, den man sich denken kann, gegen den die Leiden und Sorgen auf der physischen Welt, so schwer sie manchmal auch sein mögen, harmlos erscheinen. Ermattet sinkt der Selbstmörder nieder mit der bedrückenden Einsicht, daß er die törichteste Tat, die es gibt, begangen hat, daß er sie nun aber nicht mehr ungeschehen machen kann. Nicht nur von seinen selbstgeschaffenen Gedankenwesen sieht er sich angegriffen, auch Naturgeister und Elementarwesen aller Art, sowie Verstorbene mit niederer Gesinnung fordern ihn andauernd heraus und treiben ihren Spott mit ihm. Er glaubt sich seinen Peinigern hilf- und wehrlos ausgeliefert.

Das Dunkel seiner Umgebung wird lichter, wenn er sich anschickt, von dem Orte seiner Qual zu flüchten. Manche Selbstmörder brauchen lange Zeit, bis sie sich in höhere Sphären der Wunschwelt aufschwingen können. Da sie beständig von anderen freiwillig aus dem Leben Geschiedenen verschiedenster Wesensart umgeben sind, so befinden sie sich stets in einer trübseligen Stimmung, die sich in Klage- und Jammerausbrüchen äußert. Sie versuchen sich abzuschließen und sind überrascht, wenn ihnen immer wieder neue Selbstmörder begegnen. Mit Schreck und Abscheu wenden sie sich voneinander ab, wenn sich die Bilderreihen der Taten ihres vergangenen Erdenlebens panoramaartig wiederholen, so daß ein jeder die Lebensgeschichte des anderen bis in alle Einzelheiten offen und klar vor sich sieht. Gleich einem aufgeschlagenen Buch liegen alle, auch die geheimsten Gedanken offen zur Schau, ja, sie erscheinen in lebenden Gestalten wie in einem Schauspiel auf der Bühne. Immer und immer wieder versuchen die Selbstmörder, sich einander zu nähern und sich zu verständigen. Dabei geben sie sich alle erdenkliche Mühe, ihren wahren Charakter zu verbergen und anders zu erscheinen, als sie in Wirklichkeit sind. Aber jeder durchschaut die Maske des anderen und erkennt seine wirkliche Natur. Voll Scham und Entsetzen wenden sie sich wieder voneinander ab. Unter diesen traurigen Verhältnissen ist es ihnen kaum möglich, auch nur kurze Zeit in Harmonie zu leben. Sie gehen darum jeder lichten Erscheinung nach und rufen sie flehentlich um Schutz und Beistand an. Erst, wenn die Selbstmörder für Belehrungen höherer Wesen zugänglich geworden sind, bessert sich ihre traurige Lage und beginnt für sie die Vorbereitung für ihren Aufstieg.

Oft wird über die bedauernswerten Selbstmörder der Stab gebrochen, indem ihre Handlungsweise getadelt oder gar mit spöttischen Bemerkungen verurteilt wird. *Anstatt in ihnen irrende Brüder und Schwestern zu sehen, die unsere Liebe und Hilfe ganz besonders brauchen*, betrachtet man sie leider nur zu oft als Auswurf der Menschheit. Es ist zu bedenken, daß viele in den Zuständen des Wahnsinns und der Besessenheit, die meisten aber aus Verzweiflung handeln. Sie sind sich in diesem Zustande gar nicht klar darüber, welchen Schritt sie tun, und welche Folgen ihre Tat haben könnte. Durch eine materialistische Weltanschauung hat man ihnen geradezu das Recht gegeben, bei irgendwelchen Unbequemlichkeiten diesem »Zufallserdendasein« ein für allemal ein Ende zu bereiten; ist es doch, vom materialistischen Standpunkte aus betrachtet, eine unbegreifliche Torheit und grenzenlose Beschränktheit, im Leben Enttäuschungen, Leid, Not, Kummer und Elend auf sich zu nehmen, wenn eine Bleikugel, einige Tropfen Gift, ein Strick, ein Sprung in die Tiefe oder ein scharfes Messer allem Leid ein Ende bereiten können.

Viele begehen ihre Tat in der Hoffnung auf ein besseres Jenseits, von dem sie sich aber keine Vorstellung zu machen vermögen. Hätten sie eine klare Erkenntnis von der wahren Menschennatur und den im Weltall wirkenden Gesetzen, so wäre es ihnen unmöglich, ihre Verzweiflungstat auszuführen. Daher ist es unsere Pflicht, ihnen reine, erhabene, selbstlose Gedanken, Gedanken des Friedens, der Harmonie, der Liebe und Freude zuzusenden. Diese nehmen leuchtende, reine Farben und Formen an, bewirken das Ausstrahlen höherer Schwingungen und, sofern sie stark genug gedacht werden, umgeben sie den, dem sie zugesandt werden, gleich schützenden Engeln. Auch können wir den Selbstmördern während der Nacht, wenn unser physischer Körper im Schlafe liegt und wir selbst uns in die höheren Welten erheben, von dort aus große und wertvolle Dienste leisten.

Der Tugend- und Edelmensch wird von den Schwingungen und Strömungen der niederen Sphären der Wunschwelt nicht aufgehalten. Er beherrscht sie und erhebt sich sofort nach dem Abscheiden in die höheren Sphären, um von dort aus neugestärkt und innerlich gefestigt in die niederen Ebenen hinabzusteigen, wo er den nach Licht und Wahrheit Suchenden Trost, Hilfe und Stärkung bringt und sie in lichtere Reiche emporführt.

Auch *die im Kindesalter Verstorbenen* werden von den Schwingungen und Kräften der Wunschwelt nicht oder nur wenig aufgehalten, da in ihnen das Wunsch- und Begierdenleben noch nicht oder nur schwach erwacht war. Sie sind sich ihres Zustandes und Aufenthaltes daselbst nicht bewußt und schlummern gleichsam in die höheren Sphären der Wunschwelt, das Sommerland, und in die Sphären der Himmelswelt hinüber.

Der geistig erwachte Mensch geht bewußt in die jenseitigen Welten über und wirkt dort in vollem Bewußtsein seiner hohen Aufgabe ununterbrochen während ganzer Zeitalter zum Wohle der Menschheit. Für ihn ist der Tod keine Unterbrechung seines Bewußtseins und seiner Arbeit.

Noch viel weniger hat der Tod Macht über den *Gottmenschen*, der ein Erlöser, ein Christus geworden ist. Er ist auch in den inneren Welten ein bewußter Lichtträger und Erlöser aller Wesen.

»Aber in den heiter'n Regionen,
Wo die reinen Formen wohnen,
Rauscht des Jammers trüber Strom nicht mehr.
Hier darf Schmerz die Seele nicht durchschneiden,
Keine Träne fließt hier mehr den Leiden.«

SCHILLER

Der Abgeschiedene in den Himmeln
In der Gedankenwelt

Wie der alternde Mensch auf der physischen Ebene das Interesse für die Dinge seiner Umwelt mehr und mehr verliert und bereits vor seinem Tode in einen anderen Bewußtseinszustand hinüberdämmert, so kommt auch für den Astralwanderer eine Zeit des Alterns, wo er für seine astrale Umwelt allmählich abstirbt. Sobald er zu einem bestimmten Grade verklärter Ruhe, zu einem Greisenstadium in der Wunschwelt herangereift ist, schlägt auch für ihn das Stündlein, da er aus seiner bisherigen Welt in eine neue, die Himmelswelt, übergeht. Bei seinem Durchgang durch die einzelnen Sphären der Wunschwelt hat sich der Mensch immer mehr geläutert. Mit seiner größeren Verinnerlichung und inneren Erhebung sind reinere Empfindungen in ihm zum Erwachen gekommen. Er wendet sich höheren Idealen zu, die das mentale Leben anregen. Devachanisches Licht, die Kraft der Mentalsphäre, strömt in den Gedankenleib (Mentalkörper) ein und versetzt diesen in Schwingung. Wenn in dem Bewußtsein des Astralbewohners das Licht der höheren Erkenntnis aufleuchtet, so erhebt er sich damit über seine astrale Natur; er löst sich von seinem Wunschleibe, den er als Astralleichnam zurückläßt, und beginnt den Aufstieg in die *Himmelswelt*. So erlebt der Entkörperte in der höchsten

Sphäre der Wunschwelt noch einmal das Mysterium des Sterbens.

Beim Verlassen des Wunschleibes und der Wunschwelt leuchtet der *Gedankenleib* heller und bestimmter auf. Seine Umrisse treten schärfer, plastischer hervor, und die Charakterzüge sind deutlicher zu erkennen. Die aurischen Ausstrahlungen werden stärker und ihre Farben klarer und schöner.

Der Verstorbene findet sich in einer Umgebung, die der leuchtenden Morgenröte und, je mehr er erwacht, einem herrlichen Maimorgen gleicht, einem Reiche voll Licht und Sonnenschein. Er glaubt inmitten einer wundersam duftenden und leuchtenden Blumenpracht zu leben. Eine Fülle seligen Lebens wogt um ihn und in ihm. In herrlichen Gemälden erscheinen die Bilder seiner erwachenden frohen Erinnerungen. Sie gestalten sein Leben zu einer immer fließenden Quelle reinster Glückseligkeit.

In die Himmelswelt kommt nur der von allen Leidenschaften geläuterte Mensch. Die triebhaften, leidenschaftlichen Regungen und selbstsüchtigen Neigungen haben sich ausgeschwungen und sind überwunden; sie finden in den feineren Schwingungen des Devachan keine Möglichkeit der Existenz mehr. Damit hat alles Leid ein Ende, und Seligkeit ist an seine Stelle getreten. Darum ist der innere Zustand des Verstorbenen tiefe Ruhe, Hoffnungsfreudigkeit und Harmonie. Da sich hier nur die höhere Natur des Menschen auswirkt, ist höchste *Glückseligkeit* die gemeinsame Empfindung aller hier Lebenden. Weder ein Wort, noch ein Bild, noch ein Vergleich kann auch nur annähernd diesen Zustand beschreiben; denn er ist über alles irdische Ausdrucksvermögen erhaben. Der Verstorbene führt in diesen reinen Sphären ein tiefinnerliches Leben und betätigt alle seine Ideale. Nichts bindet ihn mehr an die vergänglichen Erscheinungen des Daseins. Er ist frei von aller Erdenschwere; er hat sich erhoben über die engen Grenzen eines selbstsüchtigen, wechselvollen Daseins. Raum und Zeit scheinen hier für ihn nicht zu bestehen; denn alle lichtvollen Ereignisse, Bilder, Vorstellungen und Gedanken aus seinem verflossenen Erdenleben haben sich zu einem fortdauernden Erlebnis vereinigt, wie es für den menschlichen Verstand unfaßbar ist. Alles, was uns die Erde an reinen Freuden zu bieten vermag, die höchsten Wonnen, die dem Erdbewohner zu erleben vergönnt sind, machen dort den dauernden Zustand der Seele aus. Der Jubel des Kindes am Weihnachtsabend, die sieghafte Freude über bestandene Prüfungen oder ein Weiterkommen im Berufe, die stürmische Liebe des Jünglings zur Jungfrau, das reine, stille Glück der Mutter an der Wiege des Kindes, die flammende Begeisterung für ein edles Werk, die ruhige Zufriedenheit, welche treue Pflichterfüllung gewährt, die sonnige Heiterkeit eines wohlverdienten beschaulichen Lebensabends: all' diese einzelnen Lichtstunden des menschlichen Daseins reihen sich in den Himmelswelten zu einer lückenlosen Kette von Frohgefühlen aneinander. Dieses Erleben besitzt aber nichts von jener unruhigen, lauten Lust, die unreife Menschen an sich haben, sondern hier vereinigt sich die reine, übersprudelnde Lebensfreude des unschuldigen Kindes mit der klaren Erkenntnis und dem unerschütterlichen Seelenfrieden des gereiften Menschen. Schwerlich können wir uns die hohe Seligkeit des Lebens in diesen Regionen vergegenwärtigen.

Die *Wahrnehmungsorgane* des nunmehr in Tätigkeit gesetzten Gedankenleibes haben eine weit größere Aufnahmefähigkeit als die beschränkten Sinne des Erden- und des Astralkörpers. Alle Sinne dieses Gedankenleibes arbeiten gleichzeitig, sie sind gleichsam in einen einzigen Sinn vereinigt. Denkt der Himmelsbewohner an irgend einen Ort, so ist er auch schon an demselben, obgleich er sich räumlich *nicht* aus seinem feinstofflichen Sphärenbereich fortbewegt.

Denkt er an einen Freund, so steht dieser auch schon vor ihm, ohne daß sich der Wünschende selbst der Erdsphäre genähert hätte. Seine innere Verbundenheit mit dem Freunde schuf in seinem Inneren bestimmte Vorstellungsbilder, die sich nun bei seinem Gedenken, gleichsam automatisch, zu einer plastischen Gestaltung formen. Der »Devachani« erlebt in dieser Nachbildung den Freund in seinem ganzen Wesen. Er vermag sich lange mit ihm zu unterhalten, doch stellt er dabei weder Fragen, noch erwartet er von ihm eine bestimmte Antwort; denn alle auftauchenden Gedanken erhalten im Augenblick des Entstehens ihre sofortige Beantwortung durch die zwischen beiden schwingenden Gefühle. Da der »Devachani« mit den Augen der Liebe schaut, ist ihm die *höhere* Natur des Freundes zugänglich, die ja ebenfalls ein Bürger der himmlischen Welten ist. Er erlebt ihn in seinen besten Stunden. So ist der subjektive Verkehr des Verstorbenen mit dem Freunde, ungeachtet der illusorischen Gedankenform, viel wirklicher, als es im allgemeinen eine Freundschaft zwischen zwei Erdbewohnern sein kann, die ja meist durch mancherlei Schranken gehemmt wird. Nur der geistig Erwachte, der einen besonders hohen seelischen Reifezustand erreicht hat, steht hier in *unmittelbarer* Verbindung mit der Menschenseele, an die er gerade denkt. In welcher Sphäre der jenseitigen Welt er auch weilen mag, er erschaut diese in ihrer wahren Natur. Er sieht sowohl die Vorzüge als auch die Unvollkommenheiten der Charaktere ihrer Bewohner und erkennt den Stand ihrer Entwicklung.

Alle *idealen* Bilder und Vorstellungen, die sich der Mensch im Erdenleben von anderen gemacht hat, tauchen in der Himmelswelt wieder in seinem Bewußtsein auf. Der Verstorbene weiß sich von allen denen umgeben, mit denen er einst in Liebe verbunden war. Er sieht sie in der ihm liebgewordenen Gestalt, so wie er sie in seinem Bewußtsein trägt. Sie sind für ihn ebenso lebendig und wirklich wie einst im Erdenleben. Seine seelische Verbindung mit ihnen wird noch inniger und tiefer, als sie es jemals im Erdenleben war. Alle persönlichen Besonderheiten, alle Schranken zwischen ihnen sind verschwunden, und nur das reinste seelische Leben wirkt sich aus.

Jedoch haben solche, die nur durch physische oder astrale Verhältnisse verbunden waren, in dieser lichten Sphäre keine Verbindung miteinander. Welch' ein weiser und heiliger Wille kommt hier zur Auswirkung, wenn man bedenkt, daß die Himmelsbewohner von keinen leidvollen Schwingungen mehr erreicht werden, sich aber trotzdem von allen ihren Lieben, die noch auf Erden weilen oder sich in den Sphären der Wunschwelt aufhalten, in reiner, idealer Gestalt umgeben sehen! Die Wogen von Leid und Weh, all' die vielen Widerwärtigkeiten und bitteren Enttäuschungen des mühevollen Erdendaseins erreichen nicht die feinstofflichen Bewußtseinsreiche der Himmelswelt. Dies sei ein Trost für alle Hinterbliebenen, die in eine dunkle, schicksalsschwere Zukunft blicken und als wahrhaft Liebende nicht wünschen, daß der selige Zustand ihrer lieben Heimgegangenen durch Sorge und Leid gestört werde!

In der Himmelswelt erscheint jeder *Gedanke* als eine reale Form, die in ihrem Aussehen der Vorstellung und dem Charakter des Verstorbenen entspricht. Er selbst nimmt seine Gedanken als lebendige Wesenheiten wahr und ist darum von einer Welt seiner eigenen Gedankenformen umgeben. Während die konkreten Gedanken üppige Formengebilde darstellen, äußern sich die abstrakten in wundervollen Ornamenten und geometrischen Figuren. Eine unvergleichliche Fülle von Formen, Farben und Klängen umwogt den Verstorbenen. Gleich einem Panorama ziehen die Gedankengebilde immer wechselnd an ihm vorüber. Alle Ideale, die er im Herzen trug, sind nun verwirklicht. Je stärker und bestimmter er an diese denkt, um so lebendiger, klarer und vollkommener werden sie durch seine Gedankenformen dargestellt. Die Eindrücke, die er von ihnen aufnimmt, wirken kraftvoll auf sein seelisches Leben ein und lösen neue Kräfte in ihm aus. Diese rufen entsprechende Impulse in der Seele wach, die in der nächsten Verkörperung als bestimmte Anlagen und Fähigkeiten auftreten werden. So prägt der Mensch während des Verarbeitens seiner Ideale und Erfahrungen in der Himmelswelt seiner Seele die gewonnene Kraft und Erkenntnis ein und gibt ihr die seiner inneren Reife entsprechende Richtung.

Wie die selbstsüchtigen Neigungen und Gedanken eines Menschen die Dauer des Aufenthaltes in der Wunschwelt bedingen, so bestimmen die selbstlosen, liebeerfüllten Gedanken und seelisch lebendig gemachten Kräfte die *Dauer* des devachanischen Lebens. *Denn die Gedanken sind es, die das Leben des Menschen gestalten.* Je klarer und selbstloser der Mensch denkt, um so edler gestaltet sich sein Wesen, um so schöner, reicher und erhabener ist auch sein Leben in der Himmelswelt. Die im Erdenleben betätigte selbstlose Liebe bildet das Material, das die Seele verarbeitet. Sie erwächst ihr als eine köstliche Frucht, deren belebende Kraft und Reinheit der Verstorbene in der Himmelswelt in sich aufnimmt. Jeder reine Gedanke und jede aufbauende, die Menschheitsentwicklung fördernde Arbeit stärken das Leben der Seele und verlängern ihren Aufenthalt in der Himmelswelt. Jede Anstrengung, die in dieser Hinsicht auf Erden gemacht wurde, bildet nunmehr eine Kraft, welche die Seele zu höheren Sphären emporhebt. War das seelische Leben auf Erden nur wenig erwacht, lebte der Mensch stumpfen Sinnes nach Gewohnheiten dahin, so wird sein Leben nach dem Tode in der Himmelswelt ein kurzes oder nur traumhaftes sein. Aber auch der noch wenig entwickelte und nach niederen Zielen trachtende Mensch wird und muß der Himmelsfreude teilhaftig werden, wenn er auch nur einmal ein schwaches selbstloses Empfinden während seines Erdenlebens hatte. Der Mensch aber, der zeit seines Lebens bemüht war, seine ihm gestellten Lebensaufgaben so gut, kraftvoll und weise als nur möglich zu Nutz und Frommen seiner Mitmenschen zu erfüllen, wird in den himmlischen Regionen ein längeres, der Stärke seiner selbstlosen Liebe entsprechendes Dasein haben. Nichts anderes kann die Himmelswelt geben, als was wir selbst an Wahrem, Gutem und Schönem in uns tragen und bereits im Erdenleben in uns lebendig gemacht haben.

Wie sich die Wunschwelt durch den Grad der Dichtigkeit ihres Stoffes in verschiedene Sphären gliedert, so bestehen auch in der Himmelswelt verschiedene Schwingungszustände des Mentalstoffes. Wenngleich von *sieben* verschiedenen *Sphären* oder *Unterebenen* gesprochen werden kann, so ist doch zwischen ihnen keine stoffliche Schranke errichtet. Die Sphären verfeinern sich nur durch die erhöhte Schwingungszahl ihrer Substanz, ein Umstand, der die abweichende Einteilung der jenseitigen Welten im okkulten Schrifttum erklärt. Dem Beschauer, der in die Tiefen des himmlischen Lebens einzudringen befähigt ist, erscheint es fast als eine grobe Vermaterialisierung, die seligen Gefilde des Devachan in ihrer strahlenden Herrlichkeit und dem wogenden Rhythmus ihres wonnigen Lebens zu klassifizieren, da sie ja stofflich viel feiner sind als die uns sichtbare Wirkung der elektrischen Kraft, das elektrische Licht. Immerhin muß eine gewisse Anordnung getroffen werden, wenn dem Leser das Leben der Verstorbenen im Jenseits zum Verständnis gebracht werden soll.

Man kann von zwei Hauptstufen des devachanischen Lebens sprechen. Die erste umfaßt die vier unteren Sphären, die Gedankenwelt, in welcher der Verstorbene alle seine im Erdenleben erworbenen mentalen Kräfte sammelt, während er in den drei höheren Sphären des Devachan, der Tugendwelt, die die zweite Stufe bildet, die gesammelten Kräfte mit vollem, klarem Bewußtsein verwirklicht. Jede höhere Sphäre ist um viele Grade lichter als die unter ihr liegende. Die Schwingungszahl und Leuchtkraft der höchsten verhält sich zur untersten wie 10:1, die der untersten Mentalsphäre zur physischen Welt wie 7:1.

In allen Sphären der Himmelswelten sind die Verstorbenen in ein beschaulich-ernstes Leben vertieft. Doch nicht alle durchwandern sämtliche sieben Sphären. Nur geistig Erwachte, die wissenden Helfer und Diener der Menschheit, leben bewußt in allen, da sie vermöge ihres erweiterten Bewußtseins höhere Schwingungen in sich auslösen können. In die Tugend- oder Kausalwelt kann nur der bewußt eingehen, dessen Seele von Liebe zur ganzen Menschheit erfüllt ist. Mit Hilfe noch vergeistigter Wesen kann er sich sogar in die nächsthöhere Bewußtseinssphäre, die geistige, kosmische (spirituelle oder buddhische) Welt erheben.

Aber nicht nur die menschlichen Verstorbenen, sondern auch sehr viele andersartige Geschöpfe teilen das glückselige Leben in den paradiesischen Gefilden der Himmelswelt. Es sind die Devas, wie sie die Hindus nennen, oder *»die Engel und Söhne Gottes«*, Wesen von unbeschreiblicher Schönheit und hehrer Majestät. Sie gehören einer anderen Entwicklungslinie an als der Mensch und haben in den verschiededenen Bewußtseinssphären des Weltalls ihre besonderen Aufgaben zu erfüllen. Ihre Aufgabe ist der Dienst an der Welt. Als lichte *Schutzengel* dienen sie den Menschen bei jeder selbstlosen, liebeerfüllten Arbeit. Sie stehen ihnen unbewußt in allen schweren Stunden und gefährlichen Lagen des Lebens, sowohl im Diesseits als auch im Jenseits zur Seite. Anderseits stärken auch sie ihre Kräfte durch jeden freudigen, selbstlosen und liebevollen Gedanken des Menschen und erhalten durch ihn die Möglichkeit zu einem immer wirksameren Helfen und Dienen zum Wohle aller

Wesen. Da die Devas eine sehr lange Lebensdauer haben, so verfügen sie über ein ungeheures Wissen auf allen Gebieten des menschlichen Lebens.

Betrachten wir nunmehr die *einzelnen Unterreiche der Gedankenwelt näher.*

Einleitend sei bemerkt, daß die Verstorbenen allerdings nicht die ganze Zeit ihres devachanischen Lebens nur in den Zuständen zubringen, die im folgenden geschildert werden. Diese kurze Darlegung wirft nur ein Licht auf die typische Art ihrer Betätigung in den verschiedenen Sphären. Nebenher kommen noch andere Eigenschaften ihres Charakters, andere in ihnen schlummernde Fähigkeiten zur Reife.

Die *unterste Sphäre* der Himmelswelt stellt sich dar als ein liebliches Gefilde, in dem tiefer Frieden herrscht. Hier ist das Reich der persönlichen Liebe, der stärksten seelischen Verbundenheit. Hier leben Verstorbene, die ein harmonisches Erdenleben führten, selbstlos im Familien- und Freundeskreis wirkten, in Liebe füreinander aufgingen, also aufopfernde Mütter, dankbare Kinder, zärtliche Ehegatten, unzertrennliche Freunde. Sie leben ganz in dem Willen, einander zu dienen und zu erfreuen. Sie beseligen sich an allem, was sie zu erkennen fähig sind und genießen so in ihrem beschränkten Lebenskreise ein reines Glück.

Die *nächsthöhere Sphäre weist* in ihrer äußeren Gestaltung eine Steigerung der Naturschönheiten *auf.* Zartere, edlere Gebilde sind sichtbar, die reinere Farben und bewegte plastische Linien zeigen. In dieser Sphäre leben Verstorbene, die, ungeachtet der Stürme ihres Erdendaseins, in kindlicher Freude ihre Pflichten erfüllten und sich ein reines Gemütsleben bewahrten. Im allgemeinen wirkt sich in dieser Sphäre die gebundene, beschränkte *Gottesverehrung* aus. Hier finden sich also Verstorbene, die einen stark *religiösen* Lebenswandel führten, gleichgültig, in welcher Form sie auf Erden das Göttliche verehrten, die in hingebender Liebe zu ihrem

Gott und *Heiland* aufblickten und ihm zu dienen und nachzustreben jederzeit bemüht waren. Nun steht das langgenährte Idealbild in lebendiger, verklärter Gestalt vor ihnen. Sie glauben sich in unmittelbarer Jüngerschaft ihres göttlichen Lehrers zu befinden und sind ihm in Anbetung ergeben. So stärken sie ihre Liebesfähigkeit durch innerliche Betrachtung und Erbauung.

Die *dritthöchste Sphäre* ist überflutet von strahlendem Sonnenschein und atmet wie eine weihevolle Stimmung. Die Verstorbenen, die sich hier aufhalten, stehen im Begriff, eine höhere Erkenntnis zu erlangen. Sie ahnen, daß die persönlich gefärbte Liebe noch eine Beschränkung darstellt und darum eine Erweiterung und Vertiefung finden muß. Hier offenbaren sich die ersten Anfänge des *Menschheitsdienstes*. Die Seelen hatten sich in ihrem Erdenleben ein höheres Maß von Tugenden und eine tiefere Erkenntnis erworben, die sie in einem weiteren Lebenskreise zu betätigen bestrebt waren. Mitleidsvoll übten sie *Mildtätigkeit* und waren *duldsam* und zufrieden.

Ein noch mehr gesteigertes, stimmungsvolles Leben pulsiert in der nächsthöheren *Sphäre* der Gedankenwelt, dem mittleren Himmel. Sie scheint die Heimat aller formhaften *Schönheit* zu sein. Es gibt in der Natur und Kunst kein Motiv, kein Idyll, kein Erlebnis, das nicht auch hier vorhanden wäre. Diese Region vereinigt die Seelen, die einen tieferen Einblick in die ewigen Gesetze des Lebens haben und ihre höhere Erkenntnis in ihrer Lebensarbeit zum Ausdruck brachten. So finden sich hier die mit intuitivem Schauen begabten und von selbstloser Liebe beseelten wissenschaftlichen Forscher, die Philosophen im ursprünglichen Sinne des Wortes, nämlich die Freunde der Weisheit, die großen Künstler, sowie die sozialen Helfer, die Wohltäter der Menschheit, welchem Jahrhundert, welcher Rasse, welchem Geschlechte sie auch angehört haben mögen. Sie alle entsagten persönlichen Freuden und Annehmlichkeiten, um mit rastlosem Fleiße und nie ermüdender Geduld den Spuren der Wahrheit zu folgen und ihr großes Lebenswerk nach erhabenen Prinzipien zu vollbringen. Sie empfanden die Schönheit als eine Seite der Wahrheit. Darum bemühten sie sich, die erkannte Wahrheit in der edelsten Form zum Ausdruck zu bringen. Auf Grund der überaus großen Empfindungsfähigkeit ihrer Seele vermögen sie durch ihre Gedanken die Sphäre mit den wunderbarsten Gestaltungen zu beleben. Alle Kunstwerke der historischen und prähistorischen Vergangenheit bestehen hier fort. Alle edlen Erzeugnisse der Schriftkunst sind hier in Form von leuchtenden, klingenden Bildern aufbewahrt. Eine über alle Begriffe und Vergleiche erhabene Musik erklingt in reinster Harmonie. Religiöse Bilder voll lebendiger Szenerien wechseln mit wunderbaren Ornamenten und romantisch-idyllischen Naturgebilden, die geniale philosophische Denker und wissenschaftliche Forscher schaffen. Alle wahrhaft genialen Menschen leben, nachdem sie sich von den ihnen zu Lebzeiten anhaftenden Schlacken befreit haben, hier ihren edlen, hohen Bestrebungen. Durch die idealen Gedanken- und Erinnerungsbilder, denen sie sich andauernd hingeben, vertiefen sie ihre schöpferischen Fähigkeiten und bahnen neue Wege für ihre Lebensarbeit im nächsten Erdenleben an. Auch alle anderen Verstorbenen, die sich durch eine reine, ideale Lebenseinstellung in diese Sphäre erheben können, empfangen die stärksten Antriebe für ihren seelischen Aufstieg. Je aufnahmefähiger und lernbegieriger der Verstorbene innerlich ist, um so länger wird sein Aufenthalt in dieser Sphäre sein. Darum wird sein Wiedereintritt in die physische Welt um so länger hinausgeschoben werden, je stärker er in dieser Sphäre seine auf Erden gehegten Ideale verarbeitet.

»Jugendlich, von allen Erdenmalen
Frei, in der Vollendung Strahlen
Schwebet hier der Menschheit Götterbild.«

SCHILLER

In der Tugendwelt

Das himmlische Leben in der Gedankenwelt ist nicht endlos, auch ihm sind Grenzen gesetzt. Nach einer bestimmten Zeitspanne entzieht sich der der Seele eingeborene Gottesstrahl allen Gestaltungen, auch den freudevollen, devachanischen. Er zieht sich in sich selbst zurück, der Pflanze vergleichbar, der im Winter die Blätter und Blüten absterben, und die alle ihre Säfte und Kräfte in den Wurzeln sammelt. Dieses völlige Ruhen in sich selbst geschieht in der Bewußtseinsebene des Kausalen, in der *Tugendwelt*, dem oberen Himmel. Diese ist das Reich vollendeten Friedens und höchster geistiger Lebendigkeit. Diese Region ist noch unvergleichlich erhabener, als es die niederen Himmel der Gedankenwelt sind. Sie überstrahlt alle Herrlichkeit und Pracht der Erscheinungswelten, und das Leben in ihr ist vollkommene Seligkeit, ein Zustand also, den weder ein Wort noch ein Bild wiedergeben kann.

Den geistig noch *wenig entwickelten* Menschen kommt das Erleben dieser erhabenen Region nur blitzartig zum Bewußtsein. Darum ist ihr Verharren darin nur von kurzer Dauer. Der reine *Edelmensch* jedoch hebt sich nach seinem Tode mit Hilfe der geistig Erwachten rasch zur Tugendwelt empor. Er durchdringt alle wechselnden Erscheinungen der Wunsch- und Gedankenwelt, um in diese wahre Welt einzugehen, die die Quelle alles Lebens auf Erden, aller Freude, Schönheit, Reinheit, Harmonie und Liebe ist.

Je mehr der Mensch seine Tugendkräfte betätigte, je selbstloser er wirkte, je tiefer seine Erkenntnis war, desto klarer kommt er in dieser erhabenen Sphäre zum Erwachen und desto länger zum bewußten Leben. Ist er in dieser Welt klar bewußt, dann überschaut und durchschaut er alle unter ihr liegenden gröberen Sphären und deren Wesen. Durch unmittelbare innere Anschauung erkennt er, was der Menschheit not tut, aber auch, wie ihr und jedem einzelnen auf dem Wege der Entwicklung am besten geholfen werden kann. Seine stärksten und tiefsten seelischen Impulse werden hier lebendig und die höchsten Kräfte angeregt. Er erlebt die über alles erhabene Bedeutung der Bruderschaft aller Menschen und Wesen. Er vermag alle seine Fähigkeiten und Kräfte jeden Augenblick anzuwenden und alle Dinge, Erscheinungen und Ereignisse in ihrer letzten Ursache zu erkennen und zu bewerten. Alle seine vergangenen Erdenleben mit allen ihren Erlebnissen und Erfahrungen liegen ihm gleich einem aufgeschlagenen Buche zur Schau. Die Vergangenheit leuchtet in seiner Erinnerung gleich einem Panorama auf. Er erkennt seine Aussaat in einstigen Daseinsformen und vermag nun selbst die kommende Ernte abzuschätzen. Aber auch der Schleier der Zukunft ist für ihn gefallen. Richtet er sein inneres Auge fest auf seinen wahren, göttlichen Wesenskern, so erschließt sich ihm ein weiter Fernblick in zukünftiges Geschehen. Er erschaut nicht nur die allgemeine Richtung seiner werdenden Erdenleben, sondern auch all' ihre näheren und weiteren Ereignisse und Aufgaben.

In diese Welt der Ursachen, die die Heimat der Weisen, Heiligen und Wissenden ist, vermag sich, wie gesagt, der Mensch im allgemeinen nicht ohne die Hilfe eines Höherentwickelten, eines »älteren Bruders« der Menschheit, zu erheben. Ohne dessen Beistand wäre es ihm nicht möglich, sich auch nur kürzere Zeit in diesem Sphärenbereich zu halten, da seine noch schwache, der Hilfe bedürfende Individualität diese Fülle von Kraft nicht ertragen könnte und sich nicht wieder in die unteren Sphären zurückfinden würde. Wie es unserem körperlichen Auge unmöglich ist, dauernd in die strahlende Sonne zu schauen, so können wir, ohne Schaden zu nehmen, auch nicht in diese Fluten göttlichen Lichtes eintauchen. Doch einst, wenn wir uns zur Wiedervereinigung mit unserem göttlichen Selbst heimgefunden und uns mit vollem, ungetrübtem Bewußtsein als Sieger über unsere niedere Natur mit der Menschheit und allen Wesen bewußt vereinigt haben, wird und muß uns auch diese lichte Welt zur vertrauten Stätte werden, in der wir jederzeit bewußt leben und wirken können. Erst nach vielen Erfahrungen und unsagbaren Leiden, im Laufe einer langen, langen Entwicklungsbahn wird der einzelne Mensch die Kraft gewinnen, seinen Willen in Einklang zu bringen mit dem der Heiligen Bruderschaft, der mit dem göttlichen Willen eins ist. Dieser göttliche Liebeswille trägt ihn empor in seine himmlische Heimat.

Es ist schwer, mit den Mitteln, die uns zu Gebote stehen, mit Worten, Bildern und Gleichnissen, die erhabene Schönheit der drei himmlischen Sphären in der Tugendwelt auch nur annähernd zu schildern.

Die *dritte Sphäre* steht gleichsam in einem beständig strahlenden Lichte. Sie stellt einen feierlich erhabenen Zustand dar, wie ihn nur der verinnerlichte Mensch in andachtsvollster, selbstlosester Hingabe erlebt. Hier kann nicht mehr von festen Formen und Bildern gesprochen werden, da die Materie fast an der Grenze ihrer Schwingungsfrequenz steht; hier ist nur noch schwingendes Licht wahrzunehmen. Der Verstorbene befindet sich dauernd in einem Zustand, wie ihn der geniale Künstler, der wahrhaft Religiöse in Zeiten tiefster Innenschau auf Erden vielleicht einmal für Augenblicke erlebt. Tiefe Wonne und uferlose Seligkeit erfüllt die hier Lebenden, wie sie dem Verstandesmenschen unfaßbar ist. Nur lebenslange Verinnerlichung und hingebendste Betätigung der Liebe, Güte und Reinheit erwirken den Aufenthalt in dieser Sphäre. Die Seligen empfangen hier eine tiefe Erkenntnis der Gesetze des wahren Seins. Sie erschauen die karmischen Zusammenhänge ihrer verflossenen Erdenleben und lernen alle zukünftigen Wandlungen ihres Schicksals verstehen.

Eine über alle Maßen weihevolle Schönheit, eine selige Innigkeit durchwogt die *zweithöchste Sphäre* der Tugendwelt. Ein zartes, wundersames Tönen und leises, reines Klingen erfüllt sie. Es ist, als ob sich alle Schönheit, alles, was ein Mensch je an Tiefe, Ernst, Erhabenheit, Reinheit und Seligkeit ahnen kann, hier zu lichtvoller Harmonie vereinigt hätte. Diese Sphäre bildet den Sammelpunkt der Seelen, die während vieler Erdenleben als *Schüler* und *Jünger* der großen Menschheitslehrer, der Erleuchteten und Wissenden, alle ihre Kräfte in den Dienst der Menschheit stellten und sich treu in diesem Dienste bewährt haben. Kraft ihrer erwachten Erkenntnis vermögen sie in tiefe Geheimnisse einzudringen; ungeahnte Perspektiven eröffnen sich ihnen und geben ihrem Leben eine höhere, heilige Weihe. Es ist ihnen hier vergönnt, mit den höchstentwickelten Seelen dieses Planeten in Berührung zu kommen und wunderbare Belehrungen und Aufschlüsse zu erhalten.

Wenn es bei der Schilderung der beiden zuletzt genannten Ebenen schon schwer fiel, Worte und Vergleiche zu finden, die ein nur annäherndes Bild ergeben können, so trifft dies in bezug auf die *höchste Sphäre* des planetarischen Himmels noch weit mehr zu. Kein Vergleich ist imstande, die Pracht und Erhabenheit, die unermeßliche Glorie des strahlenden Lichtes, der schwingenden Töne und der innerlichen Erlebnisse auch nur ahnen zu lassen. In diesem »*siebenten Himmel*« weiß sich der Verstorbene wahrhaft frei; erlöst von allen Täuschungen und aller Gebundenheit, erkennt er sich in seinem wahren, wirklichen *Selbst*.

Hier lebt er im Bewußtsein der *Einheit*, die ihn mit allen Wesen verbindet. Zeit und Raum haben ihren Einfluß ganz verloren. Er steht erhaben über allen Zeitströmungen und Bildern und ist erfüllt von dem allverklärenden Lichte, der unermeßlichen Schönheit, reinen Freude und göttlichen Größe.

> »Aber frei von jeder Zeitgewalt,
> Die Gespielin seliger Naturen,
> Wandelt oben in des Lichtes Fluren,
> Göttlich unter Göttern, die Gestalt.«
>
> SCHILLER

Schillers Worte kennzeichnen den Zustand der in dieser Sphäre lebenden Seelen, die einst in ihrem Erdenleben, ob öffentlich oder verborgen, als geistige *Führer* der Menschheit in vollem Bewußtsein ihrer Einheit mit allen Wesen und in der Erkenntnis ihrer eigenen Göttlichkeit für das Wohl der Menschheit und aller Wesen wirkten. Von dieser hehren Warte aus leiten sie die Entwicklung ihrer jüngeren Brüder und steigen, von göttlicher Liebe erfüllt, freiwillig zu einer neuen Wiederverkörperung, zu einem selbstgewählten Erlösungswerke zur Erde hernieder, um die von den Schatten der Nichterkenntnis befangenen jüngeren Brüder emporzugeleiten in ihre wahre Heimat, in das Lichtland *lauteren Menschentums*, von dem geschrieben steht:

> »Siehe, das Leben, das alles erfüllt,
> Tief im Geheimnis ist es verhüllt,
> Wer kann es erfassen, wer es ergründen,
> Welche Sprache sein Wesen verkünden?
>
> Noch ist es niemand vor Augen gekommen,
> Nie hat ein Ohr seine Stimme vernommen;
> Die Seele allein nur kann es versteh'n,
> Wenn Sehen und Hören stille steh'n.«
>
> BHAGAVAD GITA

»Des Menschen Seele gleicht dem Wasser:
Vom Himmel kommt es,
Zum Himmel steigt es,
Und wieder nieder
Zur Erde muß es —
Ewig wechselnd.«

GOETHE

Der Weg zur Wiederverkörperung
Der Abstieg in die Wunschwelt

Nachdem das Ergebnis des Erdenlebens in den Himmelswelten ausgereift und nach allen Seiten hin verarbeitet worden ist, nachdem die heimgekehrte menschliche Seele den großen Schlummer subjektiver Selbstbesinnung getan hat, der ein Jahrhundert lang, aber auch etliche Jahrhunderte oder Jahrtausende währen kann, kommt einmal die Stunde des Erwachens, da sich in ihr ein tiefinnerer Drang nach neuen Erfahrungen und Betätigungsmöglichkeiten regt. In ihrer langen himmlischen Rast und Sammlung erlebte die Seele in gewissem Grade ihre eingeborenen Ideale und erkannte das Maß der in ihr ruhenden Kräfte, aber auch ihre Schwächen und Unvollkommenheiten. Diese Erkenntnis belebt ihren Willen zu neuer Daseinsgestaltung. Damit ist sie reif geworden für eine neue Verkörperung auf Erden.

Wie nach nächtlichem Sturm die wildbewegten Meereswogen sich glätten und nun die ruhige Wasserfläche die wunderbare Schönheit der Sonne eines neuen Tages widerspiegelt, so strahlt auch die von einem unruhvollen Erdenleben erlöste und in devachanischer Ruhe still und klar gewordene Seele ihre eingeborene, göttliche Schönheit wieder. Ob reich oder arm an Idealen, sie ist nun voller Harmonie und Seligkeit.

Dem geistig Erwachten, der sich bewußt in die jenseitigen Sphären erheben kann, erscheint die Himmelswelt wie ein unendlich weites, sonniges, leuchtendes Blumenfeld; die einzelnen Blumen sind die träumenden, in Glückseligkeit versunkenen Menschenseelen. Je mehr sie ihre Ideale verarbeitet haben, um so schöner, lichter und vollkommener erstrahlen sie. Die »Älteren Brüder« erkennen an diesem Leuchten die Reife der einzelnen Menschenseelen. Wenn diese sich zeigt und das Schicksal (Karma) eine Wiederverkörperung bedingt, veranlassen die »Älteren Brüder« ihre Schüler, die geistig Erwachten, die Seele für ein neues Erdenleben zu erwecken. Gleich dem Gärtner, der die Reife seiner Früchte kennt, sehen jene die Reifezeit gekommen und erwecken die schlafenden Seelen aus ihrem devachanischen Traume, um sie für das neue Erdendasein vorzubereiten.

Sie umgeben nun die für reif befundene Seele mit ihren geistigen Ausstrahlungen, die das Leben der Seele anregen und ihre Schwingungen stärker werden lassen. Diese Hilfe der erwachten Seelen kommt der Wirksamkeit der Sonne nahe, die nach dunkler Nacht am Morgen die geschlossenen Blumenkelche bestrahlt, wodurch sie sich allmählich öffnen. Auch die menschliche Seele *erwacht* durch den angeregten höheren Rhythmus ihres Lebens. Die schwingenden Kräfte bewirken ihr inneres Wachwerden, sie regen ihren Willen und Wunsch an, sich wieder formhaft zu offenbaren.

Das göttliche *Ego*, der wahre Mensch, der seine Heimat, die Kausalwelt, nie verläßt, und dessen Bewußtsein über Tod und Geburt hinausreicht, vermittelt seinem Strahl, der sich reinkarnierenden menschlichen Seele, das blitzartige Erkennen ihres weiteren Entwicklungsganges. Die Seele[1]) er-

---

[1] Es handelt sich um eine Teilprojektion aus dem Ego, welche die neu zu bildende Persönlichkeit beseelen soll. Wie im Erdreich Samenkörner liegen, die nicht schon im nächsten Frühjahr aufgehen („erwachen"), sondern erst im nächsten Jahre oder noch später, so ruhen im Ego Samen (Eigenschaften), die erst bei späteren Wiederverkörperungen erwachen und eine Rolle spielen sollen.

schaut ihre neue Daseinsform und erkennt die Notwendigkeit und Gerechtigkeit ihres Schicksals. Nun beginnt des »*Pilgers*« Abstieg in die unteren Formenwelten. Die Seele versinkt in die nächstdichtere Bewußtseinssphäre, wo sich ein neuer, ihren Idealen und Kräften entsprechender Denkkörper um sie herum gestaltet. Wie der verkörperte Mensch am Morgen nach seligen Träumen und erquickender Ruhe neubelebt seine Augen in der physischen Welt aufschlägt, so erwacht die Seele in ihrem neuen Gedankenleib, froh bewußt der neu gewonnenen Kraft. Geleitet und beobachtet von Wesen der höheren Welten, gelangt sie nun auf ihrem weiteren Abstiege in die Wunschwelt, wo sie sich durch Anziehung des dichteren Astralstoffes ein ihrer Natur entsprechendes astrales Werkzeug bildet. Sie baut sich, wie man sagen könnte, eine Nachbildung ihres früheren Astralkörpers. Dabei werden alle einst beim Verlassen der Wunschwelt abgelegten und in schlummerndem Zustande dort verbliebenen Keime wieder belebt und in den sich neubildenden Wunschleib verwoben.

Die Vorbereitungen zur Wiederverkörperung

Es bedarf einer oft längeren *Vorbereitung*, bevor die Seele in die physische Körperwelt gelangen kann. Einzelne Geschehnisse aus den vergangenen Erdenleben des Menschen, die alle dem geistigen Gedächtnis des Planeten eingeprägt sind, werden in astralstofflichen, plastischen Bildern dem Sich-Verkörpernden vorgeführt. Mit diesem wiederholten Erleben soll er erneut die Unvollkommenheiten und Irrtümer seiner früheren Daseinsperioden erkennen, um sich kraftvoll zur Verbesserung aller Mängel zu entschließen und immer schärfer zwischen den rechten und unrechten Handlungen unterscheiden zu lernen. Diese Spiegelbilder werden ihm solange gezeigt, bis ihm die Aufgaben des neuen Erdenlebens vollständig lebendig und klar geworden sind. Von den »Älteren Brüdern« wird er belehrt, wie er seine Versäumnisse ausgleichen und seine Fähigkeiten weiterentwickeln kann. Dabei werden ihm bestimmte Aufgaben des Helfens und Dienens in den verschiedenen Sphären gestellt. Seinen Anlagen und Fähigkeiten entsprechend wird er auch auf allen anderen Gebieten belehrt. Das Entwicklungsgesetz, sowie die großen geistigen und okkulten Gesetze werden ihm erklärt und sein Verständnis durch die Mitarbeit im Helferdienste der verschiedenen Sphären erprobt. In dem Maße ihres Wirkens erweitert sich auch das Wissen der Seele. Dieses umfassendere Wissen nimmt sie dann je nach ihrer inneren Veranlagung als lebendige Ahnung oder starke Begabung, als religiöse Sehnsucht oder intuitives Erkennen mit in das neue Erdenleben hinüber.

Die durch den neugeschaffenen Wunschleib dauernd sich verstärkenden Willensimpulse lösen immer kraftvollere Schwingungen aus. Wie sich die von dem dahingleitenden Schiff ausgehenden Wellen bis an das feste Ufer des Sees hin fortpflanzen, so treffen auch die kraftvollen astralen Schwingungen der zur Erde hindrängenden Seele den physischen Plan und werden dort von einem Elternpaar aufgenommen, das verwandte Schwingungen aufweist und ähnliche Neigungen hat. Die Vereinigung der Schwingungen erzwingt dann die Schaffung eines neuen Erdenleibes. So gelangt die Seele durch ein mit ihrer Natur verwandtes Elternpaar zum Leben in der Körperwelt.

Die Eltern sind demnach bei der Wiederverkörperung einer Seele nur die Vermittler des physischen Körpers. Also nicht erst der Zeugungsakt gibt einer Seele Anlaß und Antrieb zur Wiederverkörperung, sondern die zur Geburt drängende Seele löst bei den von ihr beeinflußten Eltern den Drang zur Zeugung aus. Zu bestimmten Zeiten, besonders nach einem allgemeinen, großen Sterben der Menschen ist dieser Einfluß besonders stark; denn die in den inneren Welten erwachten Seelen drängen dann nach Verkörperung. Darum sind auch Zwillingsgeburten und Mehrgeburten nach großen Kriegen und Katastrophen sehr häufig. So regelt sich das Entkörpern und Verkörpern der Menschenseele nach ewigen, unabänderlichen Gesetzen.

Die »Älteren Brüder«, die mit ihren Schülern den Abstieg des »*Pilgers*« zur Erde überwacht und geleitet haben, sind der Seele auch bei der Wahl ihrer Eltern behilflich; denn diese Erleuchteten und Wissenden vermögen nicht nur das Schicksal (Karma) der sich wiederverkörpernden Seele, sondern auch das des Elternpaares zu erforschen. Sie erkennen die karmischen Beziehungen, die in vergangenen Leben geknüpften Verbindungen zwischen den einzelnen Seelen. So wird für eine jede sich wiederverkörpernde Seele eine Fülle von Kraft, Arbeit, Intelligenz und Liebe aufgewandt; unzählige Helfer in der Himmels- und der Wunschwelt sind unablässig bemüht, den Erdenwanderer für ein wertvolles und segensreiches Wirken und Schaffen im kommenden Erdenleben vorzubereiten.

Dies geschieht in einem sehr hohen Maße, wenn ein Schüler der »*Großen Weißen Bruderschaft*« vor der Wiederverkörperung steht. Ein Schüler ist ein geistig erwachter Mensch, der das Gelöbnis des Dienens in sich trägt, dessen ganzes Streben und Sein auf das Höhere gerichtet ist, und der im Laufe erfahrungsreicher Erdenleben gelernt hat, seine Persönlichkeit der höheren Natur unterzuordnen und sein Dasein in den Dienst der Menschheit zu stellen. Da er bereits sein wahres, ewiges Wesen erkennt und zwischen Vergänglichem und Ewigem zu unterscheiden weiß, seine Gedanken beherrscht und sein Inneres geklärt hat, so sieht er im Tode nur den Wechsel der Form, den Übergang in höhere Bewußtseinsreiche. Er vermag sich darum auch schon vor dem Tode während des körperlichen Schlafes bewußt in die höheren Sphären der unsichtbaren Reiche zu erheben und dort zu betätigen. Nach dem Ablegen seines physischen Körpers im Tode verfällt er nicht wie der materialistisch Eingestellte in einen traumlosen Schlafzustand oder in den chaotischen Traumzustand der Astralwelt (Kamaloka), sondern führt ein bewußtes Leben in den verschiedenen Sphären des Jenseits. Auf eigene Ruhe verzichtend, arbeitet er ohne Unterlaß an der Höherentwicklung der Menschheit. Jedoch bedarf auch er vor seiner Wiederverkörperung einer gewissen Zeit des Sich-selber-Zurückfindens, der inneren Erhebung zur Stärkung seiner inneren Kräfte und deren Weiterbildung. Ohne daß sein selbst verursachtes Schicksal (Karma) es verlangte, können Gelöbnisse in seinem früheren Erdenleben die Veranlassung geben, daß er früher als gewöhnlich zur Wiederverkörperung herangezogen wird. Dann übernehmen bestimmte höher entwickelte Jünger oder die »Älteren Brüder« selbst die Aufgabe und Verantwortung, die im Devachan ruhende Seele für ihren freiwilligen Erdendienst zu wecken und vorzubereiten. Bei dieser Vorbereitung kommen alle Arten der Belehrung und Schulung in erhöhtem Maße zur Anwendung. Die erwachte Seele wird zu immer verantwortungsvollerer Arbeit herangezogen und in die okkulten Geheimnisse eingeweiht.

Der Vorgang der Wiederverkörperung

Wenn die Vorbereitung vollendet ist, knüpft die Seele eine Verbindung mit dem gewählten *Elternpaar*, besonders mit der werdenden *Mutter* an. Diese Verbindung bahnt sich durch den wechselseitigen Austausch der verwandten Schwingungen schon vor der Zeugung allmählich an, wird aber im allgemeinen erst nach der Empfängnis dauernd. Um ein Elternpaar von gewöhnlicher seelischer Durchschnittsveranlagung drängen sich bei einer Zeugung mehrere Seelen; sie streiten sich beinahe um den Vorrang, sich verkörpern zu dürfen. Doch wirkt auch hier der Eine, göttliche Wille in dem wunderbaren, allgerechten Gesetz des karmischen Ausgleichs und der Anziehung nur seelenverwandter Kräfte, so daß nur jene Seelen in den Lebenskreis der Eltern treten können, die auf Grund ihres ähnlichen Charakters oder eines entsprechenden Schicksals zu ihnen gehören.

Ist die Verbindung einmal geknüpft, so verstärken sich die unsichtbaren Körper des Sich-Einkörpernden immer mehr und verbinden sich mit denen der *Mutter*. Allmählich wird ein den äußeren Augen unsichtbares, aber dennoch starkes ätherisches Band zwischen Mutter und Kind geschlungen. Alle Äußerungen der inneren Natur der Mutter, ihr Denken, Wollen und Wünschen, wirken damit auf den Sich-Einkörpernden ein und können seine Natur, seinen Charakter, insbesondere seine Gedanken, Vorstellungen und Neigungen beeindrucken. Anderseits teilen sich auch die Regungen des jenseitigen Anwärters durch dieses Band der Mutter mit. Doch ist die Seele nach der Zeugung nicht dauernd an den wachsenden Kindesleib gebunden.

Die Erziehung des Kindes sollte daher schon *vor der Geburt* durch eine entsprechende Einstellung der Eltern, vorwiegend der werdenden Mutter, beginnen. Die Ursache für eine mehr oder weniger günstige innere Entfaltung der Eigenschaften des Kindes liegt darum in zweiter Linie auch bei den Eltern. Darum sollte beachtet werden, was Goethe in den Worten ausspricht: »Man könnte erzogene Kinder gebären, wenn die Eltern erzogen wären.«

Nach der Geburt führt die Seele im Kindeskörper zunächst ein unbewußtes Leben, bis dieser soweit entfaltet ist, daß er dem Willen des Sich-Verkörpernden zu seiner Lebensäußerung dienen kann. Vordem sind Bewußtsein und

Wille abwechselnd in dem Gedankenleib und der Gedankenwelt oder im Wunschleib und der Wunschwelt tätig. Das bewußte Leben im Kindeskörper wird immer stärker, je mehr Eindrücke das Kind aufnimmt, und je mehr es belehrt wird. Es ist jedoch nicht ratsam, die Sinne und die Aufmerksamkeit des Kindes allzufrüh auf äußere Gegenstände zu lenken, weil dadurch das Wunschleben zu stark angeregt wird. Erst dann sollte man mit eindringlichen Belehrungen beginnen, wenn das innere und äußere Leben des Kindes in das rechte Gleichgewicht gekommen ist. Das bewußte Leben im Kindeskörper beginnt erst dann, wenn die inneren Körper zur gleichmäßigen Tätigkeit und Offenbarung ihrer Kräfte im Physischen herangewachsen sind und das Kind anfängt, sich selbst von seiner Umwelt zu unterscheiden und von sich als einem »*Ich*« zu sprechen. Vorher überwacht oder überschattet die Seele den Kindeskörper nur, und das Kind spricht dann von sich selbst als von einer dritten Person. In dieser Zeit kann noch eine Auswechselung der Seele in dem Kindeskörper stattfinden, was aber nur selten und infolge besonderer Umstände geschieht.

Gewöhnlich erfolgt der vollständige Eintritt der Seele in den Kindeskörper zwischen dem 4. bis 7. Lebensjahre. Dann tritt der intellektuelle Teil, der Verstand, in Tätigkeit. Bei dem Höherentwickelten hat das denkende Prinzip (Manas) die Persönlichkeit bereits im 1. bis 3. Lebensjahre durchdrungen, bei dem geistig Erwachten und Erleuchteten sogar gleich nach der Geburt. Sein innerliches Leben ist sofort wachbewußt, wenngleich dieses seelische Wachsein sich nur spärlich durch den unbeholfenen Kindeskörper zu äußern vermag. Ein Zurücktreten der Individualität von dem einmal gewählten Kindeskörper ist bei ihm nicht mehr möglich. Auch ist er bereits nach der Empfängnis allein um die werdende Mutter, ohne daß ihm andere Seelen den Körper streitig zu machen versuchen. Ebenso sind übersinnliche Einflüsse und Anfechtungen von niederen Wesen der Wunschwelt auf das Kind und die Eltern in der Regel ausgeschlossen, da beide im Lichte des geistigen Schutzes durch höhere Wesen stehen. Doch ist dieser Schutz kein unbedingter; denn es ist ein Gesetz, daß nur dem geholfen wird, der von selbstloser Liebe erfüllt ist und sich nicht auf fremde Hilfe verläßt. Aber jedem mutigen, selbstlosen Menschen wird jederzeit und in allen Sphären beigestanden. Nie ist er verlassen, immer, wenn auch ihm selbst unbewußt, steht ihm auf dem beschwerlichen Pfade des inneren Aufstiegs Hilfe zur Seite, ohne die ja niemand das Ziel erreichen würde. Bei höherentwickelten Menschen treten alle Fähigkeiten und Anlagen schon in frühester Kindheit hervor, sie sind die »Wunderkinder« mit den glänzenden Begabungen, die »geborenen« Künstler usw.

Im Laufe der Wiederverkörperungen und der fortschreitenden Verinnerlichung werden wir alle zur *geistigen Wiedergeburt* heranreifen. Sie ist der eigentliche Zweck unserer Erdenleben und besteht in dem klaren Erwachen zum Gottesbewußtsein, wodurch wir jenseits von Geburt und Tod stehen, frei von allem Wechsel der Erscheinungen. Der geistig Wiedergeborene, der eins geworden ist mit seinem wahren Ich, das niemals geboren wird und nie stirbt, vermag jederzeit bewußt in seinem Körper aus- und einzugehen gleich wie in einem Wohnhaus. Durch die Erkenntnis und Beherrschung der geistigen Gesetze kann er seinen Körper beliebig lange erhalten und sich selbst einen neuen Körper aufbauen. Jenseits von Geburt und Tod steht er allüberall im göttlichen Lichte und sendet Segensströme der Kraft und Liebe in die Menschheit.

> »Was wir bergen in den Särgen,
> ist das Erdenkleid.
> Was wir lieben, ist geblieben,
> bleibt in Ewigkeit.«
>
> GOETHE

SEHEN WIR DIE TOTEN WIEDER?

Der Verkehr mit den Verstorbenen

Während wir die sterbliche Hülle unserer Lieben den Elementen zurückgeben, rufen wir ihnen noch einmal »Auf Wiedersehen!« zu. Wohl uns, wenn wir das sagen können, wenn die sterbliche Hülle unserer Lieben den Elementen zurückgegeben wird. Diese trostvollen Worte sind doch der Ausdruck des inneren Glaubens, der festen Überzeugung, daß das, was an unseren Entschlafenen das Wirkliche war, unmöglich jemals vergehen kann. Stehen wir trauernd am Sarge oder am Grabe, so wird doch über allem Weh des Herzens die beseligende Hoffnung und Gewißheit in uns leben, daß die Seele, deren körperliche Hülle zerfällt, uns nicht für immer fern sein kann, daß wir sie einst wiedersehen, um in neuer, schönerer Gestalt und in treuer Liebe mit ihr zu neuem Wirken und frohem Schaffen vereint zu sein.

Goethe sagt: »Denkt ihr, ein Sarg könne mir imponieren? Kein tüchtiger Mensch läßt seiner Brust den Glauben an Unsterblichkeit rauben.« Der Glaube an die Unsterblichkeit der Seele und das Fortleben des Menschen nach dem Tode wird bei vielen dadurch bestärkt, daß ihnen ihre verstorbenen Lieben in sichtbarer Gestalt erschienen sind. Wenngleich sich dabei mancher einer Täuschung hingibt, so ist es doch erwiesen, daß nicht nur einfache, schlichte Menschen, sondern auch bedeutende, große Denker, unter ihnen sogar eifrige Vertreter der materialistischen Weltanschauung, solche Erscheinungen gehabt haben.

Die Fälle, in denen Überlebende ihre Verstorbenen sehen, sind sehr häufig, ja, sie dürften sich wohl täglich ereignen. Aus der Zeit des Weltkrieges geben viele Berichte Zeugnis davon, daß entweder zur selben Stunde oder kurz danach der auf dem Schlachtfelde gestorbene Angehörige zu Hause oder anderswo von einem Verwandten oder Bekannten gesehen wurde. Diese Erscheinungen zeigen sich in lichter, durchscheinender Gestalt, die der Volksmund *Spukerscheinungen* nennt. Gewöhnlich tragen sie die Kleidung, die sie während ihres Erdenlebens am häufigsten oder liebsten getragen hatten. Sie schaffen sich diese durch ihre Gedanken- und Willenskraft aus dem astral-ätherischen Stoff. Groß ist das Erstaunen der Angehörigen, wenn sie die leuchtende Erscheinung vor sich stehen oder an sich vorüberziehen sehen, noch größer, wenn sie die Erscheinung auch mit der bekannten, geliebten Stimme sprechen hören.

Diese *unmittelbaren* Erscheinungen Verstorbener finden besonders *kurz nach dem Tode* statt, solange sich der Ätherleib noch nicht aufgelöst hat. Der Verstorbene ist dann meist nur kurze Zeit sichtbar. Die Ursache dieses Wiedersehens liegt in persönlichen Neigungen. Der Verstorbene bezweckt damit, seine Hinterbliebenen von seiner Fortexistenz zu überzeugen oder, wenn er plötzlich aus dem Erdenleben schied, ihnen irgend eine Mitteilung über eine Angelegenheit, die ihn vielleicht sehr beschäftigte, zu geben. Auch das kraftvolle Denken an eine noch unerfüllte Pflicht oder einen nicht verwirklichten Wunsch kann den Äther-, wie auch den Wunschleib derart in Schwingung versetzen und damit zur Verdichtung bringen, daß er von den Hinterbliebenen wahrgenommen werden kann. Ebenso kann die Sorge um die Familie oder sonst Nahestehende die Veranlassung geben, daß sich der Verstorbene nach seinem Tode noch zeigt oder durch bestimmte, gewohnheitsmäßige und bekannte Zeichen sich bemerkbar macht. Beherrscht er seinen Äther- und Wunschleib, so wird er sich sogar leicht sichtbar machen und seine Bekannten vielleicht auch mit Namen anrufen können. Immerhin setzt eine länger anhaltende Verdichtung des Äther- und Wunschleibes eine größere Willenskraft voraus. Eine derartige Begegnung ist aber nur ein Wiedersehen des Verstorbenen in seiner ätherisch-astralen Körperlichkeit, die ebenso vergänglich ist wie der physische Erdenleib und darum nur von kurzer Dauer sein kann und auch keinen Beweis für die Unsterblichkeit gibt.

Es ist begreiflich, daß die Menschen in ihrer Sehnsucht nach einer dauernden Verbindung mit ihren lieben Heimgegangenen jederzeit nach Wegen in das unbekannte Jenseits gesucht haben. Durch die verschiedensten Methoden will man einen Verkehr mit den Verstorbenen herbeiführen. Die häufigste ist der indirekte Verkehr durch Medien in spiritistischen Sitzungen. Hierbei wird das Medium in einen gewissen Schlafzustand versetzt, es verläßt seinen Körper, der nun den Verstorbenen, die in der Sitzung herbeigewünscht wurden und sich angezogen fühlten, als Werkzeug dient.

Ein Medium ist ein Mensch, der unsichtbarer, geistiger Beeinflussung zugänglich ist und diese in sein Bewußtsein aufnimmt. Die Mediumschaft ist sehr häufig, so daß wohl an jedem Orte medial veranlagte Menschen leben. Allerorten pflegt man den spiritistischen Verkehr mit den Verstorbenen, meist ohne die Gefahren zu kennen, mit denen er verbunden ist, und ohne den Rat der Wissenden und Erleuchteten zu hören, die zu allen Zeiten vor ihm gewarnt haben.

Wohl hatte der *Spiritismus* in der Zeit des gröbsten Materialismus seine Berechtigung, indem er den vorurteilsfrei denkenden Menschen von dem Dasein eines Jenseits Kunde gab, von dem Hineinragen der jenseitigen Welt in das Diesseits überzeugte und zum ernsten Nachdenken über den Zweck des Daseins und ein Fortleben nach dem Tode veranlaßte. Es wäre auch töricht und sinnlos, wollte man die spiritistischen Erscheinungen ableugnen oder gar als Einbildung und Betrug erklären, gehören sie doch im Grunde in das Gebiet der okkulten Wissenschaft, die nur eine erweiterte Naturwissenschaft ist. Jedoch erlangen wir durch die spiritistischen Berichte keine klare und umfassende Kenntnis der jenseitigen Sphären. Der Grad des Wachbewußtseins, wie auch die Fähigkeit der Übertragung des Erschauten auf die physischen Sinne und die Verhältnisse der Lebenden ist bei jedem Medium verschieden, ebenso wie auf der physischen Welt die Beobachtungsgabe der Menschen durchaus ungleich scharf ist. Während der eine mit seinen stumpfen, ungeübten Sinnen nur die gröbsten Eindrücke wahrnimmt, entgeht dem anderen mit seinen geschärfteren Sinnen keine Einzelheit. Auch hat nicht jeder die Fähigkeit, das Gesehene klar und objektiv zu schildern. Noch viel weniger als in der irdischen Welt ist eine Gleichheit des Beobachtungsvermögens in der Wunschwelt der Fall, da sie vielgestaltiger und wechselreicher ist. Die Mitteilungen aller spiritistischen Medien lauten daher sehr verschieden, so daß man sich nach den Aussagen einzelner unmöglich eine klare und vollständig richtige Vorstellung der jenseitigen Welten bilden kann. Vergegenwärtigt man sich noch die häufigsten seelischen und körperlichen Schädigungen durch die Mediumschaft, so kann man sich der Erkenntnis nicht verschließen, daß sie und der durch sie ermöglichte Verkehr mit der übersinnlichen Welt ein unnatürlicher Weg ist, der mit dem Gesetze der Entwicklung nicht im Einklang steht.

Während wir im Verlaufe der naturgesetzlichen Entwicklung eine allseitige, harmonische Entfaltung und Stärkung der inneren Körper erreichen sollen und können, erlangen wir durch die Mediumschaft nur eine einseitige Entwicklung des Wunschleibes und seiner Kräfte. Sie geht aus einer durch Willensschwäche entstandenen Lockerung der inneren Körper hervor. Unselbständigkeit im Denken, starke, aber einseitige mentale Veranlagung, fixe Ideen, Grübeleien, Zweifelsucht, häufige Erregungen, übertrieben und erzwungene asketische Lebensweise, persönliche Abgeschlossenheit, religiöser Fanatismus, Aber- und Unglauben, selbstsüchtige Gebete, Abgötterei, blinde Verehrung, ein vorwiegend unbeherrschtes Gefühlsleben, Willenlosigkeit, Gleichgültigkeit, anhaltende Traurigkeit, Mut- und Ziellosigkeit, unüberlegtes Handeln, leidenschaftliche Liebhabereien, die Sehnsucht nach einem Führer im Jenseits und nach Führerschaft, der Wunsch nach der Fähigkeit, den Körper willkürlich zu verlassen: dies alles können die Ursachen und Anfänge der Mediumschaft sein.

Ein Medium kann durch eine bestimmte Gefühlsregung oder Gedankeneinstellung seinen Wunschleib veranlassen, aus dem physischen Körper herauszutreten; es verfällt damit in einen Schlafzustand, Trance genannt. In diesem Zustande zieht sich das Bewußtsein wie beim gewöhnlichen Einschlafen in den Wunschleib zurück. Der physische und der Ätherleib aber werden gleich leeren Hüllen anderer Wesen überlassen, die sie als Werkzeug für ihre Zwecke gebrauchen. Im allgemeinen kommt es dem Medium nicht zum Bewußtsein, wer und was sich durch seinen abgelegten Körper offenbart.

Wenn immer der Wunsch vorhanden ist, mit den jenseitigen Welten in eine Verbindung zu treten, werden durch die aufsteigenden Gedanken und Wünsche die sogenannten Astralführer, wie auch das große Heer der Elementarwesen und die erdgebundenen verstorbenen Menschen angezogen.

DER VORGANG DES STERBENS 1

DER VORGANG DES STERBENS 2

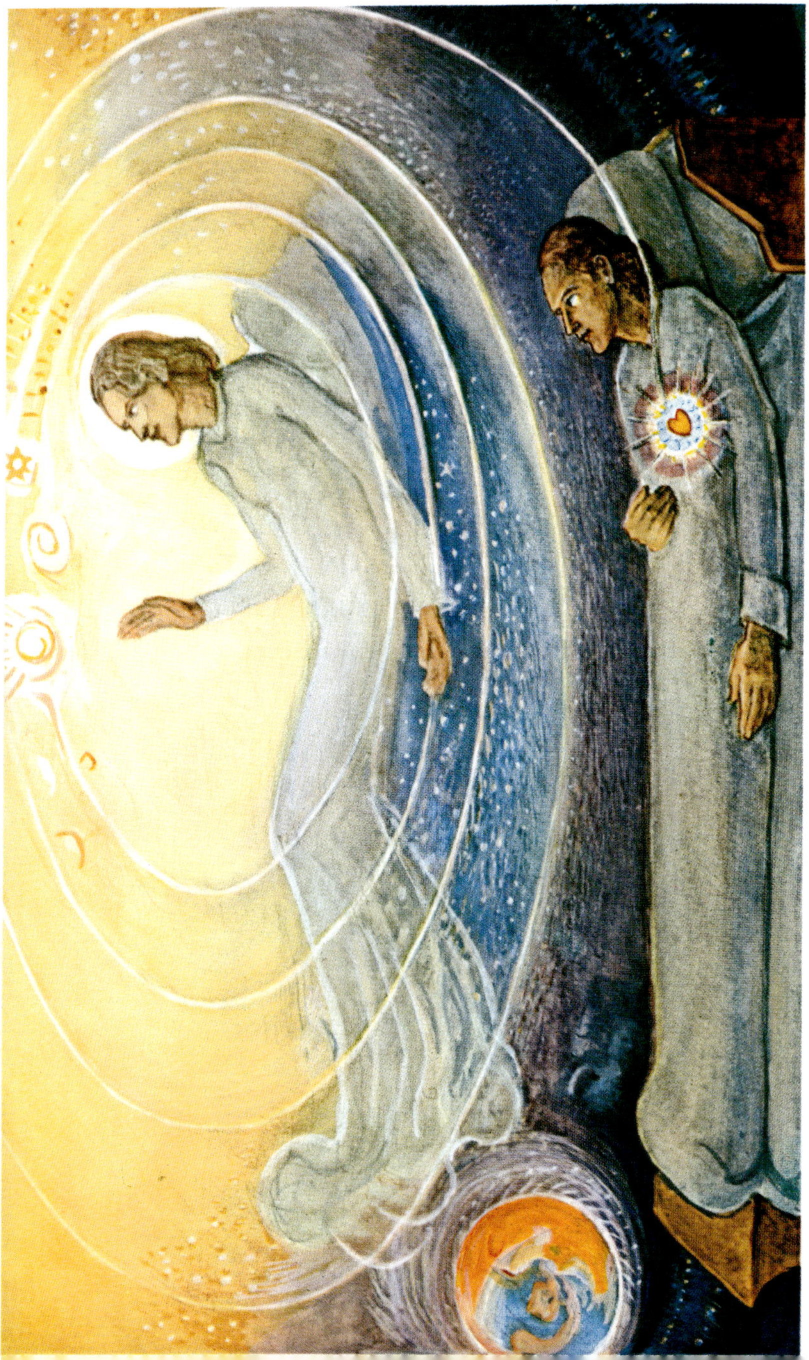

GOTTHEIT

○

Geist 1

Geistige Welt — Geistiger Leib

Ge- — mūt

Ver- nunft

Ideen Welt — Ursachen Leib

Seele

Erken- ntnis

Den- ker

Bewusstsein

Vers — tand

Gedanken Welt — Gedanken Leib 4

Begi — erde

Wunsch Welt — Wunsch Leib 5

Leben — skraft

Äther Welt — Äther Leib 6

Körpe — rkraft

Physische Welt — Irdischer Leib 7

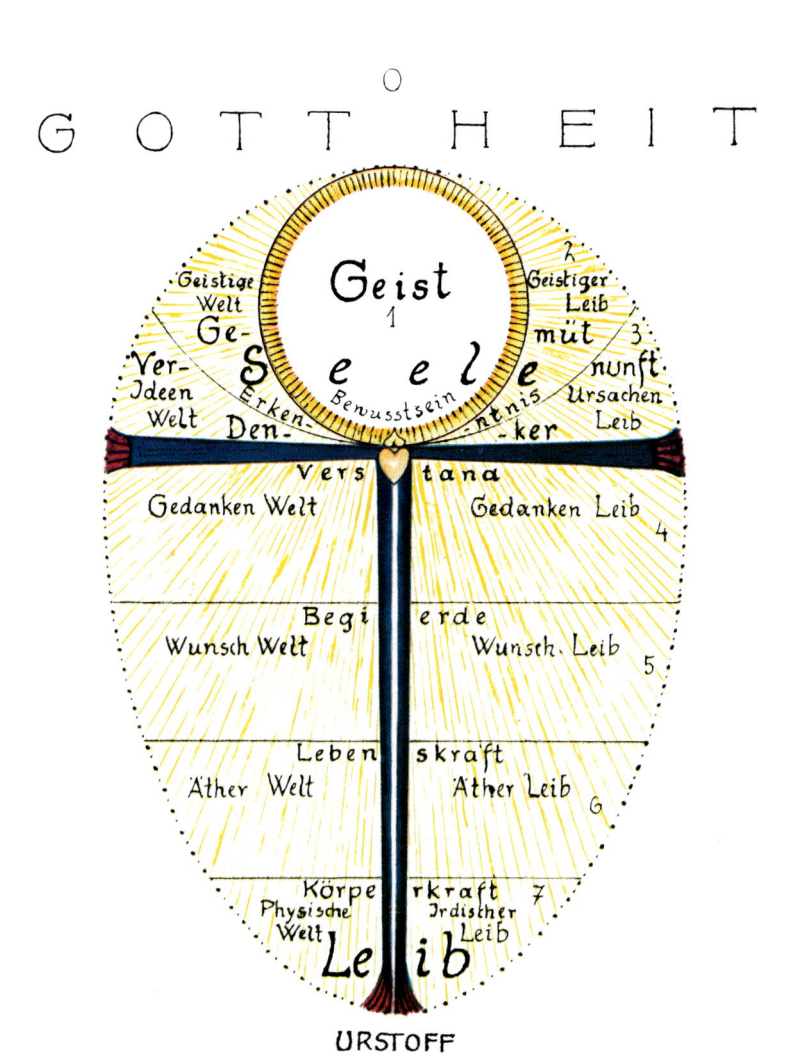

Leib

URSTOFF

SYMBOL DER KOSMISCHEN UND MENSCHLICHEN NATUR

Alle Menschen, die sich grüblerischen oder gehässigen Gedanken und Neigungen hingeben, werden von Wesen der Wunschwelt verfolgt. Die Elementarwesen versuchen ihre Beute vampirartig zu entkräften, sie aber zugleich in den Eigenschaften ihrer Unnatur zu bestärken. Sie verfolgen alle einseitig lebenden Menschen: die Asketen, Fanatiker und Schwarmgeister. Jede Abneigung, jeder Haß-, Neid-, Zorn- und Begierdengedanke, die Ausübung einer Leidenschaft, jede Erregung, jeder persönliche, selbstsüchtige Wunsch können hinreichen, solche Astralwesen anzuziehen. Da alle Gedanken in der Wunschwelt ihre besondere Form und Farbe, Leuchtkraft, Strömung und Schwingung haben, werden sie wie die Zeichen der Funktelegraphie von diesen Wesen wahrgenommen, die der Spur folgen und so mühelos den Erzeuger finden. Die feindseligen Gedanken nehmen eine ihrem Charakter entsprechende Form an und leuchten in grellroter oder grauer Farbe. Der Gedankenstrom umschwingt, der Richtung des Willens entsprechend, denjenigen, dem er zugesandt wird, und wirkt auf ihn ein. Ist der Betreffende schutzlos und nicht imstande, durch seine eigene Gedankenströmung und Willensstärke den Angriff abzuhalten, so dringen die feindseligen Gedanken gleich Pfeilen heftig auf ihn ein, was ihm in Form von schweren Träumen oder beim Erwachen durch stechende oder brennende Kopfschmerzen zum Bewußtsein kommt. Sein ätherisches und astrales Gehirn gleicht dann einem feinmaschigen Sieb, das von unzähligen Stichen durchlöchert ist. Vermag er aber durch eine harmonische, freudige und liebevolle Einstellung diese fremden Schwingungen von sich fern zu halten, *so kehren diese Gedankenelementels mit um so größerer Wucht zu ihrem Erzeuger zurück und suchen ihn auf jede Weise zu schädigen.* Dies kann oft erst nach Wochen und Monaten geschehen, und dann ist die vernichtende Wirkung noch stärker, da die Kraft der Elementels durch magnetische Anziehung verwandter Gedankenströmungen noch bedeutend gewachsen ist. Bei dieser Gelegenheit sei besonders darauf hingewiesen, welche verheerenden Folgen gehässige, disharmonische Gedanken haben, und wie wichtig ein wohlwollendes Denken ist.

Bis auf sehr seltene Ausnahmefälle kann das Medium den Verstorbenen nur in den unteren Sphären der Wunschwelt erreichen. Ist er aber schon in die *höheren* Sphären eingegangen, sei es in das Sommerland mit seiner heiteren Zufriedenheit oder gar schon in die Ruhe und den Frieden der Himmelswelt (Devachan), so vermögen ihn weder das starke Sehnen seiner Hinterbliebenen, noch das leidenschaftliche Verlangen eines Mediums und neugieriger Teilnehmer einer spiritistischen Sitzung zu erreichen. Auch kein Hypnotiseur hat Einfluß auf diese Sphären; sie sind einem eigenwilligen Verlangen verschlossen. Die gröbere Stofflichkeit seiner inneren Hüllen macht es ihm unmöglich, dort einzutreten; denn die feineren und viel schnelleren Schwingungen der Himmelswelt würden seine Form zur Auflösung bringen.

Betrachten wir nun noch den inneren Vorgang bei einer *spiritistischen Sitzung*. Sobald das Medium in Trance verfällt, tritt sein Ätherkörper mit dem Wunschleib aus dem physischen Körper heraus, aber nicht selbsttätig wie beim Einschlafen, sondern sie werden vielmehr durch fremde Gewalt hinausgetrieben. Es kann dies durch irgend einen leidenschaftserfüllten Verstorbenen oder auch durch ein nichtmenschliches Geschöpf der Wunschwelt oder aber durch die starke Willensrichtung eines verkörperten Menschen geschehen. Der Ätherkörper bleibt dabei durch das ätherischmagnetische Band mit einzelnen Organen des physischen Körpers, besonders den unteren Körperpartien, in Verbindung. Der Wunschleib aber wird von seinem physischen Werkzeug abgesperrt, gleichsam beiseite geschoben und von den Astralwesen mit einer künstlich geschaffenen ätherischen Hülle umgeben, damit er nicht vorzeitig den physischen Körper wieder beziehen kann. Die Astralwesen bilden diese Schale, indem sie den Wunschleib in einem bestimmten Schwingungszustande umkreisen. Das zwangsmäßige Hinausdrängen des Ätherkörpers wird äußerlich an dem Zusammenschrumpfen oder auch an krampfhaften Erschütterungen des physischen Körpers ersichtlich. Anfangs leistet der Wunschleib noch energischen Widerstand und bleibt samt dem Ätherleib nur kurze Zeit von dem physischen Körper getrennt. Doch nach und nach gewöhnt sich das Medium an diesen Zustand, ja, es fühlt sich dabei wohl und neugestärkt. Auch öffnet sich ihm mitunter das astrale Auge durch das wiederholte Verlassen des physischen Körpers mehr und mehr, und die Wunschwelt mit ihrer mannigfaltigen Szenerie wird ihm in immer höherem Grade sichtbar, wodurch es sich in seinen Fähigkeiten höher entwickelt wähnt. Das Interesse für die Bilder wächst fortwährend, zumal dann, wenn sich sehr intellektuelle »Führer« einstellen und in schwungvoller, gewandter und redseliger Weise eine Unterhaltung pflegen. Alle Art von Wesen der Astralwelt erscheinen nach und nach in den Sitzungen und gestalten sie für die neugierigen Sitzungsteilnehmer immer interessanter.

Da, wie schon gesagt, im Jenseits jeder Gedanke in einer bestimmten Form und Farbe aufleuchtet, so ist es für diese Besucher aus der Wunschwelt gar keine besondere Anstrengung, nach einiger Zeit der Übung und Beobachtung die Wünsche der an der Sitzung Teilnehmenden zu erraten, ihre Gedanken gewissermaßen abzulesen, sofern sie stark genug gedacht werden. Ferner haben sie die Fähigkeit, aus dem herausgedrängten Ätherleib des Mediums eine ätherische Persönlichkeit zu formen, wie sie in der Vorstellung irgend eines Sitzungsteilnehmers oder mehrerer Anwesenden lebt. Diese täuschend ähnlich geformte Äthergestalt wird nun von einem der anwesenden Astralwesen bezogen, das diese

Form belebt und nun durch das Gehirn des Mediums seine Berichte vom Jenseits übermittelt. Es gibt alles das kund, was die Sitzungsteilnehmer als Antwort auf ihre Fragen von dem vermeintlichen »Geiste« hören möchten. Wie auf Erden schwatzsüchtige Menschen einander das Wort vom Munde nehmen, so möchte auch die ganze Schar der andrängenden Besucher aus der Wunschwelt zum Sprechen gelangen. Dann entsteht um das Medium ein wüstes Gedränge.

Die »Geister« vermögen sogar die Sprache irgend eines Verstorbenen täuschend nachzuahmen; lebt doch die Erinnerung an den Klang der Stimme in der Vorstellung und dem Gefühlsleben oder in dem Unterbewußtsein der Hinterbliebenen fort, auch ohne daß sie in der Sitzung bewußt daran denken und darauf eingestellt wären. Sie klingt als besonderer Tonfall in ihrer Aura wider. Die in der Sitzung anwesenden intelligenteren Geister nehmen mit Hilfe der Elementarwesen diesen Ton auf, wiederholen und verstärken ihn und übertragen ihn auf das Medium. Erstaunt und hocherfreut über die vertrauten Klänge denkt der Sitzungsteilnehmer natürlich, der verstorbene Angehörige oder Bekannte, dessen Stimme und Sprache er deutlich zu vernehmen glaubt, sei in der Tat anwesend. Unwillkürlich taucht Bild auf Bild aus dem vergangenen Erdenleben des Freundes mit allen Einzelheiten der gemeinsam verlebten Stunden und der in diesen einst aufgenommenen Eindrücke in seinem Unterbewußtsein auf, ohne daß sich diese Erinnerungsbilder dem physischen Gedächtnis zu übertragen brauchen. Die an dem Trug beteiligten »Geister« lesen die Spiegelungen des Unterbewußtseins wie die Bilder eines Panoramas ab und geben deren Inhalt mit Gedankenschnelligkeit wieder. So lassen sich viele Spiritisten täuschen, indem sie glauben, tatsächlich mit Verstorbenen zu verkehren, während sie in Wirklichkeit nur von Spukgeistern mit ätherischen Kunststücken gefoppt werden.

Wenn in spiritistischen Sitzungen angeblich intelligente, auf dem Gebiete der Kunst und Wissenschaft berühmte Personen auftreten, so erklärt sich dies daraus, daß öfters verstorbene Magier täuschend ähnliche Bilder dieser bedeutenden und gefeierten Persönlichkeiten aus Ätherstoff formen, und daß irgend ein Naturgeist oder auch ein eingebildeter Verstorbener in dieser Maske auftritt. So trugen einmal angeblich Goethe und Schiller ihre jenseitigen Neuschöpfungen vor und konnten sich mit ihren Deklamationen nicht eifrig genug betätigen. Die Darbietungen zeugten jedoch von einer derartigen Einfältigkeit und geistigen Armut, daß man einen ganz bedenklichen geistigen Rückschritt, ja geradezu einen moralischen Verfall der Dichterfürsten feststellen mußte. In Wirklichkeit spielten zwei eitle Dichterlinge die Rolle der beiden Geisteshelden.

Es soll damit nicht gesagt sein, daß in jedem Falle nur Lügengeister ihr Spiel treiben. Es *kann* vorkommen, wenn es auch selten ist, daß wirklich frühere Angehörige der Sitzungsteilnehmer sich einfinden. Doch ist dies nur dann möglich, wenn sie sich noch in den unteren Sphären der Wunschwelt befinden und den Drang in sich fühlen, mit den Erdbewohnern zu verkehren.

Der noch ungeklärte, von allerlei Wünschen und Neigungen erfüllte Verstorbene fühlt sich stark von dem Leben auf Erden angezogen, das ihm seine Triebe mehr anregt und ihm gröbere Kräfte zuführt als die feineren Jenseitssphären. Die bequemste Gelegenheit, mit den auf der Erde verkörperten Menschen in eine Verbindung zu kommen, bietet ihm dann ein Medium in einer spiritistischen Sitzung.

Die Medien werden je nach ihrer Veranlagung von den Verstorbenen für ihre Zwecke gebraucht. Man unterscheidet Sprech-, Schreib-, Malmedien und solche, die physikalische Vorgänge, insbesondere Materialisation hervorbringen können. Unter diesen gibt es wiederum viele Grade und Stufen der medialen Fähigkeiten. Das Medium leiht dem Verstorbenen seinen physischen Körper und den Lebensleib (Ätherleib), teils auch den Wunschleib, wodurch es dem Verstorbenen möglich wird, seine Gedanken, Vorstellungen, Empfindungen, Wünsche und Neigungen mitzuteilen. Durch die Verstärkung seines Wunschleibes und die überlassene Ätherkraft des Mediums schafft er sich eine Gestalt, wie sie seiner früheren Körperlichkeit entspricht. Er erscheint dann dem Medium und jedem sensitiven Sitzungsteilnehmer in der typisch gallertartig ätherischen Gestaltung. Durch den physischen Körper des Mediums gibt er nun seine Berichte aus dem Jenseits. Diese reichen aber gewöhnlich nicht über das Vorstellungsvermögen des Verstorbenen hinaus. Meist verkünden sie in sehr mittelmäßiger Form nur das, was sich in den Vorstellungen der Erdbewohner selbst abspiegelt, was sie während des Träumens erleben oder durch Studium und eigenes Nachdenken selbst hätten erfahren können. Diese meist geistesarmen Erzeugnisse finden dadurch ihre Erklärung, daß nur die dem göttlichen Lichte abgewendete Seite der menschlichen Natur — ihr vergängliches Scheinselbst — bemüht ist, eine Verbindung mit den Sitzungsteilnehmern zu erhalten. Das Scheinselbst aber besitzt nicht das schöpferische Vermögen, selbst zu denken und zu erkennen. Deshalb reichen auch die durch Malmedien wiedergegebenen Bilder, die ihnen von Verstorbenen aus der Wunschwelt eingegeben und auf sie übertragen werden, nicht an die Schöpfungen eines genialen Künstlers heran. Die schriftlichen Mitteilungen der Verstorbenen, in der Eigenart ihrer früheren Schriftweise wiedergegeben, behandeln in der Regel Dinge und Probleme, die sich auf das Diesseits beziehen und der Anschauungsart der jeweiligen Zeit- und Sittenverhältnisse entsprechen. Die physikalischen Erscheinungen und Materialisationen von Blumen und Mineralien stellen wohl erstaunliche Auswirkungen der unsichtbaren Kräfte dar, sie werden aber nur selten von Verstorbenen hervorgebracht, zumeist von anderen Wesen der Wunschwelt, den Naturgeistern und Elementarwesen.

In den spiritistischen Sitzungen können jedoch auch solche Verstorbene erscheinen, die *gegen ihren Willen* zur Erde zurückgerufen werden. Von der lebhaften Sehnsucht ihrer Angehörigen und deren leidenschaftlichem Verlangen, Zeichen und Mitteilungen vom Jenseits zu erhalten, können sie gewaltsam herbeigeholt werden. Selbst wenn sich ein Verstorbener im Aufstieg zu höheren Sphären befindet, können ihn die leidenschaftlichen Schwingungen neugieriger Sitzungsteilnehmer derart beeindrucken, daß sie sein schreckhaftes Erwachen aus dem seligen Zustande zur Ruhe herbeiführen. Bereits verarbeitete Erinnerungen und innerlich zur Ruhe gekommene Neigungen und Empfindungen werden von neuem lebendig. Mit diesem gewaltsamen Erwecken werden aber auch wieder alle Schmerzen und Leiden des Verstorbenen in seiner Erinnerung wach. Sie stören seine Ruhe und rauben ihm seinen Frieden. Er wird durch die Störung und Unterbrechung seines Aufstiegs *erdgebunden* und kann sich nur durch äußerste Anstrengungen von diesen Einflüssen wieder befreien, um seinen Höhenweg fortzusetzen. Das Rufen der Toten ist darum durchaus kein Freundschafts- und Liebesdienst, sondern vielmehr die unliebsamste Fessel und das bedauerlichste Hemmnis bei ihrem Aufstieg zur Himmelswelt (Devachan) und ihrer Entwicklung im späteren Leben. Die Verstorbenen bitten deshalb nicht selten in den Sitzungen, nicht mehr gerufen zu werden, oder bekunden, daß sie nun nicht wieder kommen könnten, da sie in höhere Sphären übergingen.

Der durch spiritistische Sitzungen erzwungene Verkehr mit dem Jenseits ist aber nicht nur schädlich für die Verstorbenen, sondern beeinträchtigt auch die körperliche und geistige Gesundheit des Mediums und der Sitzungsteilnehmer. Ihr heftiges persönliches Verlangen nach dem Heimgegangenen ruft ja nicht nur diesen selbst herbei, sondern öffnet auch einem Heer von Spukgeistern das Tor. Scharen von harmlosen und bösen Elementarwesen strömen in eine solche Sitzung, drängen sich an die Teilnehmer, besonders an das Medium, und entziehen ihnen Lebenskraft. Haben diese Wesen einmal eine Verbindung bekommen, so umlagern sie ihre Opfer nicht allein in einer Sitzung, sondern auch bei jeder anderen Gelegenheit. Sie erhalten sich durch die den Opfern entzogene Lebenskraft, verstärken damit ihre eigenen Triebe und verlängern ihre Lebensdauer. Auf alle, die ihren Einflüssen zugänglich sind, wirken sie in der folgenschwersten Weise ein. Sie überfluten ihre Opfer gleichsam mit leidenschaftlichen Schwingungen und veranlassen sie, ihren Neigungen, Begierden und Lastern zu frönen. Die von solchen Wesen zeitweise oder dauernd Besessenen verfallen in die bedauerlichsten Zustände und lassen sich zu Handlungen hinreißen, die sie im normalen Zustande selbst nicht begreifen und aufs tiefste bedauern würden. Darum geraten viele Medien auf abschüssige Bahnen. Ihre unsichtbaren Peiniger drängen sie oft zu folgenschweren Entschlüssen und Taten. Sind sie aber lauteren, unantastbaren Charakters, so führt der andauernde Verlust an Nervenkraft schwere Nervenkrankheiten herbei, wie Rückenmarksleiden, Epilepsie usw., und verkürzt zugleich ihr Leben.

Um den Wunsch der Spiritisten nach einem Verkehr mit ihren Heimgegangenen zu erfüllen, stellen die Wesen der Astralwelt ein täuschend ähnliches *Abbild* des in höhere Sphären eingegangenen Verstorbenen her, wozu sie seinen *abgelegten* Wunschleib (Kama rúpa) benutzen, bevor dieser der Zersetzung anheimfällt. Durch die Einwirkung der Astralwesen können alle Gewohnheiten und Eigenarten der Persönlichkeit mechanisch belebt und auf ein empfängliches

Medium übertragen werden, so daß sie tatsächlich als Kundgebungen des Verstorbenen erscheinen. In dem Astralleichnam ruhen noch alle niederen, leidenschaftlichen Eindrücke des vergangenen Erdenlebens. Solange die Zersetzung noch nicht begonnen hat, schwingen die leidenschaftlichen (kamischen) Kräfte noch einige Zeit automatisch in der Weise fort, wie dies früher durch den Willen des Menschen geschah. Die hierzu benötigte Lebenskraft entziehen die Elementarwesen oder die Verstorbenen der unteren Sphäre, die aber im Besitze magischer Kräfte sein müssen, dem Medium und den anwesenden Sitzungsteilnehmern. Solche wesenlose Astralautomaten oder Astrallarven finden sich aber häufig in spiritistischen Sitzungen ein. Sie treten gern unter dem Namen bedeutender, hochgeschätzter Menschen auf und sind sogar imstande, ganz automatisch Antworten auf Fragen zu geben, die sich auf frühere Lebensgewohnheiten und persönliche Angelegenheiten des Verstorbenen beziehen. Natürlich handelt es sich nur um allgemein bekannte Dinge, die aber mit einer erstaunlichen Sicherheit und scheinbar großen Intelligenz vorgetragen werden. In Wirklichkeit aber ist es, wie schon gesagt, nur die abgelegte, noch mit allerlei Trieben behaftete und durch fremde Wesen zweifelhaftester Natur beherrschte Larve, der abgelegte astrale Rock, den die Teilnehmer für den Verstorbenen selber halten. Dieser aber hat sich schon in höhere Sphären erhoben und lebt dort ein Dasein der Freude und des Friedens. Er ist dort weder für Elementarwesen, noch für Medien und Magier erreichbar. Nur der von Wünschen und Neigungen Befreite, der lautere Mensch, vermag sich in seine lichte Sphäre zu erheben und in einen direkten Verkehr mit ihm zu treten.

Wenn man mit klarem, vorurteilsfreiem Blick die zahlreichen, auf medialem Wege erhaltenen Mitteilungen aus dem Jenseits betrachtet, so ist es auffallend, daß sie sich viel mehr mit persönlichen als mit rein geistigen Problemen beschäftigen und für den inneren Aufstieg des Menschen wenig Bedeutung haben. Ja, selbst Widersprüche innerhalb der einzelnen Kundgebungen, Widerrufungen, Wiederholungen und Korrekturen sind keine Seltenheit. Anschuldigungen von noch Verkörperten, die sich bei genauer Nachprüfung als Verleumdung erweisen, sind oft nicht nur in Sitzungen, sondern auch als Einflüsterungen bei medial veranlagten Menschen an der Tagesordnung. Wer dann solchen Mitteilungen Glauben schenkt, begeht viele bedauernswerte Torheiten und unter Umständen ein großes Unrecht an seinen Mitmenschen. Manchmal sind es auch phrasenhaft geschilderte Ereignisse vergangener oder zukünftiger Zeitperioden, die, in fanatischer oder rührseliger Art vorgetragen, jeder Tatsächlichkeit entbehren und keinerlei Aufschluß geben. Was man aber über das Jenseits erfährt, ist nur allgemeiner Art; in einer einfältigen, banalen Weise werden oft die Zustände der astralen Welt zu den diesseitigen Dingen und Geschehnissen in Beziehung gebracht.

Oft beschäftigen sich die Geister mit Familienangelegenheiten, geschäftlichen Interessen und politischen Fragen, über die sie Ratschläge und Anweisungen geben. Da kümmert sich dann ein solcher fürsorglicher Schutzgeist um die Heiratsangelegenheit eines »guten Bekannten«, um seine Welt- und Lebensanschauung, seine Zugehörigkeit zu einer bestimmten Partei, einer Sekte oder einem Verein, um die Ausbeutung eines gewinnversprechenden Geschäftsobjektes, nicht selten auch um seine Lebensweise und seine Liebhabereien. Manchmal geht auch die Fürsorge sogar so weit, daß der Gönner im Jenseits von seinem Günstlinge verlangt, bei allen Fragen, mögen sie sich auch auf die allereinfachsten Dinge des alltäglichen Lebens beziehen, zu Rate gezogen zu werden. Längere Zeit vergeht, bis die Leichtgläubigen erkennen, daß die sie betreuenden »Geister« nicht ihre lieben Abgeschiedenen, sondern von den niedrigsten Instinkten erfüllte *Lügengeister* waren, deren unheilvoller Einfluß die Seele ihres Opfers ernstlich gefährdete.

Eine derartige jenseitige Vormundschaft bringt also den geistig Strebenden in keiner Weise voran. Sollte der angebliche Schutzgeist wirklich der geliebte Verstorbene sein, so wäre dies nur der Beweis für sein Gebundensein an die niedere Wunschsphäre. Mitteilungen aus dieser Bewußtseinssphäre aber können niemals höheres Wissen, als es uns hier auf Erden schon zugänglich ist, übermitteln. Durch den Tod ist der Freund ja weder weiser noch irgendwie in seinem Wesen und Charakter verändert worden. Er ist selbst kein anderer geworden und weiß in seinem Bewußtseinskreise nicht mehr, als er vorher wußte. Selbsterkenntnis und Weisheit können uns ebensowenig vom Jenseits übermittelt werden, als sie uns im Diesseits durch einen Kunstgriff übermittelt werden können. Jeder muß sie auf dem Wege der Entwicklung, durch Erfahrungen aller Art, Verinnerlichung und geistige Erhebung, durch Entfaltung der Tugenden in sich selber finden und durch Betätigung der brüderlichen Liebe erwerben.

Es ist demnach immer zu bedenken, daß ein Verkehr sowohl mit den Verstorbenen selbst als auch mit den verschiedenartigen, unbekannten Wesen der Wunschwelt durch Medien ebenso zwecklos wie gefährlich ist. Er macht den Menschen durchaus unselbständig und bringt ihn in dauernde Abhängigkeit. Ein solcher Mensch wird der *Sklave* der »Geister« für sein ganzes Leben. Anstelle von Entschlossenheit und kraftvollem Selbstbewußtsein treten Unsicherheit und Ängstlichkeit. Ist der Sitzungsteilnehmer noch dazu medial veranlagt, so besteht für ihn die Gefahr, durch den großen Nervenkraftverlust besessen zu werden. Obgleich dies nur langsam und allmählich geschieht, wird doch mit jeder Wiederholung der Sitzung die Willenskraft mehr und mehr geschwächt, so daß der Betreffende in kürzerer oder längerer Zeit selbst Medium wird. Die jenseitigen Wesen benutzen die ihnen aus Unkenntnis bereitwillig erschlossene Lebensquelle so lange als möglich und erzwingen sich einen dauernden Eingang mit all ihrer Kraft. Manche, die unter dem Joch einer solchen Verbindung leiden, möchten sie gern wieder lösen, was ihnen aber ohne die Hilfe höherer Wesen und Wissender kaum gelingt. Dieser Verkehr mag anfangs für den oberflächlichen Betrachter harmlos erscheinen, ja, zuerst sogar ein Gefühl verstärkten Wohlbefindens, erhöhter Lebenskraft und gesteigerter Leistungsfähigkeit auslösen; jedoch nach kürzerer oder längerer Zeit stellen sich die leidvollen Nachwirkungen und bedauerlichen Folgeerscheinungen ein. »Die ich rief, die Geister, werd' ich nun nicht los.«

Nur das vollständige Aufhören dieses Verkehrs, der unermüdliche Versuch, zu einer kraftvollen innerlichen Einstellung zu kommen, die restlose Erfüllung aller Pflichten und Lebensaufgaben mit frischem, fröhlichem Mut und dankbarem Herzen, die beständige Betätigung selbstloser, reiner Menschen- und Gottesliebe können das Medium von seinen unsichtbaren Peinigern befreien und es dem wirklichen Leben wieder zurückgeben.

Wer aber in einer Geisterverbindung einen großen Vorzug erblickt, wer sie als eine Notwendigkeit für die suchende und leidende Menschheit ansieht, um damit den Glauben an ein Jenseits, an ein Weiterleben nach dem Tode und an die geistige Höherentwicklung der Menschenseele zu wecken und zu stärken, der vergißt, daß der Glaube an die Unsterblichkeit für den, der seine wahre Natur und sein innerstes Wesen erkannt und gefunden hat, keines äußeren Beweises bedarf.

Ein weit zuverlässigerer und für beide Teile wertvollerer Verkehr mit den Verstorbenen ist die *Begegnung im Jenseits*, während der Körper im Schlafe liegt. Die innige Liebe, die den Verstorbenen mit seinen Hinterbliebenen verbindet, vereint sie unmittelbar in den Stunden der Nacht, wenn der

Lebende seinem Körperhause entschlüpft ist und sich in die Bewußtseinssphäre des Verstorbenen zu erheben vermag. Ihr Zusammensein kann sich dann dem Gedächtnis des Schlafenden als ein zeitlich langes Erlebnis oder aber eine kurze visionäre Begegnung einprägen, die beide den bestimmten Eindruck der Tatsächlichkeit haben. In dieser unmittelbaren Verbindung teilt nun der Verstorbene direkt mit, was ihn bewegt und erfüllt. Dabei können beiden wertvolle Anregungen zuteil werden. Auf diese Weise ist schon mancher wichtige Rat erteilt, manche gute Tat angeregt und manches folgenschwere Unheil und Leid verhütet oder doch gemindert worden. Gar manche hilflose Waise fand auf Grund einer Anregung im Traume ihren Fürsprecher und Helfer, mancher Notleidende seinen Retter, und viele werden auf diese Weise vor drohenden Gefahren beschützt und vor folgenschweren Handlungen bewahrt.

Der Verstorbene erscheint dem Träumenden in seiner einstigen, jedoch verjüngten Gestalt, so wie er in den besten und schönsten Stunden seines Lebens aussah, und in der Kleidung, die der Träumende in seiner Erinnerung hat. Meist nimmt er auch an der Arbeit teil, die letzterer in den verschiedenen jenseitigen Sphären verrichtet. Eine solche Verbindung stärkt sowohl den Verstorbenen als auch den Hinterbliebenen. Alle Schranken sind gefallen, die Liebenden werden durch nichts mehr getrennt. Sie bilden eine Einheit und leben, wenn auch in verschiedenen stofflichen Zuständen, in der allgegenwärtigen Wirklichkeit des unermeßlichen Seins. Sie erkennen und erleben sich in der wahren Liebe, die nicht vergeht, noch sich verändert, wenn auch der Körper zu Staub und Asche zerfällt.

»Erde mag zurück zur Erde stäuben,
Fliegt der Geist doch aus dem morschen Haus,
Seine Asche mag der Sturmwind treiben,
Seine Liebe dauert ewig aus.«

Am beseligendsten ist der *unmittelbare* Verkehr mit unseren lieben Heimgegangenen. Er ist für jedermann, an jedem Orte und zu jeglicher Stunde des Lebens möglich, wenn wir die höheren Sinne unserer Menschennatur durch eine selbstlose und dauernde Betätigung der Tugendkräfte entfaltet haben. Das Erwachen und Erstarken der okkulten Kräfte ermöglicht es dem Menschen, sich bewußt in die höheren Welten zu erheben und an dem Leben der in der Wunschwelt weilenden Verstorbenen teilzunehmen wie zu der Zeit, als sie noch auf Erden waren.

Sehr viele Menschen erstreben *okkulte* Kräfte, ohne dafür die unerläßlich notwendigen Vorbedingungen zu erfüllen. Um sie naturgesetzlich zu erwerben und zu beherrschen, ist eine oft viele Erdenleben während Übung aller Tugendkräfte, ein selbstloses Dienen zum Wohle der Menschheit notwendig. Vollständige Beherrschung der Gedanken, sowie aller äußeren und inneren Kräfte unserer Natur, ferner Reinheit, Wahrhaftigkeit, Charakterfestigkeit, Edelsinn und beständige Opferfreudigkeit sind die Bedingungen für die geistige Entwicklung des Menschen, für das Erwachen seiner okkulten Kräfte. Unerschütterliches Vertrauen, Gleichmut bei allen Schicksalsschlägen, ungetrübte Lebensfreude, unterschiedslose Liebe zu allen Wesen, beständige Bereitschaft zum Helfen und Dienen ohne jegliche Erwartung eines Erfolges oder einer Belohnung, stetes Denken und Leben im Geiste der Einheit sind notwendig, um ein brauchbares Werkzeug des göttlichen Willens zu werden.

Wer sich aber ohne diese Voraussetzungen mit okkulten Phänomenen abgibt und durch Experimente Kräfte entwickelt, die ihm von Rechts wegen noch nicht zukommen, der läuft Gefahr, sich selbst zum größten Verhängnis zu werden. Dann wirken die okkulten Fähigkeiten wie der Blitzstrahl im Pulvermagazin, wie das Gift in der Hand eines unwissenden, unbewachten Kindes oder wie der Dolch in der Hand eines Wahnsinnigen.

Der *Pseudo-Okkultist* läuft Gefahr, einerseits der Mediumschaft, anderseits der schwarzen Magie zu verfallen. Durch die Mediumschaft wird er zum Sklaven fremder Kräfte und Wesen und durch den Mißbrauch der okkulten, geistigen Kräfte, der ihn seiner Unterscheidungskraft, seiner Vernunft und Erkenntnis beraubt, zu einer Geißel für die Menschheit. Sein Bewußtsein trübt sich immer mehr, je mehr die Selbstsucht, Begierde und Leidenschaft in ihm wachsen und die Führung seines Lebens übernehmen. Er wird nach und nach ein blindes Werkzeug zerstörender Mächte, ein Opfer der Wesen, deren Ziel Vernichtung und Auflösung des Bestehenden ist, um uneingeschränkte Macht über eine unwissende, noch auf der Kindheitsstufe stehende Menschheit zu gewinnen. Anstelle von geistiger Selbständigkeit, Freiheit des Willens, des Gewissens und der Vernunft, zu deren Erlangung wir jedem Menschen behilflich sein sollten, verlangen sie blinde Anerkennung und Unterordnung unter den Mächtigeren.

Die *schwarzmagischen* Lehrer fordern von ihren Schülern unbedingten Gehorsam, blindes Fürwahrhalten von Meinungen und vorgeschriebenen Regeln. Sie lehren sie die Beeinflussung Andersdenkender, die systematische Entwicklung und Ausnützung übersinnlicher Kräfte und psychischer Fähigkeiten. Ihr Ziel ist unbeschränkte *persönliche* Macht zur Erfüllung ihrer selbstsüchtigen Wünsche und zur Befriedigung ihrer persönlichen Bedürfnisse.

Niemals aber verlangten und verlangen die *weißmagischen* Lehrer, die Meister der Liebe und Weisheit, die wahrhaft Wissenden und Erleuchteten blinden Glauben, blinden Gehorsam, blinde Verehrung und gedankenlose Anbetung. Hingegen lehren sie ihre Schüler, Charakterfestigkeit und Selbständigkeit, Unterscheidungskraft, Mut und Selbstvertrauen zu üben, und Einsicht, Liebe zu allen Wesen, Reinheit, Treue und Wahrhaftigkeit im großen wie im kleinen zu entfalten. Das Ziel des Weisen ist das Leben der Einheit im Lichte der Selbsterkenntnis, das vollkommne Aufgehen im göttlichen Bewußtsein, das Einswerden mit dem göttlichen Willen, allumfassende Liebe, unerschütterliche Treue, immerwährende Freude und ununterbrochene, selbstlose Arbeit im Dienste der Menschheit.

Das Betätigungsfeld des *schwarzmagischen* Lehrers und Führers sind die Erscheinungswelten. Nach seinem Tode verbringt er lange Zeiten in den unteren Sphären der Wunschwelt und lebt dort seinen Wünschen und seiner Machtgier. Nur langsam und beschwerlich ist sein Aufstieg. Er geht, wenn sich seine Begierdenkräfte erschöpfen, ohne die selige Ruhezeit der Himmelswelt durchlebt zu haben, zu einer neuen Verkörperung auf die Erde zurück, wo ihm noch einmal Gelegenheit gegeben wird, einen Anlauf zum Besseren zu nehmen und durch harte und bittere Schicksalsschläge zur Einsicht zu kommen, um dann mühsam von Leben zu Leben den Weg der Entsagung zu gehen, bis er seinen Irrtum völlig überwunden hat und den Weg des Dienens betreten kann.

Schon vor Jahrtausenden sollen nach den Berichten der Geheimlehre durch den verderblichen Pseudo-Okkultismus ganze Völker zugrunde gegangen sein. Dieselbe Gefahr droht den gegenwärtigen Kulturvölkern, wenn die Ausbreitung der pseudo-okkulten Künste in derselben Weise wie bisher fortschreitet.

Ein Gebiet des *Pseudo-Okkultismus,* das gegenwärtig weit verbreitet ist und unter allen möglichen wissenschaftlichen Decknamen auftaucht, ist der Hypnotismus. Er pflegt die Ausbildung der Mediumschaft in hohem Maße. Mediumschaft ist aber das Gegenteil von dem, was wir als das Ziel der menschlichen Entwicklung bezeichnen: die allmähliche Vervollkommnung durch die Offenbarung des Göttlichen im Menschen und die Selbsterkenntnis des Einen, Allgegenwärtigen, des Göttlichen in allem, der vollkommene Einklang mit dem Willen Gottes, die bewußte Vereinigung mit ihm, das Aufgehen in unseren Ursprung, die Gottheit. Mediumschaft dagegen ist Willensschwäche und Abgötterei, sie bedarf darum vielmehr der Heilung als der Ausbildung.

Der Hypnotismus stellt mit seinen gewaltsamen Eingriffen in das Leben der Seele, mit ihrer Knechtung und Willensberaubung eine seelische Vergewaltigung des Menschen dar. Der Hypnotisierte verliert seine geistige Selbständigkeit und damit sein Verantwortlichkeitsbewußtsein und wird ein blinder Automat für die Eingebungen anderer. Sein bewußtes »Ich«, das im Wachzustande sein Denken, Fühlen, Wollen und Handeln überwacht und leitet, wird an seiner Wirksamkeit gehindert und durch den Willen des Hypnotiseurs verdrängt. Dieser kann nun während der hypnotischen Einschläferung, dem Trancezustand, seinen Einfluß ausüben. Das Gemüt ist in diesem Zustande schutzlos. Es können ihm die verschiedensten Vorstellungen, Empfindungen und Willensimpulse suggeriert werden.

Sehr oft werden hypnotische Versuche zum Zwecke der *Krankenheilung* ausgeführt und von Unerfahrenen, die sich in ihrer Unwissenheit durch den Schein eines äußeren, vorübergehenden Erfolges blenden lassen, eifrig gepriesen und verteidigt. Abgesehen davon, daß nicht alle Personen in hypnotischen Schlaf versetzt werden können, ist es überhaupt unmöglich, durch Hypnose Krankheiten zu heilen. Eine solche Heilung ist, sofern der Kranke sich wirklich wohler fühlt, nur eine eingebildete oder im besten Falle eine vorübergehende Schmerzbetäubung. Sie währt dann auch nur solange, als der Kranke mit dem Willen des Hypnotiseurs durch wiederholte Suggestionen in Verbindung bleibt. Niemals kann Hypnose eine Krankheit beseitigen, das heißt, sie in ihren Ursachen aufheben. Im günstigsten Falle treibt der magische Willenseinfluß die Krankheitsstoffe von einem Organ auf ein anderes, so daß sich der Kranke anfangs wohl von seinen Leiden befreit glaubt. Nach kurzer Zeit aber bricht die Krankheit in einer anderen Form und an einem anderen Organ wieder durch. Der Kranke glaubt sich von einem neuen Leiden heimgesucht, während es doch die alte Krankheit ist, die ihn unter einem neuen Namen plagt.

Außer zur Krankenheilung wendet man die Hypnose auch als *Erziehungsmittel* an. Jedoch dürften die Fehlschläge einer solchen Erziehungsart nur zu bald erkennen lassen, daß durch Hypnose ein Mensch weder gebessert noch erzogen werden kann. Sie ist das genaue Gegenteil jeder wahren Erziehung und widerspricht jeder Religion und Sittlichkeit. Könnte ein Mensch durch Hypnose erzogen werden, so wäre jede sittliche Anstrengung völlig überflüssig. Strebsamkeit, Fleiß und Tugend, alle weisen Gesetze, sowie Belehrungen und Erfahrungen gereifter Menschen müßten vor dem Allheilmittel »Hypnose« weichen, und nur allein die Befähigung zur Ausübung der Hypnose wäre für den Erzieher notwendig, um vollkommene Menschen zu bilden. Die großen Menschheitslehrer, die Weisen, Erleuchteten und Heiligen, alle Religionsstifter und deren Jünger haben jedoch die Erziehung des Menschen zur geistigen Freiheit gelehrt und als das Ziel der Entwicklung die Vertiefung und Erweiterung des Bewußtseins bezeichnet.

Wer die okkulten Gesetze kennt, weiß, daß jede hypnotische Einwirkung in *jedem* Falle mit großen *Gefahren* verbunden ist, auch dann, wenn das hypnotische Experiment in der festen Absicht und im Glauben, etwas Großes und Gutes zu tun, vorgenommen wird. Hypnose wirkt auf die Seele wie Gift auf den physischen Körper. Geringe Dosen kann er verarbeiten und wieder abstoßen, und doch wäre die Behauptung unvernünftig, daß der Genuß des Giftes der

Gesundheit förderlich sei. Ebenso ist es auch bei der Hypnose. Bei geringer Beeinflussung durch vereinzelte Versuche wird der Mensch, der noch ein bestimmtes Maß von Energie, Willenskraft und Vernunft besitzt, die Herrschaft über sich selbst nicht sogleich verlieren. Wird der Versuch aber häufiger vorgenommen, so wird der Hypnotisierte mehr und mehr an Energie, Willenskraft und Einsicht einbüßen und immer leichter fremden Einflüssen zugänglich werden. Durch die Hypnose wird der Menschheit weit mehr geschadet als durch alle Epidemien, Kriege und Katastrophen in der Natur. Unzählige körperliche und seelische Leiden sind ihre Folge und machen das Dasein zur Plage. Mancher Unwissende bezweifelt die Schädlichkeit der Hypnose; doch gibt es keinen besseren Beweis für ihre Schädlichkeit als den, welchen der Hypnotiseur selbst gibt, indem er seinen Schülern auf das strengste verbietet, sich selbst hypnotisieren zu lassen. Dieses Verbot dürfte jeden anderen Beweis überflüssig machen.

Der Hypnotismus ist das größte *Hindernis*, das dem Erwachen der Theosophie im Menschen, dem Gottesbewußtsein, im Wege steht. Er ist eine Erscheinungsform, die der niederen, vergänglichen Natur des Menschen angehört, denn die Fähigkeit des Hypnotisierens kann durch Übung erlangt werden; Theosophie aber bedeutet göttliche Selbsterkenntnis oder Weisheit; sie ist das dauernde Erleben des geistigen unvergänglichen Lichtes, welches das Eine, wahre Leben des Menschen und aller Wesen im unendlichen Universum ist.

Die theosophischen Weisheitslehren bedürfen keines Beweises. Wer die Gegenwart der göttlichen Kräfte im eigenen Herzen, die Allgegenwart Gottes in seiner Seele fühlt, erkennt ihre Wahrheit ohne weiteres; denn die Wahrheit beweist sich durch sich selbst. So erlebt der vollendete, göttliche Mensch, der sich seiner Einheit mit allen Wesen und seiner Unsterblichkeit bewußt ist, die Eine, ewige Wahrheit und Wirklichkeit in sich selbst als das Eine, urewige, göttliche Sein, nachdem er alle Hindernisse, die der göttlichen Offenbarung in ihm entgegenstehen, beseitigt hat.

Der beste Schutz gegen die hypnotische Einwirkung ist das bewußte Leben und Wirken im Geiste selbstloser Liebe, die Einstellung auf das unablässige Dienen im Bewußtsein der Einheit alles Seins. Wer sich bestrebt, im Einklang mit dem Willen Gottes zu wirken und dabei auf die Stimme des Gewissens und der Vernunft achtet, die sich bei allen Entschlüssen im Inneren der Seele meldet, der ist gefeit gegen jede fremde Beeinflussung seiner physischen Natur. Das *wahre Gebet*, das kein lautes Worteplappern, sondern ein innerliches Gelöbnis des Menschen ist, alle seine Kräfte dem Dienste des Wahren und Guten zu weihen, erhebt den Menschen über die Sphäre pseudo-okkulter Betätigung, auch die des Hypnotismus. Der stärkste Einfluß ist nicht imstande, die Macht der Liebe und Erkenntnis zu erschüttern; denn sie ist eine göttliche Macht, die über alles erhaben ist und fortwirkt von Ewigkeit zu Ewigkeit; denn »Gott ist die Liebe, und wer in der Liebe bleibt, der bleibet in Gott und Gott in ihm.« — — —

Die spiritistischen und hypnotischen Erscheinungen, wie überhaupt alle pseudo-okkulten Künste geben dem Menschen weder dauernde, unerschütterliche Zufriedenheit und unversiegliche Lebensfreude, noch verhelfen sie ihm zum wahren Menschentum. Alles äußere, angelernte Wissen, alle eifrig erstrebten Fähigkeiten, wie auch die schönsten Lehren und klug durchdachten Theorien können ihm den Frieden der Seele nicht bringen, wenn nicht die Liebe als das göttliche Licht sein Inneres erleuchtet. Erst nachdem er mitfühlend der Menschheit ganzen Jammer erfaßt hat, sieht er ein, daß allein die Liebe wahrhaft glücklich macht, die Liebe, die das Leid mitfühlt und bestrebt ist, seine Ursache zu beseitigen. Solch ein reines, unpersönliches Lieben und Wirken bahnt uns den Weg zur wahren Lebensquelle, deren Wasser aus den Tiefen der unermeßlichen Einen Kraft, aus Gottes ewiger Liebe und Weisheit in eine jede empfangsbereite Seele fluten. Dann wird uns die unermeßliche Schönheit des Lebens offenbar. Wo das Licht der Erkenntnis strahlt, verschwinden alle Zweifel und Disharmonien. Eines Paradieses Ruhe und Frieden umfängt die erkennende Seele. Da verwandelt sich alles Leid in Freude und Harmonie. Wenn auch im äußeren Leben noch des Schicksals Stürme toben, so lebt doch in der Seele die stille Freude, die nun zur lebendigen, schöpferischen Kraft wird, welche zugleich alle Übel überwindet, alle Leiden segnet und in ewige, unvergängliche Werte verwandelt.

»Die u n b e f l e c k t e Seele,
größer als alle Welt (denn alle Welt
besteht durch sie) und kleiner als das kleinste
des kleinsten Dings, des allerletzten Letztes,
bewohnt das Herz von allem, was da lebt!
Wer von sich abtat Wunsch sowohl als Furcht,
Wer Sinne und Gemüt beherrscht und stillt,
schaut in dem klaren Licht der Wahrheit dann
ewig und fest – sein königliches S e l b s t !«

KATHAUPANISHAD

Kehrt ein Mensch dann aus diesem Erleben des Ewigen zu seinen täglichen Pflichten zurück, so wird ihm jeder Augenblick seines Lebens kostbar, ja, er empfindet ihn wie ein Geschenk aus Freundeshand. Er klagt nicht mehr über sein Schicksal noch über die Härten des Lebens oder die törichten Handlungen der Mitmenschen. Es wird ihm vielmehr klar, daß auch ihre Schwächen und Fehler ein Mittel für ihn sein können, seine Liebe, Geduld und Ausdauer zu prüfen, sein Mitleid und brüderliches Empfinden zu stärken, um mit der eigenen größeren Licht- und Liebeskraft die schwächeren Brüder zu tragen.

Darum, wer seine höheren, geistigen Sinne und okkulten

Kräfte entfalten will, der arbeite ununterbrochen an sich und wirke beständig zum Wohle der Menschheit. Das ist die beste okkulte Schulung. Der Mensch muß sich selbst in Reinheit und Klarheit geläutert haben, er muß Unterscheidungskraft, Erkenntnis und Liebe besitzen, um die geweckten gewaltigen Kräfte beherrschen zu können, damit sie ihm nicht zur Gefahr werden.

So ist der erste Schritt auf diesem Wege Reinigung und Beherrschung der Gedanken und Gefühle, verbunden mit dem Vorsatz, mit festem, unerschütterlichem Willen zu helfen und zu dienen. Der nächste Schritt fordert die Entsagung der Wünsche und die Ergebung in das ewige, gerechte Gesetz, den Willen Gottes. Doch ist dies nicht so zu verstehen, daß wir unsere Pflichten versäumen und aus der Welt in die Einsamkeit flüchten sollen. Vielmehr müssen wir im tätigen Wirken, mitten im Berufsleben, in den Wogen des Alltags Ruhe und Standhaftigkeit finden lernen; denn im Getriebe der Welt müssen die geistigen Kräfte ihre Probe bestehen. Dann wird uns das Schicksal an den Ort stellen, wo diese Fähigkeiten richtig gebraucht und wir ein Segen für alle werden können.

Der folgende Schritt lehrt uns, daß wir uns mit der ganzen Menschheit *eins* fühlen und uns bewußt mit ihr vereinigen sollen. Allen Menschen begegnen wir dann gleich liebevoll, gütig und wohlwollend; erkennen wir doch in jedem das Eine, große, unendliche Leben, das auch in uns pulsiert. Alle Unterschiede schwinden. In allem Werden und Vergehen erblicken wir den göttlichen Willen; wir sehen seine Offenbarung sowohl im kleinsten Stäubchen als auch im vollendeten Meister. Unser ganzes Leben wird uns dann zu einem stillen, heiligen Gebet, jeder Gedanke wird durchleuchtet von dem Strahl der großen Liebe, die sich auf alle Wesen ausdehnt. Dieses innere Erleben wird sich naturnotwendig auch nach außen hin offenbaren. Alles, was wir an

Erkenntnissen und Fähigkeiten erreichen, werden wir in höchster Bereitschaft auf den Altar der Menschheit legen.

In Liebe und reiner, stiller Freude teilt dann der Edelmensch seine geistigen Schätze segnend aus, wo immer das Schicksal es fordert. Weil er das geistig-okkulte Gesetz erfüllt, können alle geistig-okkulten Kräfte in ihm wirksam werden, da eine solche Lebenseinstellung ihre segensreiche Offenbarung gewährleistet. Wenn aber das geistige Licht in eine Menschenseele einstrahlt, in der noch persönliche Neigungen, Begierden und Wünsche vorhanden sind, so wachsen diese ins Riesenhafte. Wie die Sonne im Frühling alle Keime zu neuem Leben erweckt und neben vielen Blumen, nützlichen Heilkräutern und köstlichen Früchten auch manche Giftpflanzen und allerlei Unkraut hervorlockt, so entfalten sich beim Eindringen des geistigen Lichtes alle Keime der niederen menschlichen Natur und rufen die schwersten Kämpfe in der Persönlichkeit hervor. Aber das von allem psychischen Unkraut gereinigte Herz des wahren Okkultisten und geistig Erwachten wird durch das einflutende geistige Licht mit strahlender Freude belebt, mit reiner Liebe erquickt und zur Harmonie und Schönheit gestaltet. Wie der erste Schritt auf dem Pfade der geistigen Entwicklung mit dem Gelöbnis des Dienens getan wird, so auch der letzte; lautet doch das Gesetz alles geistigen Fortschrittes: »Nur in dem Maße, wie wir anderen helfen, kann uns selbst geholfen werden. Soviel wir zum Wohle der Menschheit beitragen, so viel wird sich unser eigenes Wohl mehren und unser Bewußtsein erweitern.«

Wer sich gelobt, der Menschheit zu dienen, dem werden die dazu notwendigen Kräfte von selbst zufließen, vorausgesetzt, daß er die *Hindernisse* beseitigt, die ihm im Wege stehen. Meister Eckhart sagt: »Tue alles von dir hinweg, was nicht Gott ist, und es bleibt am Ende nichts anderes übrig als Gott.«

Es wäre ein vergeblicher Versuch, das innere Wachstum durch *äußere Mittel* und *Übungen* fördern zu wollen; dies wäre gerade so töricht und zwecklos, wie wenn ein Kind eine Blütenknospe gewaltsam öffnen wollte. Sie würde zerstört, und die Blüte könnte keinen Samen, keine Frucht bringen. So käme auch eine vorzeitige und gewaltsame okkulte Erweckung einer Zerstörung gleich. Alles naturgesetzliche Wachstum vollzieht sich von innen nach außen. Nur von innen heraus können wir wachsen, absichtslos und unpersönlich; denn nur in der Stille wird alles Große und Schöne geboren. Wer sich geduldet und auf dem naturgesetzlichen Wege der inneren, geistigen Entwicklung seine höhere, wahre Natur zur Blüte bringt, dem werden die okkulten Fähigkeiten als reife Frucht zufallen, wie dies auch in den Worten des Meisters von Nazareth zum Ausdruck kommt: »Trachtet am ersten nach dem Reiche Gottes und nach seiner Gerechtigkeit, so wird euch solches alles zufallen.«

Die jenseitigen Welten erschließen sich dem, der die Gesetze des Lebens in seinem Inneren erkannt hat und im Einklang mit ihnen wirkt. Immer weiter reicht sein Bewußtsein, immer lebendiger wird ihm die innere Welt, je mehr er sich von den Fesseln der Persönlichkeit und den Lockungen des vergänglichen Scheinlebens befreit. Unberührt von den wechselnden Dingen und Geschehnissen der Erscheinungswelten, weder der grobstofflichen noch der ätherischen, weder der Wunschwelt noch der Gedankenwelt, wird er des geistig-göttlichen Lebens der wahren Welt teilhaftig, der Welt des Lichtes, des Reiches Gottes. Er hat die Zeit überwunden und sucht die Ewigkeit weder in der Vergangenheit noch in der Zukunft, sondern erlebt sie in der inneren Wirklichkeit einer immer tätigen Gegenwart. Im Geiste der Bruderschaft arbeitet er als ein wahrer Okkultist unablässig an dem göttlichen Weltentwicklungsplane, eins mit dem Einen Weltenbaumeister, der von Ewigkeit zu Ewigkeit an der

Vollendung aller Wesen wirkt. Wer sich einem solchen Leben weiht, fühlt sich nie getrennt von seinen Lieben, seien sie in dieser Welt verkörpert oder Bürger jener anderen. Es bedarf nicht erst eines Wiedersehens, um das Glück dieser Einheit in Liebe erleben zu können, und keine Macht der Welt kann es zerstören, denn Gott selbst ist die Liebe.

»Erst baut Natur den Leib, ein Haus mit Sinnentoren,
Worin ein fremdes Kind, der Geist, dann wird geboren,
Er findet Hausgerät und braucht es nach Gefallen,
Und wenn er dann das Haus verläßt, wird es zerfallen.
Doch die Baumeisterin baut immer Neues wieder
Und lockt den Himmelsgast zur ird'schen Einkehr
nieder.«

RÜCKERT

Die Wiederverkörperung als Entwicklungsgesetz

Wieviele Menschen sinken in der Blütezeit ihres Lebens plötzlich ins Grab! Mancher unermüdlich Schaffende, der eine blühende Gesundheit besitzt und zu den größten Hoffnungen berechtigt, wird plötzlich durch einen Unglücksfall oder eine kurze Krankheit seinem Wirkungskreise entzogen, und zwar oft gerade dann, wenn er vor der Erfüllung seiner Hoffnungen steht. Wie beklagenswert und unbegreiflich erschiene ein solches Schicksal, wenn man glauben müßte, daß der Mensch nur diese eine, kurze Erdenfrist lebte!

Aber wie tröstet, wie beruhigt der Gedanke, daß wir unser Leben nach dem Tode fortsetzen und die Möglichkeit haben, in zukünftigen Erdenleben unsere Fähigkeiten, unser Wissen und Können zu erweitern und zu vervollkommnen! Denn nur die Körper wechseln, das Wesen bleibt. Der wahre Mensch ist unsterblich und lebt ewig. Er benutzt den Körper als Werkzeug, um durch ihn zu wirken und sich immer mehr zu offenbaren. Ohne ihn könnte er seine Kräfte und Fähigkeiten nicht zum Ausdruck bringen.

Aus dem Schoße der urewigen Gottheit geboren, lebt das Urwesen des Menschen, der ‚göttliche Funke', der zur

Flamme werden soll[1]), in seiner Heimat, der geistig-göttlichen Welt, in Reinheit und Schönheit und ewiger Seligkeit. Aber der ‚Sohn', die unsterbliche Seele[2]), ist sich der eingeborenen Göttlichkeit nicht bewußt. Erst in der Verbindung mit den Erscheinungswelten vermag er durch unzählige Erfahrungen in allen Formen des Lebens jene Weisheit zu erwerben, die ihn befähigt, einst Mitregent des Vaters in dem Reiche zu werden, das ihm ‚bereitet ist von Anbeginn der Welt'. Er ist der Mittler, das Zwischenglied von Geist und Materie, die Kraft, die das geistige Bewußtsein mit der Stofflichkeit verbindet. Wie jedes menschliche Werk in seiner materiellen Form der Ausdruck einer Vorstellung ist, so ist die Seele die Offenbarung eines Gottesgedankens, einer göttlichen Idee. Viele Male schickt die unsterbliche Seele auch selbst einen Strahl in die Erscheinungswelten hinab und baut sich auf Grund der gewonnenen Erfahrungen jedesmal ein besseres Werkzeug, eine Persönlichkeit, die sie befähigt, immer größere Aufgaben zu lösen und am Abend eines Erdenlebens mit dem neugewonnenen Wissen und Können heimzukehren.

Hat sie bei ihrem Abstieg in die Materie den tiefsten Punkt erreicht, und ist sie durch Leiden aller Art geläutert, dann erwacht die Erinnerung an den Ursprung, die Heimat, in ihr. An diesem Wendepunkte angelangt, bereitet sich die Seele zum Aufstieg vor. In ihrer höchsten und reinsten Daseinsform, wenn die Persönlichkeit von allem Niederen, aller Eigenwilligkeit gereinigt ist, und durch Gehorsam gegenüber Gewissen und Vernunft in ihr nur noch der höhere Wille der unsterblichen Seele herrscht, bringt sie das Geistig-

---

[1] Die „göttliche Monade" (Atma-Buddhi).
[2] Der Manas-Strahl, das Ego, das durch Bildung des Auferstehungsleibes zum Gottmenschen, dem Christus werden soll („bis daß Christus in euch Gestalt gewinne" Gal. IV, 19).

Göttliche in unendlicher Größe, Schönheit und Allmacht, Weisheit, Liebe und Seligkeit schon auf Erden zur Offenbarung.

Ganz dem Göttlichen zugewandt, wirft sie Hülle um Hülle von sich, um in ursprünglicher Reinheit, aber mit dem Schatze unermeßlicher Erfahrungen und großen Wissens bereichert, im Lichte der Gottheit aufzugehen. Selbst Licht geworden, wirkt die erwachte Seele nun in vollem Einklang mit dem göttlichen Willen als bewußter Mitarbeiter und als Werkzeug am göttlichen Weltenplane.

Von Gott zu Gott führt der Weg der Seele.

Bei der Wiederverkörperung der Seele handelt es sich also nicht um eine Auferstehung der vergänglichen, abgelegten Persönlichkeit, sondern um deren Neugestaltung. Auch ist das Herabsteigen der Seele aus den höheren Sphären nicht etwa ein objektiv räumlicher Wechsel des Aufenthaltsortes, sondern nur eine Umhüllung mit dichterer Stofflichkeit. Nur das Bewußtsein wechselt, indem es durch das Anhängen der Seele an die Formen, Personen und Dinge der niederen Welt beschränkt und getrübt wird. Die Wiederverkörperung ist deshalb nur der Übergang von einem Bewußtseinsreich in ein anderes. Mit der Geburt des Kindes ist nicht eine neue Seele, ein neuer Mensch entstanden, sondern die menschliche Seele ist in einem neuen Kleide ins Dasein getreten. Sie selbst ist weder alt noch jung, da sie in ihrem Wesenskern an keine Zeit gebunden ist. Nur der neugebildete Leib ist dem Wechsel der Zeit unterworfen.

Die moderne wissenschaftliche Welt lehnt die Lehre von der Wiederverkörperung als absurde Phantasie ab. Es ist jedoch erstaunlich, daß die bedeutendsten Dichter, Philosophen und Künstler aller Zeiten und Völker, wie auch die großen Religionslehrer der Menschheit sich zu dieser Anschauung bekannten und sich unzweideutig über ein Fortleben nach dem Tode und ein wiederholtes Auftreten des

Menschen auf der Bühne des Erdendaseins ausgesprochen haben. »Wie sehr auch auf der Bühne des Lebens die Stücke, Masken und Rollen wechseln, so bleiben doch die Schauspieler in allen dieselben.« (Schopenhauer.)

Wir finden beim Studium der alten Religionssysteme die Wiederverkörperungslehre als einen wichtigen Bestandteil der altägyptischen Religionslehren, des Brahmanismus und besonders des Buddhismus. Die größten und bekanntesten Denker des Altertums wie Pythagoras, die Pythagoreer, Pindar, Empedokles, Plato, Sokrates waren ihre Vertreter; ferner die Druiden, Germanen, die islamitischen Drusen, die Schöpfer der religiösen Werke des Zohar und der Kabbala u. a. Auch verschiedene christliche Kirchenväter bekannten sich zu der Lehre der Wiederverkörperung, ebenso die Gnostiker und viele Mystiker des Mittelalters. Die größten Denker jedes Jahrhunderts verkündeten wieder neu den Glauben an die Unsterblichkeit und Wiederverkörperung der Seele, um ihn kommenden Geschlechtern zu übergeben. Solche Verkünder waren einst Giordano Bruno, so auch die Dichter und Denker deutschen Geisteslebens: Paracelsus, Jakob Böhme, Goethe, Schiller, Leibniz, Herder, Lessing, Schopenhauer, Schlosser, Nietzsche, Richard Wagner, Rückert, Novalis, Rosegger, Franz Hartmann u. a.

Aber bei der ganz auf das Diesseits eingestellten Lebensauffassung der westlichen Kulturwelt geriet die bedeutsame Lehre mehr und mehr in Vergessenheit. Außerdem taten Aberglaube und Unglaube, konfessionelle Berechnung und Machtgier das ihrige!, diese einst allgemein bekannte Lehre allmählich zu verdrängen. Dennoch wird die Zahl der Menschen, die sich gegenwärtig noch zu dieser Lehre bekennen, auf über 800 Millionen geschätzt.

Auch die *Natur* ist ein Zeuge für die Wiederverkörperung. Wenn sich im Frühjahr wärmender Sonnenschein geltend macht, werden die in die Wurzeln zurückgezogenen

Kräfte wieder rege, und frisch belebt keimen die jungen Pflanzen empor. Blüten mannigfachster Art entfalten ihr Leben der Schönheit. Wenn es auch nicht dieselben Zweige, Blätter und Blüten sind, die im Herbste starben, so sind es doch dieselben Arten, Formen und Düfte. Es ist dieselbe Idee, die sich in ihnen verkörpert, die Pflanze erlebt in der neuen Form ihre Auferstehung und Fortsetzung. Der Same, der vom Baume abfiel und, vom Winde verweht, in das Erdreich gelangte, zersprengt die Hülle und keimt auf. Im Laufe der Jahre entsteht ein neuer Baum, der seinem väterlichen Urbilde gleicht und seine Artung trägt. Aber jeder Same kann nur seine ihm innewohnenden Lebensmöglichkeiten offenbaren, aus einer Eichel kann sich nicht eine Tanne gestalten. Wieder neue Samen keimen und reifen und wiederholen unzählige Male den Werdegang des Wachstums, so daß der Wald immer wieder in verjüngter Gestalt aufersteht. Doch sind die Samen und die ihnen entwachsenen Bäume nur das äußere Werkzeug für die große geistige Lebenswoge, die sich in diesen Gestaltungen selbst zum Ausdruck bringt.

Victor Hugo sagt: »Ich empfinde in mir selbst das zukünftige Leben. Ich bin wie ein Wald, der schon manchmal umgehauen wurde. Die neuen Sprößlinge sind stärker als zuvor. Ich weiß, daß ich mich aufwärts schwinge; der Sonnenschein ruht auf meinem Haupt; die Erde gibt mir Saft im Überfluß, aber der Himmel erhellt mich mit dem Widerschein unbekannter Welten. Ihr sagt, daß die Seele nichts als das Produkt körperlicher Kräfte sei; aber wie kommt es denn, daß meine Seele klarer ist, wenn meine körperlichen Kräfte zu schwinden anfangen? Der Winter hat sich auf mein Haupt gesenkt, aber in meinem Herzen ist ewiger Frühling. Ich atme in dieser Stunde den Duft des Holunders, der Veilchen und Rosen gerade so wie vor zwanzig Jahren, aber je näher ich an mein Ende komme, um so deutlicher höre ich um mich her die unsterblichen Symphonien der Welten, welche mir ein Willkommen zurufen. Es ist wundervoll und dennoch sehr einfach; ein Märchen und dennoch eine Geschichte. Ein halbes Jahrhundert lang habe ich meine Gedanken in Prosa und Versen, Geschichte, Philosophie, Tragödie, Erzählung, Überlieferung, Satire, Ode und Gesang geschrieben. Ich habe alles versucht, aber ich fühle, daß ich nicht dem tausendsten Teile von dem, was in mir steckt, Ausdruck gegeben habe. Wenn ich zu Grabe gehe, so kann ich gleich vielen anderen sagen: »Ich habe mein Tagewerk vollbracht«; aber ich kann nicht sagen: »Ich habe mein Leben geendet«. Mein Tagewerk wird am nächsten Morgen wieder anfangen. Das Grab ist keine Sackgasse, sondern eine offene Durchfahrt; es schließt sich im Zwielicht am Abend und tut sich bei der Morgendämmerung auf. Ich bin im steten Wachsen begriffen; denn ich liebe diese Welt als mein Vaterland. Mein Werk fängt erst an; der Durst nach dem Unendlichen beweist die Unendlichkeit.«

Das Erdenleben ist nur ein großer Tag, vor dem ein Gestern, Vorgestern und Jahre liegen, und dem ein Morgen, Übermorgen und Jahre um Jahre folgen werden. Das gegenwärtige Erdenleben bedeutet nur einen kleinen, winzigen Ausschnitt aus dem großen, unermeßlichen Lebensbilde unseres wahren Seins. An einem großen Maße gemessen, dem Leben eines Planeten oder Sonnensystems, gleicht es einem flüchtigen Augenblick. Wie kurzsichtig wäre es darum, unser Leben nach diesem *einen* kurzen Erdendasein zu bewerten!

Alles Bestehende ist schon im Augenblick seines Entstehens dem Vergehen geweiht. Überall wechseln Geborenwerden, Dasein und Sterben. Die Formen verschwinden; aber das Wesen und der Charakter bleiben und erscheinen immer wieder aufs neue in ähnlicher, doch vollkommenerer Form. Völker, Staaten und Staatenverbände, Zivilisationen entstehen und vergehen und leben aufs neue in anderen Reichen auf. Sterne und Planeten zerfallen, Sonnensysteme beleben in unausdenkbaren Zeitläuften den Raum, um einst wieder ihre verbrauchten Körper abzulegen. Der Sonnenlogos aber schafft neue Werkzeuge, in denen er weiterwirken kann.

> »Das Dasein ist ja nur ein Flügelschlag der Zeit,
> Und ist es ausgelebt und sinkt zu Grabe,
> So blüht ein neues auf zu neuem Streit,
> Zu neuem Leiden, Schaffen, Lieben.
> Es ist im größten Buch geschrieben,
> Daß nichts vergeht, nur hin und wieder wallt
> Des Daseins wechselnde Gestalt!«
>
> MAX HAUSHOFER

Blicken wir in unsere Menschennatur! Betrachten wir das Heer der Wünsche, die Fülle der Gedanken und Ideen, die unbegrenzten Möglichkeiten, die in uns liegen, so wird es uns begreiflich erscheinen, daß wir noch unberechenbar viele Male wiederkommen müssen, bis sich alle Wünsche erfüllt, alle Gedanken und Ideen verwirklicht, alle Möglichkeiten erschöpft haben. Jedem Wesen wohnt der Drang inne, die in ihm ruhenden Anlagen zur Entfaltung zu bringen, sich also immer mehr und mehr zu vervollkommnen. Es ruht nicht eher, als bis es sein Ziel erreicht hat. Warum sollte nun aber gerade in den Menschen eine Sehnsucht gelegt worden sein, deren Erfüllung ihm ewig versagt wäre? Wie sollten wir der Forderung des Meisters von Nazareth gerecht werden können, wenn er sagt: »Ihr sollt vollkommen sein, gleichwie euer Vater im Himmel vollkommen ist«, wenn uns nur das eine kurze Erdenleben gegeben wäre? Täglich beobachten wir, daß Menschen sterben, die noch weit von der göttlichen Vollkommenheit und der Erkenntnis der Wahrheit entfernt sind. Wieviele Menschen sterben plötzlich durch einen Unglücksfall oder auf dem Schlachtfelde, die nach menschlichem Ermessen noch viele Jahre hätten leben können und sich weiter vervollkommnet haben würden! Jeder Mensch strebt bewußt oder unbewußt nach Freiheit, Wahrheit und Vollkommenheit, ohne aber in einem einzigen Erdenleben sein Ideal zu verwirklichen, ebensowenig wie ein begabtes Kind an einem einzigen Schultage alles auf einmal lernen kann, was es im Verlaufe der üblichen Schuljahre in sich aufzunehmen imstande ist. Aber wie das Kind die Arbeit eines Schultages am nächsten Tage neugestärkt fortsetzt, so arbeitet der Mensch nach dem Schultag eines Erdenlebens an seiner Aufgabe am Morgen eines neuen Daseins weiter in der großen, viele Erdenleben umfassenden Lebensschule. Der Tod ist nur die Ruhepause, gleichsam die Nachtruhe vor dem kommenden Lebensmorgen, an dem der Mensch mit neuer Kraft und frischem Mute sein unvollendetes Tagewerk wieder aufnimmt, um es nach und nach zu vollenden. Der Schüler erkennt in seiner Jugend meist nicht die Notwendigkeit seines Schulbesuches; erst später, wenn er gereift ist, wird ihm die Bedeutung desselben klar. Ebenso ergeht es dem Menschen mit seinem Leben. Im Verlaufe einer Reihe von Erdenleben wird ihm der Zusammenhang des einzelnen mit dem Ganzen bewußt. Wie es die Aufgabe des Schülers ist, sich in seiner Schule alles an Wissensschätzen Gebotene anzueignen, um es später in Taten umzusetzen, so ist es die Aufgabe des Menschen, alle in ihm liegenden Ideale und keimhaft in seinem Wesen ruhenden Kräfte zu verwirklichen, immer weiter und weiter einzudringen in die Tiefen seines wahren, göttlichen Wesens, um sich zurückzufinden in die lichte Welt der Göttlichkeit zum Ursprung alles Seins. Dies kann ihm nur allmählich im Verlaufe vieler Daseinsperioden gelingen; denn es gibt keinen Sprung in die Vollkommenheit. Wir sehen, daß sich alles Wachstum, alles Werden in der Natur wie im unermeßlichen Universum ganz gesetzmäßig vollzieht und alle Wesen Stufe für Stufe emporsteigen zu immer höherer Entwicklung. Alle Wesen und auch der Mensch treten periodisch und gesetzmäßig in die Erscheinung. Das Heraustreten aus einem Ruhezustand ist die Geburt in eine neue Existenz.

»Kann sich je die Schöpfung schließen?
Fort wirkt ewig die Natur.
Neue Daseinskeime sprießen
Durch die Saat der Weltenflur.
Lebenshauch erwärmt und wehet
Immer schönere Frucht ans Licht;
Der die große Saat gesäet,
Ruht von seiner Arbeit nicht!

Nah ist ihm das weit Entfernte,
Sterben ist sein Lebenspfad.
Seine Saat ist seine Ernte,
Seine Ernte seine Saat!
Und so wandelt das Entstehen,
Das Verschwinden durch sein Haus:
Nimmer kann Geburt vergehen
Nimmer stirbt das Sterben aus.

Nah'n und Fliehen, Haß und Neigung
Bildet Formen, löst sie auf,
Ist Geheimnis der Erzeugung;
Triebrad ist des Daseins Lauf!
Tropfen, die am Halme schweben,
Und der Sonne Riesenball
Sind durch gleicher Kräfte Leben
Hingestellt ins Weltenall.

Gleich ist alles in dem Zuge,
Der empor und abwärts treibt;
Alles Dasein eilt im Fluge,
Aber Leben — Leben bleibt!
Erden schwinden, schön're Erden
Blüh'n empor nach fester Norm.
Sterben ist — verwandelt werden,
Und Geburt ist neue Form.«

S. A. MAHLMANN

Haben wir einmal gelernt, das Dauernde vom Vergänglichen, den Schein von der Wahrheit und Wirklichkeit und damit die vorübergehende, vergängliche Persönlichkeit von der dauernden Individualität des Menschen zu unterscheiden, dann können wir auch die Wiederverkörperung der Menschenseele verstehen; ja, dann wird sie uns zum notwendigen Erlebnis: Wir wissen dann: Die Persönlichkeit ist nur ein äußerer Ausdruck des wahren Menschen, ihres inneren Wesenskernes, gleich einer Maske, hinter welcher der Schauspieler, der sie trägt, verborgen ist, und durch die er hindurchspricht (persona = Maske und personare = durchtönen). Wie der Schauspieler bestehen bleibt, auch wenn er seine Maske abgesetzt hat, ebenso dauert der wahre Mensch nach dem Ablegen seiner äußeren Hülle im Tode fort. Gleich dem Schauspieler, der sich in einem neuen Schauspiel wieder anders maskiert, erscheint auch der wahre Mensch in einer neuen Verkörperung in einer neuen ›Persona‹. Wie sich der Schauspieler am Ende seines Lebens durch das Spielen vieler Rollen großes Wissen und neue Fähigkeiten angeeignet hat, so vervollkommnet sich auch der wahre Mensch von Leben zu Leben.

»Die menschlichen Leiber werden die sterblichen Formen des Ewigen, Unvergänglichen (des Geistes) genannt. Das Ewige (das Wesen) wird nie geboren und stirbt nicht; wie ein Mensch, der seine alten Kleider am Abend abgelegt hat, am Morgen ein neues Gewand anzieht, so offenbart sich das Ewige in neu sich bildenden Formen.

So wie im Leben auf Kindheit Jugend und dann Alter folgt, so folgt Vergehung der Entstehung stets für die Gefäße, die der Geist bewohnt. Das was unsterblich ist im Menschenherzen, wird stets aufs neu in Leibern offenbar.

BHAGAVAD GITA

»Wenn ich schon früher gelebt haben soll, warum ist mir aber auch nicht die geringste Spur einer *Erinnerung* von diesem Leben geblieben?« so ruft mancher aus, der zum ersten

Male die Lehre von der Wiederverkörperung vernimmt, und er zieht die Schlußfolgerung: »Der erste und beste Beweis gegen diese Anschauung ist, daß nicht ein einziger Mensch sich zu erinnern vermag, schon einmal gelebt zu haben, und noch weniger sagen kann, wer er in seinem früheren Leben gewesen ist.«

Treten wir zunächst der Frage näher, wie es kommt, daß sich der Mensch im allgemeinen seiner einzelnen Erdenleben nicht zu erinnern vermag. Der Träger unseres gewöhnlichen Gedächtnisses ist das physische Gehirn. Es nimmt alle Eindrücke einer Lebensspanne auf und projiziert sie dem Menschen als Erinnerung in längeren oder kürzeren Zeiträumen, solange sein physisches Werkzeug dazu tauglich ist. Aber nach dem Tode des Menschen zerfällt mit dem sich zersetzenden Körper auch das fleischliche Gehirn, und damit verschwindet auch das physische Gedächtnis. Die neue Verkörperung bringt ein neues Gedächtnisorgan gleich einem noch unbeschriebenen Blatt mit ins Dasein. Woher sollte sich dieses an die vollbeschriebene Registratur des vergangenen Lebens erinnern, da es ja mit der Bildung des neuen Gehirns erst entstanden ist? Nehmen wir nochmals den Vergleich mit einem Schauspieler zu Hilfe.

Der Schauspieler spielt verschiedene Rollen im Laufe seines Berufslebens. Bald stellt er die Persönlichkeit eines Egmont dar, bald jene des Wilhelm Tell, des Götz von Berlichingen oder Wallenstein. Doch weder »Egmont« noch »Wallenstein« wissen etwas voneinander. Als in sich geschlossene Persönlichkeiten treten sie in gesonderten Rollen auf. Doch der Schauspieler, der heute die an sich wesenlose Figur des Egmont und morgen jene des Wallenstein mit der Glut seines kraftvollen Erlebens erfüllt und unter der Maske dieser Figuren die betreffenden Individuen mit all ihren eigentümlichen Charakterzügen aufleben läßt, dieser Schauspieler durchlebt alle Rollen gleichermachen. Er besitzt das

Gedächtnis von jeder Einzelfigur, er kennt die Lebensbilder seiner Gestalten bis ins einzelne und die Nebenfiguren, die in jedem Spiele mitwirkten; er weiß Ort und Zeit der Handlung. Er selbst ist weder Egmont noch Wallenstein, doch ist er der geistige Träger dieser Rollengestalten. Dem Gedächtnis des Schauspielers vergleichbar, besitzt das höhere, geistige Ego des Menschen die Erinnerung an die einzelnen Lebenstage seiner Persönlichkeiten; seinem Gedächtnis sind alle einstigen Handlungen derselben eingeprägt. Dieses geistige, unsterbliche Ego ist nahezu allwissend, während das vergängliche Gedächtnis der Person nur eine kurze Folge von Zeiterscheinungen aufnehmen kann. Darum kann der sterbliche Intellekt des Herrn Z. von heute niemals in das sterbliche Gedächtnis des einstigen Herrn X., seiner vorherigen Verkörperung, eindringen, um sich über seinen damaligen Lebenslauf zu unterrichten. Doch wenn Herr Z. eine große Reife seiner geistigen Entwicklung erlangt hat, wenn er als wachbewußte Seele den goldenen Faden seines ewigen Lebens sowohl im verkörperten als auch im entkörperten Zustande nie aus dem Auge verliert, wenn er eins mit seinem höheren, allwissenden Selbst geworden ist, kann er, falls ihn dies noch interessiert, rückschauend seine vergangenen Daseinsformen erkennen.

Die Erinnerung an die vergangenen Erdenleben beginnt sich einzustellen, wenn sich der Mensch von seinen Begierden, Wünschen und Vorstellungen befreit, sich dem Höheren, Rein-Geistigen zuwendet und sich durch ein bewußtes Tugendleben in die lichte Welt des Geistes erhebt. Mit der vollen Entfaltung des Tugendleibes wird ihm die lückenlose Erinnerung an alle früheren Daseinsformen. In dem Tugendleib oder Ursachenkörper liegen alle Erinnerungsbilder aufbewahrt, nicht aber in den sterblichen Hüllen, dem Gedanken-, Wunsch- und physischen Körper. Diese wechseln ja immer von Leben zu Leben, sind sie doch nur die materiellen Ausdrucksformen des individuellen, geistigen Menschen. Der Tugendleib aber überdauert die wechselnden Verkörperungen. Man könnte sie mit Perlen vergleichen, die, aneinandergereiht, erst das einheitliche Ganze einer Perlenkette ergeben. Die Seidenschnur aber, die die einzelnen Perlen miteinander verbindet, ist der unvergängliche Tugendleib. Jede Perle ist ein Ding für sich, aber der Faden im Inneren jeder dieser einzelnen Perlen ist ein und derselbe Faden. Dieser Vergleich hat dem unsterblichen Ego auch die Bezeichnung ›Fadenseele‹ eingebracht.

Schon vor der vollen Entfaltung des Tugendleibes und der völligen Vereinigung mit dem ewigen Bewußtsein, »dem himmlischen Vater«, tauchen in dem geistig Erwachenden allmählich Rückerinnerungen in einzelnen Bildern der vergangenen Erdenleben auf, die gleich Funken innerlich aufleuchten. Um sie aber dem physischen Bewußtsein klar zu übertragen, muß die Natur und die Zusammensetzung der Moleküle des physischen Denkapparates eine äußerst feine sein. Wie lebende Bilder ziehen dann die Ereignisse vor dem geistigen Auge des Erwachten vorüber. Die volle Erinnerung an die vergangenen Zustände ist das Eigentum des zur Selbsterkenntnis erwachten Gottmenschen. Auf dem Wege der gesetzmäßigen Entwicklung wird einst in jedem Menschen diese Erinnerung erwachen; sie ist für ihn nur eine Frage der Zeit. Daß man sich im allgemeinen noch nicht der früheren Verkörperungen erinnern kann, hat seinen Grund in der gegenwärtigen Entwicklungsstufe; steht doch die jetzige Menschheit erst in der Mitte ihrer planetarischen Entwicklung. Je mehr sie sich dem Aufstieg in die geistigen Bewußtseinsreiche nähert, um so mehr werden die Erinnerungen an frühere Erdenleben im einzelnen und in der Menschheit erwachen.

Es wäre jedoch eine Kurzsichtigkeit, wollte man die Möglichkeit dieser Erinnerung nur darum verwerfen, weil man sie selbst noch nicht besitzt. Dann müßten die Menschen alle Wissenschaften und philosophischen Erkenntnisse, die sie augenblicklich nicht zu fassen vermögen, und alles künstlerische Können, das sie noch nicht besitzen, ablehnen. Die Fähigkeit der Erinnerung ist bei jedem Menschen verschieden. Nur die wenigsten Menschen vermögen sich bis in die frühesten Tage ihrer Kindheit zurückzuerinnern; die meisten haben kaum eine blasse Erinnerung an diese Zeit. Wir besinnen uns im allgemeinen nicht auf die Zeit, als wir ein Jahr, einen Monat, eine Woche oder einen Tag alt waren, und sind doch überzeugt, daß wir einmal in diesem Alter gestanden und ebenso wie später unter unseren Angehörigen gelebt haben. In gleicher Weise ist auch bei den einzelnen Menschen die Erinnerungskraft an vergangene Erdenleben verschieden.

Zu allen Zeiten hat es Menschen gegeben, die ihrer Zeit weit voraus waren und auch die Erinnerung an frühere Erdenleben hatten. Besonders die Aussprüche der Religionsstifter und großen Weisen lassen ihre Erinnerungsgabe deutlich erkennen. Der Meister von Nazareth fragte seine Jünger: »Wer sagen denn die Leute, daß ich sei?« Und seine Jünger antworteten ihm: »Etliche sagen, du seiest Johannes der Täufer, andere, du seiest Elias, etliche, du seiest Jeremias oder der Propheten einer«. (Matth. XVI, 13, 14; Mark. VIII, 27, 28.) Die Wiederverkörperung von Elias wird bereits im Alten Testament verkündet: Maleachi 3, 23: »Siehe ich will euch senden den Propheten Elia, ehe denn da komme der große und schreckliche Tag des Herrn.«

Aus den Worten des Meisters von Nazareth, in denen er von Johannes dem Täufer spricht, geht hervor, daß dieser eine Wiederverkörperung des Elias gewesen sei: »Wahrlich, ich sage euch: Unter allen, die von Weibern geboren sind, ist nicht aufgekommen, der größer sei, denn Johannes der Täufer. *Und er ist Elias,* der da soll zukünftig sein. Ich aber sage euch: Es ist Elias schon gekommen, und sie haben ihn nicht erkannt, sondern haben getan, was sie wollten!« Da verstanden die Jünger, daß er von Johannes dem Täufer zu ihnen geredet hatte. (Matth. XI, 11, 14; XVII, 12, 13.- Ferner spricht er: »Ehe Abraham war, bin ich.« (Joh. VII, 58). Auch Gautama Buddha soll, wie berichtet wird, auf viele seiner früheren Erdenleben zurückgeschaut haben.

So wertvoll und wunderbar die Erinnerung an frühere Erdenleben für den Edelmenschen ist, so verhängnisvoll wäre sie für den Durchschnittsmenschen der Gegenwart. Ein weises Gesetz waltet über der Menschheit, das ihr diese Rückschau noch vorenthält. Würde sie diese plötzlich bekommen, so würden wohl viele Menschen im Anblick einstiger Fehlschläge an sich verzweifeln. Durch ihr Klagen und ihre negative Einstellung würden sie für das praktische Leben unbrauchbar und ihren Mitmenschen zur Qual. Wieviel Leid, Enttäuschungen, Sorge, Kummer, Elend und Verzweiflung lastet in unserer Zeit auf der Menschheit! Wieviele wissen keinen Weg mehr aus der zermürbenden Sorge im Kampf ums Dasein! Wieviele ziehen die letzten Schlußfolgerungen und glauben sich durch Selbstmord aus dem Erdenleben retten zu können! Um wieviel schwerer aber würde die Bürde der gegenwärtigen Geschlechter werden, wenn ihre erwachenden Erinnerungen ihnen auch noch die einst schon ertragenen Leiden zeigten und auch all ihre Verfehlungen aus alter Zeit vor Augen hielten! Der seelisch aufwärts strebende und mit seiner niederen Natur ringende Mensch trägt schon schwer genug an der Erinnerung an sein Verhalten im gegenwärtigen Leben, dessen er sich schämt, und das er gern ungeschehen gemacht hätte. Darum ist es für die meisten ein gütiges Geschick, daß sich ihnen der Schleier des Vergessens über die Vergangenheit breitet. Auch *Lessing* bedenkt diese wohlweisliche Ordnung der

Natur, indem er in seiner »Erziehung des Menschengeschlechtes« schreibt:

„*Warum könnte jeder einzelne Mensch nicht mehr als einmal auf dieser Welt vorhanden gewesen sein?* Ist diese Hypothese darum so lächerlich, weil sie die älteste ist? weil der menschliche Verstand, ehe ihn die Sophisterei der Schule zerstreut und geschwächt hatte, sogleich darauf verfiel? *Warum sollte ich nicht so oft wiederkommen, als ich neue Kenntnisse, neue Fertigkeiten zu erlangen geschickt bin?* Bringe ich denn auf einmal so viel weg, daß es der Mühe wiederzukommen etwa nicht lohnt? Darum nicht? Oder weil ich es vergesse, daß ich schon dagewesen? *Wohl mir, daß ich das vergesse. Die Erinnerung meiner vorigen Zustände würde mir nur einen schlechten Gebrauch der gegenwärtigen zu machen erlauben.* Und was ich auf jetzt vergessen muß, habe ich denn das auf ewig vergessen? Oder, weil so viel Zeit für mich verloren gehen würde? — Verloren? — Und was habe ich denn zu versäumen? *Ist nicht die ganze Ewigkeit mein?*«

Die Phantasie vermag die unangenehmsten Situationen auszudenken, die eine vorzeitige Rückerinnerung dem Menschen brächte, so etwa: Wenn er als einstiger Tyrann und Bedrücker nun in diesem Erdenleben als schlichter Untergebener bei jenen Menschen wirken muß, die er früher mißachtet und mißhandelt hat. Fortwährend würden die Menschen ihre einstigen Fehler und Schwächen einander vorwerfen und ihre einstigen Verhältnisse auf diese Verkörperung zu übertragen suchen. Auch der Blick in die Zukunft, der sich ja mit der Rückerinnerung zugleich verbindet, würde die gegenwärtige haltlose und selbstsüchtige Menschheit aufs tiefste erschüttern, sie mutlos und für ihr weiteres Leben und Streben unbrauchbar machen. Der Mensch würde sich bei der grenzenlosen Weite seines Lebens, das mit tausend Schicksalsfäden dicht verwoben ist, wie ein hilfloses Kind vorkommen, das unter die Menschenmenge der Hauptstraße einer Millionenstadt gerät und keinen Ausweg mehr weiß. Im schaudernden Rückblick auf eine im früheren Leben begangene Freveltat wähnte er sich stets verfolgt von dem Heere der Rachegeister, die sich in grausamer Unerbittlichkeit an seine Fersen heften und nicht ruhen, bis den angstvoll Schuldigen das Verhängnis ereilt hat. Ahnungsvoll erschauernd vor der Gewalt zukünftigen Geschehens würde er mit der griechischen Seherin Kassandra flehen: »Meine Blindheit gib mir wieder und den fröhlich dunklen Sinn!«

Eine nahezu übermenschliche, seelisch-geistige Kraft gehört dazu, den Blick in Vergangenheit und Zukunft zu ertragen, ohne dabei das innere und äußere Gleichgewicht zu verlieren. Diese Kraft kann nur aus einer lebenslangen, ununterbrochenen Arbeit der Verinnerlichung, Veredlung und Vergeistigung erwachsen, durch dauernde Anstrengungen auf dem Wege der naturgesetzlichen inneren Entwicklung. Es ist darum für den jetzigen Menschen von größter Wichtigkeit, mit seinem ganzen Wesen und Willen in der Gegenwart zu leben und alle Pflichten, die die Stunde gebietet, restlos zu erfüllen. Wer im Bewußtsein der Allgegenwart der Einen, ewigen Gotteskraft lebt und wirkt und fest auf dem Boden der Wirklichkeit steht, in dem entfalten sich alle Kräfte seines Wesens. Er macht sich damit fähig, die Erinnerungen an die Vergangenheit und den Blick in die Zukunft, wenn sie sich einmal enthüllen, ruhig und voll Ergebung in den göttlichen Willen zu ertragen. Wer aber, in Neugierde und Eitelkeit befangen, seine Willenskräfte auf die Vergangenheit richtet, vielleicht um den geheimnisvollen Spuren schicksalsverbundener Menschen nachzugehen, der kann von den schöpferischen Kräften der Einbildung und Phantasie getäuscht und durch jenseitige Wesen beeinflußt werden. Derselben Gefahr setzt sich der Mensch aus, der vorwitzig in das Gewebe zukünftiger Leben einzudringen

versucht, wie auch derjenige, der seine Mitmenschen *nur nach äußeren Eindrücken und Merkmalen beurteilt*, die Tiefen der Seele aber nicht zu ergründen vermag, *weil sie nur der Blick der göttlichen Liebe erschaut.*
Wer, von allumfassender Liebe erfüllt, zum geistigen Leben erwacht und damit zur völligen Vereinigung mit seinem höheren SELBST, zur Theosophie gelangt, für den fallen die Schranken von Vergangenheit und Zukunft und öffnen sich die Pforten zum wahren, wirklichen Leben. Sein Seherblick durchdringt die Schleier, welche über Glück und Unglück, Leid und Freude, Friede und Kampf, Liebe und Haß, Aufopferung und Vernichtung, Schönheit und Häßlichkeit, Geburt und Tod, Werden und Vergehen, Knospe und Blüte, Blüte und Frucht, Tier und Mensch, Gott, Welt und Mensch liegen. Er erkennt in ihnen allen das Ursächliche. Durch die vollkommene Vereinigung mit dem Einen, göttlichen Willen ist ihm jederzeit eine Erhebung in die geistig-göttliche Welt möglich, in der alle Zeitalter ihren Lauf begonnen haben, und in die sie alle wieder einmünden werden.
Auf dem Wege der Wiederverkörperung der Menschenseele sehen wir also unsere lieben Heimgegangenen auch auf der *Erde* wieder, so daß man von einem Wiederzusammenkommen, einem Sich-wieder-Treffen auf Erden sprechen kann. Dieses Wiedersehen ist eine Forderung des kosmischen Entwicklungsgesetzes. Die gegenseitigen seelisch-geistigen Beziehungen der Menschen, ihr Denken, Wollen und Handeln, sowohl im höheren als auch im niederen Sinne, verlangen einen gesetzmäßigen Ausgleich, der nur durch ihre wiederholte Verbindung auf Erden möglich ist. Die gemeinsam ausgestreute Saat führt sie im neuen Erdenleben wieder zusammen. Sie ernten nun, was sie einst gesät haben. Diese gemeinsame Ernte bewirkt allmählich die Überwindung der Hindernisse, welche die Seele in ihrem Fortschritt hemmen. Durch die allseitigen Erfahrungen des Men-

schen wird das Bewußtsein immer freier und umfassender, die Liebe reiner und heiliger und das aufleuchtende Licht der Erkenntnis zur klaren, tiefgründigen Weisheit.

Wenngleich die vollbewußte Erinnerung an frühere Erdenleben selten auftritt, so kann man doch häufiger von einem »Sich-Wiedererkennen« im Erdenleben sprechen. Dieses oft urplötzlich auftretende Zusammengehörigkeitsgefühl einem sonst äußerlich vielleicht fremden Menschen gegenüber, die tiefe Sympathie, die das erstmalige Zusammentreffen von zwei Menschen sofort zu einem Freundschaftsverhältnis wandelt, entspringt dem dunklen Bewußtsein ehemaliger innerer Verbindung. Wie anders wollte man sich die große Zuneigung und tiefe Liebe erklären, die, durch keine äußeren Mittel und Beziehungen hervorgerufen, manche Menschen miteinander verbindet, und die kein Ereignis und kein Mensch fernerhin zu stören vermögen? Alles würden sie füreinander tun, und nichts scheint ihnen wertvoller und vermag sie mehr zu begeistern und mit Freude und Friede zu erfüllen als das Bewußtsein, sich gegenseitig anzugehören. Es sind dies die Freundschaften, deren Siegel und Krone die Treue ist, die Ehen, die im Himmel reiner Liebe geschlossen sind und die über alle niederen, persönlichen Bindungen triumphieren.

Goethe konnte sich seine Liebe zu Frau von Stein nicht anders erklären als durch die Wiederverkörperung; er schrieb an sie die Worte:

>»Sag', was will das Schicksal uns bereiten?
>Sag', wie band es uns so rein genau?
>Ach, du warst in abgelebten Zeiten
>Meine Schwester oder meine Frau!«

Und Schiller spricht eine tiefere Ahnung in dem bekannten Gedicht »Das Geheimnis der Reminiszenz« aus:

»Waren unsre Wesen schon verflochten?
War es darum, daß die Herzen pochten?
Waren wir, im Strahl erlosch'ner Sonnen,
In den Tagen lang verrauschter Wonnen,
Schon in Eins zerronnen?

Ja, wir waren's! — I n n i g m i r v e r b u n d e n
W a r s t d u i n Ä o n e n , d i e v e r s c h w u n d e n ;
Meine Muse sah es auf der trüben
Tafel der Vergangenheit geschrieben:
Eins mit deinem Lieben!«

Alle, die in Liebe verbunden waren, einer Liebe, die frei ist von Verlangen, von Erwartung, erhaben über alle Enttäuschungen, einer Liebe, die, wie Goethe sagt: »immer sich gleich bleibt, ob man ihr alles gewährt, ob man ihr alles versagt«, sie alle werden wieder und wieder in den verschiedenartigsten Verhältnissen auf Erden zusammengeführt, sei es in dem nächstfolgenden oder einem späteren Erdenleben.

Wie die Liebe, so bindet der Haß. Was anders als die Verkettung in vergangenen Erdenleben sollte Erklärung und Ursache für den unmittelbaren Eindruck sein: »er hat mich vom ersten Augenblicke an gehaßt«. Die Menschen, die sich in unüberwindlichem Haß und in Abscheu voneinander trennten, haben ihre gegenseitigen Beziehungen nicht gelöst. Sie werden in kommenden Erdenleben aufs neue miteinander verbunden werden. Nun lastet unerträglicher Kummer, unermeßliches Leid über diesen Menschen. Sie erkennen nicht die Ursache ihres Hasses und ihrer Abneigung, die alten Verwicklungen und noch unentwirrten Fäden im Netzwerk ihrer Verbindungen aus vergangenen Erdenleben. Diese können sich nur durch Einsicht und Liebe ordnen und entwirren. Finden die Menschen aber jetzt nicht die Kraft dazu, und bleiben Haß, Unverstand und Eigenwilligkeit in ihnen weiter bestehen, so verketten sich die Schicksalsschlingen von neuem und fester; denn innerhalb der großen Gesetzmäßigkeit im Weltall gibt es kein Entrinnen. Ein neues Erdenleben führt die durch gemeinsames Schicksal Verbundenen wieder zusammen und stellt sie vor die gleiche Aufgabe und verlangt, die alten Verkettungen zu lösen und zu lernen, in Liebe einander zu dienen. Das gegenwärtige Erdenleben bietet nur die Früchte aus vergangener Pflanzung, sowohl die süßen Früchte einer liebevollen Hingabe und gegenseitigen Selbstaufopferung, als auch die bitteren Früchte aus Haß, Neid und Abneigung.

So sind uns unsere Lieben, um deren Tod wir einst klagten und Tränen vergossen, im gegenwärtigen Leben von neuem geschenkt worden. Und aus jenen, denen wir jetzt in Freude und brüderlicher Liebe dienen, deren Herzen wir uns gewinnen, erstehen uns in späteren Erdenleben treue Freunde und edle Lebenskameraden, die uns wiedergeschenkt werden zum frohen Schaffen und gemeinsamen Emporschreiten, zu einem Leben in tätiger Freude und nie endender Seligkeit.

Wie sich Menschen untereinander wieder erkennen können, so gibt es auch Erinnerung an bestimmte Orte, Gegenden und Länder, zu denen sich der Mensch dann besonders hingezogen fühlt. Kommt er an einen ihm bisher völlig unbekannten Ort, so erfaßt ihn manchmal plötzlich ein unerklärliches, aber bestimmtes Heimatgefühl. Er fühlt sich, wie man zu sagen pflegt, »zu Hause«. Auch Goethe erklärte sich seine große Vorliebe für Italien aus einem früheren Leben unter dem blauen, südlichen Himmel. So führt uns der Lebenszyklus an viele Plätze der Erde, um uns nach und nach den ganzen Planeten als unsere Heimat erkennen und lieben zu lehren.

Durch die einzelnen Verkörperungen mit ihren besonderen Erlebnissen wird auch die Verschiedenheit der Menschen untereinander begreiflich. Es gibt wohl kaum zwei Menschen, die vollkommen gleich wären. Jeder steht auf einer anderen Entwicklungsstufe und hat darum eine andere Lebenseinstellung, aus der wiederum alles Denken, Wollen und Handeln entspringt, wodurch neue Ursachen für spätere Erdenleben gelegt werden. Im Hinblick auf die wiederholten Daseinsmöglichkeiten können wir die berechtigte Hoffnung haben, aus allen Kämpfen, Enttäuschungen und Leiden einmal verklärt hervorzugehen. Wir haben wiederholt die Möglichkeit, alle Kräfte und Fähigkeiten, so gering und unbedeutend sie auch gegenwärtig noch sein mögen, von Leben zu Leben zu verstärken und auszubauen. Mögen jetzt auch noch so viele Fehler und Schwächen in uns vorherrschen, wir haben Gelegenheit, sie nach und nach siegreich zu überwinden. Und selbst dem Allerschwächsten, der die denkbar schwersten Fehler und Taten begangen hat, ist es gegeben, das Ziel des Daseins und seiner Hoffnung zu erreichen. Jeden Augenblick hat er Gelegenheit zur Umkehr und die Möglichkeit, sich von seinem Zustande zu befreien. Da ist keiner ausgeschlossen, und *nie ist es zu spät*. Auch der leiseste Hoffnungsschimmer, die allergeringste Anstrengung bedeuten schon einen Schritt lichtwärts. Das Wort der Bibel wird Wirklichkeit: »Gott will, daß allen Menschen geholfen werde und alle zur Erkenntnis der Wahrheit kommen« (1. Tim. 2, 4.)

Jede selbstlose Tat, und wäre es nur ein freundlicher Händedruck, jeder edle, liebevolle Gedanke, und streifte er nur teilnehmend das blasse Gesicht eines Leidenden, wird, wenn nicht in diesem Erdenleben, so doch nach dem Tode und in einem späteren Dasein seinen Lohn finden. Auch in uns wird einst der geniale Mensch lebendig werden, der Künstler und Dichter sowohl als auch der Heilige und Gottmensch, die wir jetzt so ehrfürchtig bewundern. Jeder wird das Ziel der Verklärung und Erlösung erreichen.

So läßt uns die Wiederverkörperungslehre erkennen, daß ein glückliches oder unglückliches Leben nur eine Folge von früheren Handlungen ist, daß unser Schicksal daher nur von uns selbst abhängt. Haben wir früher nach Veredlung gestrebt, so kommen wir um so vollkommener wieder auf die Erde. *Wir selbst sind unser Schicksal.* Im Verlaufe der vielen Verkörperungen müssen wir auf allen Gebieten des Lebens Erfahrungen sammeln, müssen wir alle Tiefen ergründen und alle Höhen erreichen. Heute mag es ein lichtes, frohes Vorwärtsschreiten auf blumenbesäter, duftiger Aue sein, morgen ein banges Tasten in dunklen Schluchten, übermorgen ein gefahrvolles Sich-Hindurchwinden durch enge, finstere Höhlen — dann wieder ein beseligendes, freies Wandern auf sonnenüberstrahlten Bergeshöhen. Alle Möglichkeiten müssen erprobt, alle Kräfte betätigt und alle Seiten des Wesens entfaltet werden. Jeder Meister war früher ein Lehrling und mußte sich durch eigenes Schaffen in die Höhe emporarbeiten. Alle Künstler und Genies mußten ihre Kunst und Technik durch Übung erwerben.

Von diesem Standpunkte aus betrachtet, sind die »Wunderkinder« durchaus nichts Übernatürliches. Sie waren einst nicht mehr befähigt als jeder andere und arbeiteten sich nur durch Energie in die Höhe. Darum wurden sie als Künstler und Genies wiedergeboren. So konnte ein sechsjähriger Beethoven bereits ein Konzert geben und der siebenjährige Mozart mit seinem Spiel manchen ergrauten Kapellmeister übertreffen. Wie zu allen Zeiten, so gibt es auch in der Gegenwart Wunderkinder. So wurde 1924 von einem neuen Wunderkind geschrieben, dem sechsjährigen Italiener Pietro Mazzini, dessen Klavierkonzerte auf seinen Gastspielreisen großes Aufsehen erregten und der seine Mutter, eine Konzertsängerin, am Flügel begleitet. Wir sprechen sehr oft von dem »geborenen« Künstler, Arzt, Forscher und Gelehrten und sagen damit doch nichts anderes, als daß sie diese Fähigkeit mitgebracht haben. Wo aber sollten diese Anlagen, die wir in so grundverschiedener Art schon an zarten Kindern beobachten, anders erworben worden sein als in einer früheren Existenz? Würden wir keine Vorexistenz annehmen, so müßten doch die Geschwister eines genialen Menschen als Kinder einer Mutter wenigstens im Kindesalter einander gleichen, wo sie, noch unbeeindruckt von der äußeren Welt, in gleichen Verhältnissen aufwachsen.

Man vertritt gern die Auffassung, daß es richtiger sei, anstelle von Entwicklung von *Vererbung* zu sprechen, da die Nachkommen aller Lebewesen ihre Eigenschaften von den Eltern erhielten, also erbten, und daher auch keine anderen Anlagen mit auf die Welt bringen könnten, als diese besitzen. Hiernach scheint die wissenschaftliche Vererbungstheorie im Widerspruch zu einer gesetzmäßigen Entwicklung, wie auch zur Wiederverkörperungslehre, zu stehen. Doch ist dies nur bei oberflächlicher Betrachtung der Fall. Die Vererbungstheorie befaßt sich nur mit einer Seite des natürlichen Werdens, nämlich der physischen, dem körperlichen Ursprunge der Lebewesen. Die theosophischen Lehren dagegen erweitern das Wissen noch auf die seelische und geistige Natur und gehen von der Einheit von Körper, Seele und Geist aus. Wer darum lediglich durch Veredlung der Formen, durch Rassenzüchtung das soziale Problem lösen und den sittlichen Fortschritt und die Vervollkommnung des Menschengeschlechtes erreichen will, nährt den Götzendienst des Grobstofflichen; er schaltet das maßgebende geistige Moment aller Entwicklung dabei aus.

Tatsächlich spielt auch beim Menschen die Vererbung eine nicht unbedeutende Rolle, doch nur insoweit, als es sich um persönliche, körperliche Anlagen und Merkmale handelt. Der Mensch ist ein geistig-seelisches Wesen und als solches ausschlaggebend für die Art und Beschaffenheit des Körpers, der lediglich ein Werkzeug des eigentlichen Menschen ist. Durch seine im früheren Dasein erworbene Erkenntnis vermag er dessen Gestaltung mit seinem freien Willen zu beeinflussen. In vollkommenem Maße ist dies aber nur dem freien Menschen möglich. Der durch Stumpfsinn beschränkte oder durch Schicksal mancherlei Art gebundene Mensch ist selbst nur teilweise und gehemmt mit an diesem Wachstumsprozeß tätig; bei ihm waltet das physische Gesetz der Vererbung stärker. Immerhin ist im Reiche des Menschen die schöpferische Kraft der Seele die primäre und das Gesetz der Vererbung die sekundäre Ursache für die Eigenart der Persönlichkeit.

Die seelischen Bande zwischen Eltern und Kindern sind nicht vererbte, sondern verwandtschaftliche: schicksalhafte Beziehungen aus früheren Daseinsperioden. Nicht darum gleicht ein Mensch seinen Eltern, weil er ihre körperliche Frucht ist, sondern er konnte nur deshalb ihr Kind werden, weil er ihnen vor seiner Geburt innerlich ähnlich und durch frühere Bande mit ihnen verknüpft war. Im seelischen Leben findet sich Gleiches zu Gleichem.

Viele Fälle zeugen dafür, daß die physische Beschaffenheit des Elternpaares für die Wesensart des Kindes durchaus bedeutungslos ist. Es gibt zahlreiche Familien, in denen die Kinder ihren Eltern und auch die Geschwister sich untereinander weder körperlich noch geistig gleichen. Die Kinder haben oft Eigenschaften, die den Eltern und auch den Vorfahren vollständig fehlen und daher in keiner Weise durch Vererbung zu erklären sind. Selbst Zwillingspaare, bei denen die gleichen äußeren Bedingungen sowohl bei der Zeugung als auch bei der Geburt vorhanden waren, sind vielfach in ihrem Wesen so entgegengesetzt, daß man auf zwei ganz fremde Menschen schließen könnte. Hieraus wird offensichtlich, daß die Eltern nicht die Erzeuger der Kinder, sondern nur die Vermittler für den Körper der ins Dasein tretenden Seele sind. Ihr Einfluß auf die Seele ist daher beschränkt. Es kann sich körperlich und intellektuell nur so viel oder so wenig von den Eltern auf das Kind übertragen, als was der sich verkörpernden Seele auf Grund ihrer früheren Entwicklung eigentümlich ist.

Geistig hochbedeutende Menschen, große Künstler und Genies werden manchmal in den einfachsten Verhältnissen von schlichten, unbedeutenden Eltern geboren, weil sie dort mehr Gelegenheit haben, die innewohnenden Kräfte mit größter Beharrlichkeit in einer bestimmten Richtung zu entwickeln, als es ihnen in den entgegengesetzten Lebensumständen möglich wäre, wo sie infolge der bereits vorgefundenen, bequemeren Verhältnisse keine Veranlassung, keinen Antrieb zum Höherstreben hätten. Da sie von ihren Eltern und der Umgebung in ihrem Lebensziele oft weder verstanden noch unterstützt werden, so kommen gerade durch die Widerstände ihre Begabungen, ihre früheren Erfahrungen und Kenntnisse mit um so größerer Gewalt zur Offenbarung und sprengen alle Fesseln. Nicht selten werden von kranken Eltern, die vielleicht sogar körperlich entstellt und durch Leid und Schmerz auch innerlich gebrochen sind, gesunde, lebensfrohe Kinder geboren, die durch den Sonnenschein ihres Herzens Hoffnung, Glauben, Festigkeit, Mut und Vertrauen auslösen, wodurch die ganze Familie die Liebe zum Leben wiederfindet und somit einen Aufstieg erlebt. Anderseits haben hervorragende Geister zuweilen geistig minderwertige Kinder, edle Eltern Nachkommen mit verbrecherischen Anlagen, die ihnen das Lebensglück trüben, die ihnen jedoch Gelegenheit geben, die wertvollen Tugenden der Geduld, Barmherzigkeit, Bescheidenheit, Güte und selbstlosen Liebe zu üben. Sie entwickeln dabei die Fähigkeit, alle Schwachheit zu verstehen und zu verzeihen und, in den göttlichen Willen ergeben, allen Wesen zu dienen. Die in solchen »Sorgenkindern« noch unentwickelte, schlafende Seele kann bei geduldigen und verständigen Eltern ebenfalls einen Antrieb, wenn auch nur in geringem Maße, erhalten. Einst nach schwerem Leid werden sie sich der wohlmeinenden Ratschläge ihrer Eltern erinnern, und die von ihnen erfahrene Nachsicht und selbstlose Liebe wird ihnen selbst das Lebensziel werden.

So gleicht das Erdenleben einer guten *Erziehungsanstalt*, in der die verschiedenartigsten Zöglinge auf den verschiedensten Gebieten belehrt und für neue kleinere wie größere Lebensaufgaben vorbereitet werden. Wie ein hochbegabter Mensch, der sich auf Grund seiner allseitigen Befähigung erfolgreich mit den mannigfachsten Problemen beschäftigt, dennoch höchste Wertschätzung hegt für seinen nur durchschnittlich begabten Freund, der sich aber seiner bescheidenen Lebensaufgabe innerhalb eines begrenzten Schaffensgebietes mit ganzer Kraft hingibt, so sollte jeder einzelne die Stufe und Lebenseinstellung seines Nächsten achten. Keinesfalls sollte die mäßige Leistung des noch wenig entwickelten Menschen geringer als die große des hochbegabten bewertet werden. Alles ist ein Aufstieg, auch wenn die Leistung gering erscheint. Sie ist ebenso wertvoll wie die weltbewegenden Errungenschaften der Genies. Jeder Meister weiß, daß sich sein Lehrling auch zum Meister entwickeln kann und bereits als Lehrling in der Vorbereitung zur Meisterschaft steht. Alle großen Menschheitslehrer, alle Heiligen, Weisen und Erleuchteten standen einst auf der Stufe, die wir jetzt einnehmen. Sie alle haben denselben Werdegang durchlebt, sie haben ebenso gesucht, gestrebt, gelitten und sich gefreut wie wir. Darum verstehen sie uns bei unseren Anstrengungen. So sollten auch wir versuchen, unsere Mitmenschen zu verstehen, auf welcher Stufe sie sich auch befinden mögen, sie liebevoll in unser Bewußtsein aufnehmen und ihnen das Leben so sonnig und lichtvoll gestalten, wie wir es vermögen. Damit helfen wir dem einzelnen und dienen dem Ganzen.

So schreitet der Mensch in der Entwicklung von Stufe zu Stufe. Jedes neue Dasein erschließt ihm eine andere Seite seiner Natur. Aber ohne die Wiederverkörperung wäre es ihm nicht möglich, höhere Stufen zu erreichen und der Menschheit in ihrem sittlichen Aufstieg zu helfen. Er sieht dann im Verbrecher, im Wilden, in dem Genußmenschen, dem Habgierigen, Geizigen, Unwissenden, Zweifler nur seinen Bruder, eine noch unerwachte Seele, zu deren Erweckung seine ganz besondere Liebe und Güte, Geduld und Hingabe nötig ist.

Wenn sich der Mensch als geistiges Wesen erkennt, fällt für ihn die Schranke des *Geschlechts*. Denn das Geschlecht betrifft nicht die Seele, sondern nur die Persönlichkeit. Der wahre, innere Mensch ist geschlechtslos. Er ist weder männlich noch weiblich, sondern vereinigt in sich beide Naturen, wie dies in der Idealgestalt des Meisters von Nazareth zum Ausdruck kommt. Solange aber der Mensch die Stufe des erwachten Gottmenschen noch nicht erreicht hat, verkörpert sich die Seele abwechselnd in männlichen und weiblichen Körpern. Dadurch werden im Verlaufe vieler Erdenleben die weiblichen und männlichen Tugenden und Eigenschaften entfaltet und vervollkommnet. Hat der Mann im Laufe eines oder mehrerer Erdenleben das weibliche Ideal durch seine große Liebe zur Frau in sich so geweckt und gestärkt, daß sein ganzes Wesen ihr zuneigt, dann wird er sich in einem weiblichen Körper wieder verkörpern. Ebenso wird sich die Frau, die im Manne ihr Ideal erblickt, in späteren Erdenleben einen männlichen Körper wählen. Jeder tiefe Wunsch und jeder lebendige Gedanke zum anderen Geschlecht, wie auch jede Mißachtung und Abneigung gegen dieses wirken sich im Laufe der Verkörperungen aus. Der Wechsel des Geschlechtes schafft auch für alle Vergehen am anderen Geschlecht einen Ausgleich. Jeder wird das dem anderen zugefügte Leid in einem späteren Dasein an sich selbst erdulden müssen. Steht eine Frau am Beginn einer Reihe weiblicher Verkörperungen, so offenbaren sich in ihrer Natur noch überwiegend männliche Eigenschaften. Im umgekehrten Falle zeigen sich bei dem Manne, der am Anfange von männlichen Verkörperungen steht, ein vorwiegend weiblicher Charakter. Der geistig Erwachte aber, der keine Reize des polaren Trieblebens mehr kennt, und dem der Unterschied der Geschlechter gleichgültig geworden ist, hat die freie Wahl des Geschlechtes zur Erfüllung bestimmter Aufgaben auf Erden.

Die Wiederverkörperung bringt den Menschen in seiner langen Laufbahn nach und nach in alle Lebensverhältnisse und Zustände des Daseins. Er findet in jeder neuen Verkörperung das vor, wozu er in der Vergangenheit die Ursache gelegt hatte. Alle Leiden seiner Mitmenschen, die er in seinen früheren Existenzen verschuldete, wirken sich in einem späteren Erdenleben an ihm selbst aus. Der Körper, in dem die Leiden erduldet und die Erfahrungen und Erkenntnisse gewonnen werden, ist zwar ein anderer, die Seele, der Mensch aber, welcher sie erträgt und verarbeitet, ist derselbe. Er vertieft seine Erkenntnis, erweitert sein Wissen und klärt sein Wesen. Er selbst ist der Urheber seiner mannigfachen Schicksale. Ob er sich seiner früheren Erdenleben erinnert und in der Erkenntnis ihrer Ursachen seine Leiden willig auf sich nimmt, oder ob er sich in Nichterkenntnis gegen das ihm ungerecht scheinende Schicksal auflehnt — er muß in jedem Fall die einst selbstgeschaffenen Hindernisse überwinden und alle Schuld löschen. Erst wenn er die Neigungen seiner Natur besiegt hat und sich in sein wahres Wesen zu erheben vermag, wird er frei von den Übeln des Daseins. Das Wort des Meisters von Nazareth bewahrheitet sich: »Wahrlich, ich sage dir: Du wirst nicht von dannen herauskommen, bis du auch den letzten Heller bezahlest«. (Matth. V, 26).

Jedes überwundene Leid und jede neue Stufe der Selbstbeherrschung und Selbsterziehung ist ein innerer Wertzuwachs, die Tilgung einer alten Schuld. Aber jede neue Schuld ist ein Hindernis auf dem Wege, eine Fessel für das spätere Dasein, die nur durch Arbeit an unseres Wesens Vollendung gelöst werden kann. Diese Arbeit kann vielleicht mehrere Erdenleben in Anspruch nehmen. In der Bibel heißt es: »Ich, der Herr, dein Gott, bin ein eifriger Gott, der da heimsuchet der Väter Missetat an den Kindern bis ins dritte und vierte Glied.« (2. Mose XX, 5.)

Unter dem Gesichtspunkt der wahren Menschennatur ist hier keineswegs von einer Geschlechterfolge des physischen Menschen die Rede, sondern von den verschiedenen Persönlichkeiten der einen menschlichen Seele, die untereinander in dem Verhältnis von Vater, Kind und Kindeskind stehen. Das würde auch der in der oben angeführten Stelle aus Matth. V, 26 zum Ausdruck gebrachten göttlichen Gerechtigkeit widersprechen, auf die bei Hesekiel XVIII, 20 hingewiesen wird, wo es heißt: »Der Sohn soll nicht tragen die Missetat des Vaters, und der Vater soll nicht tragen die Missetat des Sohnes; sondern des Gerechten Gerechtigkeit soll über ihm sein, und des Ungerechten Ungerechtigkeit soll über ihm sein.« Jede Persönlichkeit übernimmt Schuld und Verdienst als das Erbe der vergangenen. Nicht die Sünden, Fehler und Irrtümer unserer leiblichen Vorfahren werden an uns heimgesucht, sondern die von uns selbst in früheren Verkörperungen gelegten Ursachen wirken sich in einem uns verwandten Lebenskreise solange aus, bis wir unsere Wesens- und Lebenseinstellung entsprechend geändert und die Ursachen unserer Leiden in uns selbst beseitigt haben. Daß viele Menschen in ihrem Familienkreise gemeinsames Leid ertragen, hat seinen Grund in gemeinsam gelegten Ursachen. Für alle Leidtragenden gilt das Dichterwort:

»Bezwing' den trüben Augenblick mit Sanftmut und Geduld,
Und für dein Leid und Mißgeschick such' in dir selbst die Schuld.«

Viele Menschen haben ein Grauen vor einem nochmaligen Wiederverkörpertwerden auf Erden. Sie übertragen ihre augenblicklichen, leidvollen Lebensverhältnisse auf die kommende Daseinsform, weil sie glauben, daß ein neues Erdenleben nur die Wiederholung des gegenwärtigen bedeute, von dem sie doch so gern loskommen möchten; denn sie sind lebensmüde und sehnen sich nach Ruhe. In ihrem Lebensüberdruß lehnen sie darum die Wiederverkörperung ab. Nicht der wahre, wirkliche Mensch scheut sich vor der Wiederverkörperung, sondern die in Nichterkenntnis befangene Seele, die sich mit der müde gewordenen Persönlichkeit eins fühlt. Sie bedenkt nicht, daß sie ja diese Persönlichkeit mit dem morschen Leibe im Tode ablegt und damit wieder eine gänzlich neue Einstellung zum Leben gewinnt. Wie der am Rande der Verzweiflung stehende Mensch durch hilfreiche Freundesliebe plötzlich dem Leben wiedergeschenkt wird und es mit neuem, frohem Mut wieder aufnimmt, so erfüllt auch wieder ein hoffnungsvolles, freudiges Wollen und Bereitsein die freigewordene Seele, wenn sie nach einer Ruhepause in einer neuen Persönlichkeit ihre Entwicklung fortsetzt. Hat der Mensch noch Wünsche und Hoffnungen in sich, und wären es nur die, nicht wiederzukommen, so legt er ja gerade damit die sicherste Veranlassung zu einer neuen Wiederkehr; denn die Aussaat der Wünsche und Gedanken begehrt eine Ernte.

»Ihr kommt und erntet, was ihr einst gesäet,
So viel wie ihr gestreut im früheren Sein
An Korn, an Unkraut und an Gift.«

EDW· ARNOLD

Will sich die Seele aus selbstsüchtigen Beweggründen nicht verkörpern, so wird sie vom Gesetz der Entwicklung dazu gezwungen, ebenso wie das eigensinnige, unwissende Kind, wenn es nicht zur Schule gehen will. Ist die Seele erwacht, so wird sie ihre Verkörperungen beschleunigen, wie der lernbegierige Schüler sein Studium, da er dessen Notwendigkeit und Wichtigkeit erkannt hat. Die Zeitspanne zwischen zwei Verkörperungen ist immer individuell, d. h. sie richtet sich nach dem Grade des inneren Wachseins und der Willensrichtung, sowie nach den bereits zur Entfaltung gebrachten Kräften und den vorhandenen Neigungen und Wünschen. Läßt ein Verstorbener ein bedeutendes Werk noch unvollendet zurück, und ist in ihm der Wille zu selbstloser Arbeit sehr lebendig, so wird er, ebenso wie ein Mensch, der sein Leben dem Dienste der Menschheit geweiht hat, nach seinem Tode nur kurze Zeit in den jenseitigen Sphären verweilen. Er wird sich bald zur Wiederverkörperung vorbereiten, um seine Arbeit wieder aufzunehmen. Sind es aber nur persönliche Interessen, die ihn mit seinem Werke verbinden, so sterben diese Bande mit dem Zerfall seiner niederen Prinzipien ab. Dann wird er sich lange Zeitperioden in den Sphären der Wunschwelt aufhalten, und wenn sein Ruhebedürfnis stark und sein Erdenleben ideal und harmonisch waren, wird er lange Zeit in den unteren Himmelswelten verbringen.

Jahrhunderte, auch Jahrtausende können darüber vergehen. Die Geheimlehren der großen Wissenden sprechen von einem Zeitraum von etwa 1500 Jahren, in dem sich im allgemeinen die Verstorbenen der gegenwärtigen Kulturmenschheit, soweit sie ethisch eingestellt sind, bis zu ihrer Wiederverkörperung in den inneren Welten aufhalten. Tatsächlich finden wir in der Geschichte Kulturperioden von etwa 1500 Jahren, in denen sich frühere Zustände in gesteigertem Maße wiederholen, so daß man annehmen könnte, daß viele der damals lebenden Menschen, zu Rassen- und Kulturfamilien verbunden, in anderen Völkern wieder aufgetreten seien. Der Zeitraum der Wiederkunft ist bei jedem Menschen verschieden. Er kann nur 100 Jahre umfassen und bei geistig hochentwickelten Menschen noch kürzer sein. Ja, diese können zur Lösung bestimmter Aufgaben nach ihrem Hinscheiden sofort oder im Verlaufe weniger Jahre einen neuen Kindeskörper beziehen. Natürlich sind dies Ausnahmefälle, weil sie ein sehr hohes Maß von Kraft erfordern. Im allgemeinen breiten sich die Zwischenpausen über Jahrhunderte aus, da das Sichausschwingen der Wünsche, Neigungen und Gedanken des Durchschnittsmenschen, wie auch die Vorbereitungen zur Wiederverkörperung längere Zeit in Anspruch nehmen.

Manche Menschen wenden ein, daß die Wiederverkörperungslehre den Beobachtungen des Lebens widerspreche, da die Zahl der Bevölkerung andauernd gestiegen sei und in vielen Völkern der Zuwachs die Sterblichkeit weit übersteige. Doch ist dies ein Trugschluß. Die Zahl der Menschenseelen nimmt nicht zu. Vielmehr findet ein beständiger Wechsel in der Zahl der Verkörperten und Entkörperten statt. Zu allen Zeiten und auch in der Gegenwart gibt es aufsteigende und aussterbende Völker, wie es auch in den einzelnen Staaten kinderreiche Familien und kinderlose Ehen zu gleicher Zeit gibt. Die Seelen der aussterbenden wilden Völker kommen nach und nach in den alten Kulturländern zur Verkörperung, um hier ihre Wildheitsstufe zu überwinden und höhere Erfahrungen zu machen, während die aus jenen hervorgegangenen reifen Seelen neue Kulturen aufbauen. Ferner lehrt auch die Beobachtung, daß nach Katastrophen mit vielen Menschenverlusten eine außerordentliche Fruchtbarkeit in den betreffenden oder benachbarten Völkern einsetzt und Zwillingsgeburten häufiger denn je sind. Die »Chronik der Seuchen« von Schnorrer berichtet von vielen Zwillingsgeburten im 14. Jahrhundert, nachdem die Pest große Opfer gefordert hatte. Er schreibt: »Seltsam war dabei der Umstand, daß keines der in dieser Zeit geborenen Kinder seine vollständigen Zähne bekam, also die sich anstrengende Natur im einzelnen geizte.«

Ein allumfassendes Gesetz wirkt ewig und unverrückbar den Willen der Gottheit aus: das Gesetz der ausgleichenden Gerechtigkeit und der Wiederherstellung der Harmonie im Weltall. Es ist das Kausalitätsgesetz der Wissenschaft in der östlichen Philosophie ‚Karma' genannt. Überall wirkt es als Ausgleich von Ursache und Wirkung. Dieses Gesetz als der Ausdruck des Einen, göttlichen Willens leitet alles Werden und Vergehen im großen wie im kleinen, im inneren wie im äußeren Leben. In der Erkenntnis der unbedingten Gerechtigkeit dieses Einen Willens wird sich der Mensch bewußt, daß es im ganzen Weltall kein Unrecht gibt, niemals gegeben hat und auch niemals geben wird. Er sieht ein: So wie es ist und geschieht, ist es recht und gut; alles dient zu unserem Besten, damit wir innerlich wachsen und erstarken und uns in den unendlichen Tiefen der Gottheit verankern.

Dieses Gesetz beleuchtet das Mysterium des menschlichen Schicksals in seiner ganzen Tiefe. Was uns auch im Leben begegnet, es ist unser eigenes Werk. Alles ist Ernte früherer Saat. Die selbstsüchtigen und die selbstlosen Kräfte, die der Mensch in seinen früheren Erdenwanderungen in sich lebendig machte, liegen nun als Charakter seiner Natur zugrunde. Je mehr der Kindeskörper heranwächst, um so lebendiger werden diese Eigenschaften und treiben den Menschen zu Taten und Handlungen, die seiner in früheren Erdenleben gewonnenen Erkenntnis und Willensrichtung entsprechen.

Die verschiedenen und scheinbar ungerecht verteilten Lebensverhältnisse, in die die Menschen hineingeboren werden, sind durch ihr Wesen und ihren Charakter bedingt. Jeder paßt am besten zu seiner Familie; denn bei keinem anderen Ehepaar hätte er für seinen Charakter und seine Natur geeignetere Verhältnisse finden können. Sie scheinen besonders für ihn bestimmt zu sein. Nicht die äußeren Lebensverhältnisse allein geben der Seele Erfahrungen, weit mehr noch bedingen die inneren Eindrücke und Einwirkungen den Fortschritt der Seele. Denn wie bereits gesagt: nicht die Persönlichkeit, sondern die Seele ist das Bleibende und Wesentliche.

Die Klage um unser Schicksal ist darum nutzlos und sinnlos. Erst später erkennen wir seine großen Zusammenhänge. Lesen wir in einem Roman nur *ein* willkürlich herausgegriffenes Kapitel, so dürften wir den Sinn kaum recht erfassen. Sind wir jedoch mit den Gestalten und dem Geschehen von Anfang an vertraut, folgen wir ihren psychologischen Wandlungen, so wird uns der Roman am Schlusse verständlich sein. Ebenso ist es auch mit dem großen Roman, den wir menschliches Leben nennen. Von der höheren Warte einer gereiften Erkenntnis aus sind alle scheinbaren Wirrnisse und Gegensätze notwendige Zusammenhänge und gliedern sich harmonisch in das vollendete Ganze ein. Alle unsere Erlebnisse und Erfahrungen sind von unvergleichlichem Werte für unseren geistigen Aufstieg, sie befreien uns von alter Schuld, lösen alle Fesseln und räumen die Hindernisse hinweg, die uns im Wege stehen. Sie verhelfen uns zum Glück, zur Ruhe, zum Frieden und zur Freiheit. Auch das schwerste Schicksal birgt einen großen, vielleicht den größten Segen für uns in sich. Es will uns belehren und zurückführen aus der Welt des Irrtums, dem Elend der Gottesferne, dem Reich des Schattens und Verderbens in das leuchtende Sonnenland, in den seligen Frieden unserer Heimat, in das Land der Seele, das Lichtreich der Ewigkeit.

Das Sprichwort sagt: »Was der Mensch denkt, das wird er.« Wie notwendig ist darum die Beherrschung der Gedanken! Ohne sie wäre kein Aufstieg möglich. Die Nichtbeherrschung seiner schöpferischen Gedankenkräfte verursacht dem Menschen immer neues und größeres Leid. Ihre Schwingungen wirken nicht nur auf andere, sondern vor allem auf ihn selbst zurück. Wohl kann eine längere Zeit vergehen, bis die unausbleibliche Wirkung in Erscheinung tritt, aber sie wird sich einstellen, und wenn es erst in einem späteren Erdenleben ist. Wir säen im Frühjahr und ernten im Herbst.

Darum haben wir es selbst in der Hand, unser Schicksal für die Zukunft zu bestimmen. Nichts anderes wird sich auswirken als die Folgen unseres jetzigen Denkens und Handelns. Wollen wir unsere Zukunft erfahren, so bedarf es dazu keiner Prophezeiung. Wir brauchen nur unsere Natur, unseren Charakter und unsere Gewohnheiten zu studieren, dann sehen wir ein, was not tut, und haben weder Furcht noch unberechtigte Hoffnungen für den nächsten Erdentag, denn »jeder ist seines Glückes Schmied«. Wer sich aus einem willkürlichen Freiheitsdrang seinen Pflichten entzieht oder sie vernachlässigt, schmiedet stärkere Fesseln, die ihn immer mehr binden. Wer anderen Leid verursacht, wird selbst leiden müssen. Wer Haß sät, wird Haß und Leid ernten. »Wer das Schwert nimmt, wird durch das Schwert umkommen.« Wer aber zur Freude und zum Glück anderer beiträgt, wird selbst glücklich; denn unser wahres Glück liegt in dem unserer Mitmenschen begründet.

>»Willst du glücklich sein im Leben,
Trage bei zu andrer Glück;
Denn die Freude, die wir geben,
Kehrt ins eigene Herz zurück.«

Nicht die Erfüllung unserer Wünsche bringt uns Glück, sondern die Erfüllung unserer Pflichten. Nicht Ehre, Reichtum und Macht vermehren Freude und Zufriedenheit, sondern die Fähigkeit der Entsagung und Wunschlosigkeit. Nicht eine äußere Ruhe und Bequemlichkeit stärkt unsere Kräfte, sondern die innere Stille voll seligen Friedens inmitten schöpferischen Schaffens. Auch nicht Vielwisserei kann Seelenfrieden bringen; sondern allein die Weisheit, die aus der Gottheit kommt, stillt den Hunger und Durst der

Seele. Diese Weisheit aber wurzelt in der Erkenntnis, daß wir als Persönlichkeit nichts Wahres wissen können.

> »Fürwahr, ich weiß, daß ich nichts wissen kann;
> Vertrauen fest nur kann ich, daß das Heil
> In ferner Zeit uns allen wird zuteil,
> Und jeder Winter wird zum Frühling dann.
> — So hoff' ich; — doch wer sagt mir, was ich sei? —
> Ein Kindlein — weinend in der Dunkelheit —
> Ein Kind — das angstvoll nach dem Lichte schreit
> Und keine Sprache hat, als diesen Schrei!«

TENNYSON

Lernen wir darum unsere Leiden segnen, damit sie ihren wahren Zweck erfüllen und uns hinausleben über die Enge der Zeit in das Bewußtsein des Ewigen, in das bewußte Leben in Gott. Wie oft wird ein äußeres Leben in Reichtum, Pracht und Überfluß zu einem langsamen Sterben der Seele und anderseits ein leid- und schmerzerfülltes Dasein zu einem seelischen Erwachen, einem inneren Aufstieg und zum größten, unvergänglichen Reichtum: *dem Seelenfrieden.*

Wenn wir nichts mehr wollen, haben wir alles. Wenn die Seele, frei von allen vergänglichen Dingen, in sich selbst ruht und alle ihre Kräfte, Gedanken und Gefühle in harmonischem Einklang stehen, werden auch die Tugendkräfte lebendig. Und als deren Krone erwacht die gegenstandslose, die wahre Liebe und damit das höhere, göttliche Selbst. Das göttliche Wort spricht sich nunmehr durch die Stimme des Gewissens und der Vernunft in aller Klarheit und Tiefe in uns aus. Im reinen, gottgeweihten Herzen fühlt der Mensch den Pulsschlag des All-Lebens, der Ewigkeit.

> »Die wahre Weisheit, wisse, sieht in allem,
> Was lebt, ein einzig wandelloses Leben,
> Ein untrennbares Ganzes im Getrennten.
> Das unvollkommene Wissen aber schaut

Die einzelnen Erscheinungen getrennt,
Und so getrennt — hält es sie für das Wahre.
Die Nichterkenntnis klammert blindlings sich
An einzelnes — als wär' es schon das Ganze,
Sucht nach der Quelle alles Daseins nicht, —
In seine Nacht fiel noch kein Strahl von Licht.«

BHAGAVAD GITA

Wie der einzelne, so haben auch die *Völker* ihr Schicksal. Auch dieses ist nur ein Ausgleich von Ursache und Wirkung: die Folge des Denkens, Wollens und Handelns aller im Volksverbande zusammengeschlossenen Menschen. Wie bei dem einzelnen Menschen, so sind auch bei einer Nation die hauptsächlichsten, gleichartigen Gedanken die Bildner ihres zukünftigen Schicksals; denn der mächtige Gedankenstrom vereinigten Denkens ruft unbedingt jene Wirkungen hervor, die seiner Natur entsprechen; er weckt die gleichschwingenden Kräfte und regt sie zur Tätigkeit an. Sowohl die eigenen, als auch die von anderen Nationen auf ein Volk gerichteten Gedanken lösen entweder eine demoralisierende und zerstörende oder aber eine beruhigende und aufbauende Wirkung auf dasselbe aus. Diese Denkungsart ruft und reizt die entsprechenden Arten von Wesen aus den jenseitigen Sphären, die auch ihrerseits einen verderblichen oder fördernden Einfluß ausüben. Die bösartigen Wesen heften sich an die Empfänglichen im Volke und stärken deren Wünsche und Neigungen, was dann früher oder später zur Katastrophe führt. Ist aber das Denken eines Volkes rein und klar, verfolgen seine Einzelglieder hohe sittliche und geistige Ziele, so fühlen sich lichtvolle und erhabene Wesen angezogen, und edle Charaktere, geistig hochentwickelte Menschen werden sich in ihm verkörpern. Wenn aber später Genußsucht, Willkür und Leidenschaften die geistige Haltung eines Volkes bestimmen, wenn das allgemeine Denken selbstsüchtig, machtgierig und rachsüchtig ist, so ziehen sich die edlen Menschen, die geistig fortgeschrittenen Seelen aus dem Lande zurück und verkörpern sich in anderen Völkern wieder, wo sie geeignetere Verhältnisse für ihr Lebenswerk vorfinden. Damit geht aber das geistig unfruchtbare, an erfahrenen Seelen verarmte Volk seinem Untergang entgegen, wie dies bei den großen Kulturvölkern der Vergangenheit der Fall war.

Besinnt sich aber ein Volk, das nach schweren Prüfungen an einem Wendepunkte seiner Entwicklung steht, wieder auf sich selbst, seine Volksideale und besten Kräfte, so werden geistig erwachte Seelen seine Kinder werden und den erstarkten Volkskörper neu beseelen. Die Weisen und Geistesheroen, selbst die Adepten, die einer hohen geistigen Entwicklungsstufe angehören, wenden sich ihm zu und helfen dem geistig aufwärtsstrebenden Volk zur Lösung seiner Kulturaufgaben. *Deshalb ist es nie zu spät*, den drohenden Untergang eines Volkes abzuwehren. Die Umkehr des Denkens und die notwendige Selbstbesinnung eines jeden Volksgliedes führen es wieder dem Aufstiege zu.

Das Gesetz von Ursache und Wirkung regelt alles Leben, sowohl das der Menschheitsfamilie mit ihren Rassen und Völkern als auch das Leben des Einzelnen. Es überbrückt nach und nach alle Höhen und Tiefen menschlichen Daseins. Auf dem Wege der Wiederverkörperungen wird die Seele frei von aller Gebundenheit, der Selbsttäuschung und dem aus ihr entstandenen Wahn des falschen Ichs. Sie lernt ihr Schicksal allmählich bemeistern, um zum wahren Menschentum zu erwachen. Dann erkennt sich der Mensch als Gott und Mensch in Einem. Im Christusbewußtsein weiß er sich eins mit allen Wesen und erlebt seine geistige Wiedergeburt und Auferstehung. Er hat die Welt überwunden und ist frei vom Zwange der Wiederverkörperungen, ein Meister der Liebe und Weisheit, ein Sieger über Geburt und Tod.

»Der Mensch, wie sehr ihn auch die Erde anzieht mit ihren tausend und abertausend Erscheinungen, hebt doch den Blick sehnend zum Himmel auf, der sich in unermeßlichen Räumen über ihm wölbt, weil er tief und klar in sich fühlt, daß er ein Bürger jenes geistigen Reiches sei, woran wir den Glauben nicht abzulehnen noch aufzugeben vermögen!«

GOETHE

Stimmen der Dichter und Denker über Tod und Wiederverkörperung

Die Denker und Dichter aller Zeiten haben in ihren Schriften den Gedanken von der Unsterblichkeit der Seele und der Weiterführung des menschlichen Lebens in ferneren Lebensgängen vertreten. Wie diese Lehre von der Wiederverkörperung und der Ewigkeitsentwicklung der Menschenseele ihr gemeinsames inneres Bekenntnis war, das sie in mehr oder minder klaren Worten offen in ihren Werken zum Ausdruck brachten, so war sie auch der wesentliche Bestandteil aller großen Religionssysteme. Sowohl in der Kabbala, der *jüdischen Geheimlehre*, und dem *Zohar*, in der *nordischen Bibel*, der *Edda*, als auch im Glaubensgebiet der *Parsen* und in den Mysterien *Ägyptens* und *Griechenlands* wurde das Vor- und Nachdasein der Menschenseele gelehrt. Auch die *Bibel* besitzt noch einige Andeutungen dieser großen Weisheitslehren, die sich trotz der vernunftwidrigen Lehrfestlegung auf dem Konzil zu Konstantinopel (um 553) noch in unsere Tage herübergerettet haben. Von den *ersten Christengemeinden* und den *bedeutendsten Kirchenvätern* wird berichtet, daß sie an die Lehre von der Wiederverkörperung glaubten, bzw. sie verkündeten.

Die nachfolgende Sammlung von Aussprüchen bringt für

alle, denen an einem Nachweise gelegen ist, einige Stellen der Bibel, einige morgenländische Aussprüche, sowie Zeugnisse aus dem Glaubensleben der alten Philosophen, der christlichen Mystiker und namentlich der großen Denker und Dichter Deutschlands aus der Neuzeit. Die Sammlung, die sich im vorliegenden Buche nur in engem Rahmen halten kann, bezieht sich nicht allein auf die Lehre von der Wiederverkörperung, sondern auch auf einige treffliche Worte über den Tod, wie sie die führenden Geister aller Zeiten prägten.

DIE BIBEL

PSALM 90, 3: »Der Du die Menschen lässest sterben und sprichtst: »Kommt wieder, Menschenkinder«.

2. MAKKABÄER 7, 23: »Darum so wird der, der die Welt und alle Menschen geschaffen hat, euch den Odem und das Leben gnädiglich wiedergeben.«

2. MOSE 20, 5 (siehe Seite 167) und 4. MOSE 14, 18: »Der Herr . . . läßt niemand ungestraft, sondern sucht heim die Missethat der Väter über die Kinder (das sind die späteren Persönlichkeiten) ins dritte und vierte Glied.«

Siehe JESUS Seite 151. 152. 166.

JOH. 9, 2: »Meister, wer hat gesündigt, dieser oder seine Eltern, daß er ist blind geboren?«

JOH. 4, 37: »Denn hier ist der Spruch wahr: Dieser säet, der andere schneidet.« (In verschiedenen Persönlichkeiten wirkt sich die Aussaat der einen Individualität aus.)

JOH. 15, 5: »Ich bin der Weinstock, ihr seid die Reben. Ohne Mich könnt ihr nichts tun.« (Der himmlische Mensch und die aus ihm hervorgehenden Persönlichkeiten.)

MATTH. 5, 26: »Wahrlich, du wirst nicht von dannen herauskommen, bis du auch den letzten Heller bezahlest.«

PRED. SALOMON 12, 7: »Der Staub muß wieder zur Erde kommen, wie er gewesen ist, und der Geist wieder zu Gott, der ihn gegeben hat.

3. ART. DES CHRISTL. GLAUBENSBEKENNTNISSES: »Ich glaube an die Auferstehung des Fleisches.« (Die Auferstehung des inneren Menschen im Fleische, der Persönlichkeit.)

Morgenländische Aussprüche

BHAGAVAD GITA, DIE BIBEL DER INDER:

»Von Tod zu Tode wird verstrickt,
Wer eine Vielheit hier erblickt.«

»So wie im Leben
Auf Kindheit Jugend und dann Alter folgt,
So folgt Vergehung der Entstehung stets
Für die Gefäße, die der Geist bewohnt.
D a s , w a s u n s t e r b l i c h i s t i m M e n s c h e n h e r z e n ,
W i r d s t e t s a u f s n e u' i n L e i b e r n o f f e n b a r .

So wie ein Mensch die abgetrag'nen Kleider
Am Abend ablegt und ein neu' Gewand
Am Morgen wählt, so legt des Menschen Geist
Des Fleisches morsch geword'ne Hülle ab
Und erbt aufs neu ein and'res Haus von Fleisch.«

BUCH DER GOLDENEN LEHREN:

»Keiner, o Schüler, wird zum Erleuchteten in jenem Dasein, in welchem zum ersten Male seine Seele sich nach Erlösung zu sehnen beginnt.

Hoffe immerhin. Wenn du den geheimen Pfad (zur Erleuchtung) nicht an diesem »Tage« (in dem jetzigen Erdenleben) erreichen kannst, so wird er dir »morgen« erreichbar sein.

Wisse, daß keine Bemühung, auch nicht die kleinste, sei es zum Guten oder zum Bösen, von der Welt der Ursachen verschwinden kann. Selbst der vergeudete Rauch verschwindet nicht spurlos. Ein bittres Wort, im vergangenen Leben gesprochen, wird nicht vernichtet, sondern kehrt wieder. Die Pfefferstaude trägt keine Rosen, und die Silbersterne des lieblichen Jasmins verwandeln sich nicht in Dornen und Disteln.

Du kannst an diesem heutigen »Tage« dein Glück für das »Morgen« schaffen. Auf der »Großen Reise« trägt von allen den Ursachen, die stündlich gesäet werden, jede ihre Ernte von Wirkungen; denn strenge Gerechtigkeit regiert die Welt.«

GAUTAMA BUDDHA (557–477) sagt:
»Ich erinnere mich an manche verschiedene Daseinsform, als wie an ein Leben, dann an zwei Leben, dann an drei, vier, fünf, zehn, zwanzig, dreißig, fünfzig, an hundert, dann an tausend, dann an hunderttausend Leben, dann an die Zeiten während mancher Weltenentstehung und Weltenvergehung. Dort war ich, jenen Namen hatte ich, jener Familie gehörte ich an, das war mein Stand, das war mein Beruf, solches Wohl und Wehe habe ich erfahren, so war mein Lebensende, dort verschieden, trat ich anderswo wieder ins Dasein. So erinnerte ich mich mancher verschiedener Daseinsformen, mit jeden eigentümlichen Merkmalen, mit jeden eigenartigen Beziehungen. Diese Erinnerungen hatte ich in den ersten Stunden der Nacht als erstes errungen, das Nichtwissen zerteilt, das Wissen gewonnen, das Dunkel zerteilt, das Licht gewonnen, als ich so in eifriger, ernster Sammlung verweilte.«

ZEUGNISSE DES ALTERTUMS

PYTHAGORAS, der große Weise Griechenlands (582–500 v. Chr.) hatte die Fähigkeit, sich längst Vergangenes aus früheren Lebenszuständen ins Gedächtnis zu rufen. In alten Erzählungen wird berichtet, wie Pythagoras nachwies, daß er einst als Euphorbos der Panthoide gelebt habe.

PINDAR: (522–441 v. Chr.)
»Der Leib eines jeden unterliegt dem mächtigen Tode. Die abgeschiedene Seele aber bleibt für uns lebendig; denn sie allein ist aus den Göttern.« *(Fragm. Thren. II)*

EMPEDOKLES, griechischer Arzt und Philosoph (490–430 v. Chr.):
»Denn ich selber war vordem schon Jüngling und Jungfrau, auch schon Strauch und Vogel und lautloser Fisch in dem Meere.«.

EURIPIDES, der berühmteste attische Tragiker (480–405 v. Chr.):
»Wer weiß, ob nicht das Leben ein Sterben ist und das Sterben ein Leben.«

SOKRATES (470–390 v. Chr.) sprach kurz vor seinem Tode:
»Wenn wir einst etwas in Reinheit erkennen sollen, so müssen wir vom Leibe scheiden und mit dem Verstande selbst die Dinge an sich beschauen, und alsdann werden wir desjenigen teilhaftig sein, wonach wir begehren, als dessen Liebhaber wir uns bekennen, nämlich der Wissenschaft, wenn wir gestorben sein werden, keineswegs aber, während wir leben. Denn, wenn in Verbindung mit dem Leibe nichts erkannt werden kann, so wird eines von zweien der Fall sein, daß wir ein Wissen niemals oder endlich nach dem Tode erlangen. Denn erst dann wird die Seele für sich abgesondert bestehen, früher wird dies nicht der Fall sein.«

— Und ferner:
»Begrabt mich, wo ihr wollt, wenn ihr meiner habhaft werden könnt, aber sagt dann nur nicht, daß ihr den Sokrates begraben hättet, sondern saget, ihr hättet seinen Leib begraben.«

PLATO, der große Philosoph Griechenlands (427–347 v. Chr.):
»Es ist wirklich wahr, daß es ein »Wiederlebendigwerden« gibt, und daß die Lebendigen aus den Toten entstanden.«

»Nachdem die Verstorbenen im Jenseits (Hades) empfangen haben, was sie verdienen, und solange geblieben sind, wie es recht ist, bringt sie nach langen Zeiträumen ein anderer Führer wieder hierher.«

Dann beschreibt Plato in Phaedon (S. 62) die verschiedenen Wohnungen der Toten sehr eingehend.

ARISTOTELES (384–322 v. Chr.):
»Der Glaube an die Unsterblichkeit der Seele habe sich bei den Menschen ohne Unterbrechung vom hohen Alter her vorgefunden und niemand könne den Zeitpunkt seines Entstehens oder einen anderen Urheber davon angeben als den unendlichen Äon, d. h. den Weltgeist.«

ZENO, der Stoiker (350–264 v. Chr.):
»Die Wohnungen der Frommen sind von denen der Gottlosen getrennt; jene sind ruhig und angenehm, diese sind finster.«

CICERO (106–43 v. Chr.) sagt in seinem Buche »Über die Seele«:
»Wer wollte aber glauben, daß die vernünftige Seele ihrer eigenen Wirkung, das ist der Erkenntnis der Sachen und derselben Betrachtung, welches eigentlich ihre Verrichtung ist, durch die Absonderung vom Leibe könne beraubt werden? Da sie doch alsdann erst im höchsten Grade ihrer Vollkommenheit immer näher kommt und sogar den Engeln und Gott einigermaßen gleich wird, wenn sie von dem Leibe als einer Last erlöst wird.«

SENECA, der römische Philosoph (2 v. Chr.–65 n. Chr.):
»Der Tod unterbricht nur das Leben, er raubt es uns nicht, kommen wird ein Tag, der uns ins Licht zurückführt.«

OVID (43 v. Chr.–17 n. Chr.):
»Die Seelen kennen keinen Tod;
so oft sie ihren Sitz verlassen,
nehmen sie neue Wohnungen.«

PLUTARCH (50–120):
»Solange die Seelen der Menschen von Körpern und ihren Zuständen umgeben sind, haben sie keine Gemeinschaft mit Gott, als nur nach Art eines dunklen Traumes eine Berührung durch philosophisches Nachsinnen. Wenn sie aber abgeschieden in die unsichtbare, wechsellose und und reine Welt übergegangen sind, so ist ihnen dieser Gott Führer und König, sie hangen ihm an und schauen mit unersättlicher Sehnsucht die Schönheit, die ein Mensch nicht aussprechen kannn.«

ORIGINES, der Kirchenvater (185–254):
»Ich glaube, daß die Heiligen und die aus diesem Leben Scheidenden an einem Orte verbleiben, den die Heilige Schrift Paradies nennt, als einen Ort der Unterweisung oder einer Schule der Seelen, worin sie über alle Dinge, die sie auf Erden gesehen, belehrt werden, auch einige Einsichten in die nachfolgenden und künftigen Dinge empfangen; gleichwie auch die in diesem Leben Befindlichen einiges von der Zukunft doch von irgend einer Seite her erschaut haben, was den Heiligen an ihren Orten und zu ihrer Zeit klarer und lichtvoller geoffenbart wird. Wer wahrhaft lauter im Herzen und rein an Verstand gewesen, wird sodann an den luftigen Ort emporsteigen und in den Himmel gelangen.«

PLOTIN (205–270):
»Geht, denn die Erinnerung an mein Eintreten in dieses Erdendasein ist ein zu unbedeutendes Ereignis, als daß es der Erinnerung wert wäre.«

»Es ist schwer zu sagen, welches der Geburtstag ist, denn der Geburts-Tag in dieser Welt ist der Todes-Tag in einer anderen Welt; und der Geburtstag in der anderen Welt ist der Todestag in dieser.«

Zeugnisse der Neuzeit

GIORDANO BRUNO, der große italienische Philosoph (1548–1600):
»Nimmer vergeht die Seele,
Vielmehr die frühere Wohnung
Tauscht sie mit neuem Sitz
Und lebt und wirket in diesem.
Alles wechselt, doch nichts geht unter.«

JAKOB BÖHME, der große deutsche Mystiker (1575–1624):
»Gott macht selber das Grünen und Auswachsen durch sich selber; er treibt die Blume des n e u e n L e i b e s d e r S e e l e, daß die Frucht des ewigen Lebens aus dem Seelenleibe wächst mit vielen Zweigen und schönen Früchten, die alle aus dem himmlischen Acker gewachsen sind.«

»Da wirst du denn in Gott n e u g e b o r e n. Da bist du Gottes Kind und gehören dir Christi Güter. Du bist ein Glied an seinem Leibe, und sein Geist ist dein Geist. — Nur daß es nicht grobes, tierisches Fleisch ist, das die Vollendeten kleiden wird, sondern subtiles Fleisch und Blut, ein solches Fleisch, das durch Holz und Steine gehen kann.«

»Bedenke, daß du in dieser Welt nicht daheim, sondern ein f r e m d e r Gast bist, in einem s c h w e r e n G e f ä n g n i s gefangen.«

»Forsche nach deinem Vaterlande, woraus deine Seele a u s g e w a n - d e r t ist und wohin sie wieder gehen soll.«

SWEDENBORG (1688–1772):
»Jeder Mensch ist auch, während er noch im Körper lebt, hinsichtlich seines Geistes von Geistern umgeben, wiewohl er nichts davon weiß.«

BENJAMIN FRANKLIN, Buchdrucker, später ein berühmter Staatsmann Amerikas (1706—1790) verfaßte im Alter von 23 Jahren für sich folgende originelle Grabschrift:

»Hier ruht der Körper des Buchdruckers Benjamin Franklin,
den Würmern zur Nahrung wie der Deckel eines alten Buches,
dessen Inhalt herausgerissen, ohne Titel und Vergoldung. —
Jedoch das Werk selbst ist nicht verloren gegangen,
sondern wird, wie er glaubte, neu erscheinen in neuer und feinerer
Ausgabe, durchgesehen und verbessert vom Verfasser.«

FRIEDRICH DER GROSSE (1712—1786):

»Ich fühle nun, daß es mit meinem irdischen Leben bald aus sein wird. Da ich aber überzeugt bin, daß nichts, was einmal in der Natur existiert, wieder vernichtet werden kann, so weiß ich gewiß, daß der edlere Teil von mir darum nicht aufhören wird zu leben. Zwar werde ich wohl im künftigen Leben nicht König sein, aber desto besser: ich werde doch ein tätiges Leben führen und noch dazu ein mit weniger Undank verknüpftes.«

JOH. PETER UZ (1720—1796):

»Ich fühle, daß in mir ein göttlich Etwas lodert, das lebt, wenn auch die Hülle modert.«

»Mein Geist bereitet sich zu lichteren Tagen vor,
und murrt nicht wider den, der mich zum Staube erkor,
mich aber auch im Staube liebet
und höhern Rang nicht weigert, nur verschiebet.«

MATTHIAS CLAUDIUS (1740—1815):

»Wie Gras auf dem Felde sind Menschen dahin wie Blätter. Nur wenige Tage geh'n wir verkleidet einher. Der Adler besuchet die Erde, doch säumt nicht, schüttelt vom Flügel den Staub und kehret zur Sonne zurück.«

HERDER (1744—1803):

»Wer unter den Sterblichen kann sagen, daß er das reine Bild der Menschheit, das in ihm liegt, erreiche oder erreicht habe? Entweder irrte sich also der Schöpfer mit dem Ziel, das er uns vorsteckte, und mit der Organisation, die er zur Erreichung desselben so künstlich zusammengestellt hat, oder dieser Zweck geht über unser Dasein hinaus, und die Erde ist nur ein Übungsplatz, eine Vorbereitungsstätte.«

»Der Ausdruck Leibniz', daß die Seele ein Spiegel des Weltalls sei, enthält vielleicht eine tiefere Wahrheit, als die man aus ihm zu entwickeln pfleget; denn auch die Kräfte des Weltalls scheinen in ihr verborgen, und sie bedarf nur einer Organisation oder einer Reihe von Organisationen, diese in Tätigkeit und Übung setzen zu dürfen. Der Allgütige wird ihr diese Organisation nicht versagen, und er gängelt sie als ein Kind, sie zur Fülle des wachsenden Genusses, im Wahn eigen erworbener Kräfte und Sinne allmählich zu bereiten.«

»Was geboren ward, muß sterben:
Was da stirbt, wird neu geboren.
Mensch, du weißt nicht, was du warest.
Was du jetzt bist, lerne kennen,
Und erwarte, was du sein wirst.«

»Ein Traum, ein Traum ist unser Leben
auf Erden hier;
wie Schatten auf den Wogen schweben
und schwinden wir
und messen unsre kurzen Schritte
nach Raum und Zeit
und sind, und wissen's nicht, in Mitte
der Ewigkeit.«

GOETHE (1749—1832):
»Wie gut ist's, daß der Mensch sterbe, um nur die Eindrücke auszulöschen und gebadet wiederzukommen.« (an Frau von Stein)

»Nach ewigen eh'rnen,
Großen Gesetzen
Müssen wir alle
Unseres Daseins
Kreise vollenden.«

»Die persönliche Fortdauer steht keineswegs mit den vieljährigen Beobachtungen, die ich über die Beschaffenheit unserer und aller Wesen angestellt, im Widerspruch, im Gegenteil, sie geht sogar aus denselben mit neuer Beweiskraft hervor.«

»Ich bin gewiß, wie Sie mich hier sehen, schon tausendmal dagewesen zu sein, und hoffe wohl, noch tausendmal wiederzukommen.« (Am Begräbnistage Wielands zu Falk)

»Lange hab' ich mich gesträubt,
Endlich gab ich nach,
Wenn der alte Mensch zerstäubt,
wird der neue wach!
— Und solang du das nicht hast,
Dieses Stirb und Werde!
Bist du nur ein trüber Gast
Auf der dunklen Erde.«

»Wirken wir fort, bis wir vom Weltgeist berufen in den Äther zurückkehren! Möge dann das ewig Lebendige uns neue Tätigkeiten, denen analog, in welchen wir uns schon erprobt, nicht versagen. Fügt er sodann Erinnerung und Nachgefühl des Rechten und Guten, was wir schon gewollt und geleistet, väterlich hinzu, so würden wir gewiß nur rascher in die Kämme des Weltgetriebes eingreifen.«

»Ich möchte keineswegs das Glück entbehren, an eine künftige Fortdauer zu glauben, ja ich möchte mit Lorenzo von Medici sagen, daß alle diejenigen auch für dieses Leben tot sind, die kein anderes hoffen.«

»Wie kann ich vergehen, wie kannst du vergehen? W i r s i n d j a . . .
Nahe am Grabe wird es mir heller. Wir werden sein, wir werden uns wiedersehen.«

(Werther)

»Wer nicht von dreitausend Jahren
Sich weiß Rechenschaft zu geben,
Bleib im Dunkeln, unerfahren,
Mag von Tag zu Tage leben.«

(Westöstlicher Diwan)

»Nun will ich zum Danke fliegen,
Nur mein Bündel bleibe liegen,
H e u t e g e h i c h. K o m m i c h w i e d e r,
S i n g e n w i r g a n z a n d r e L i e d e r.
Wo so viel sich hoffen läßt,
Ist der Abschied ja ein Fest.«

GOETHE zu Eckermann:
»Die Überzeugung unserer Fortdauer entspringt mir aus dem Begriffe der Tätigkeit; denn wenn ich bis an mein Ende rastlos wirke, so ist die Natur verpflichtet, mir eine andere Form des Daseins anzuweisen, wenn die jetzige meinen Geist nicht ferner auszuhalten vermag.«

— An Wieland über Frau von Stein:
»Ich kann mir die Bedeutsamkeit, die Macht, die diese Frau über mich

hat, anders nicht erklären als durch die Seelenwanderung (Wiederverkörperung). Ja, — wir waren einst Mann und Weib[1].

SCHILLER (1759—1805) sagt am Schlusse der Abhandlung »Über den Zusammenhang der tierischen Natur des Menschen mit seiner geistigen«, die er 1780 schrieb:

»Die Materie zerfällt in ihre letzten Elemente wieder, die nun in anderen Formen und Verhältnissen durch die Reiche der Natur wandern, anderen Absichten zu dienen. Die Seele fährt fort, in anderen Kreisen ihre Denkkraft zu üben und das Universum von anderen Seiten zu beschauen. Man kann freilich sagen, daß sie diese Sphäre im geringsten noch nicht erschöpft hat, daß sie solche vollkommener hätte verlassen können; aber weiß man denn, daß diese Sphäre für sie verloren ist? Wir legen jetzt manches Buch weg, das wir nicht verstehen, aber vielleicht verstehen wir es in einigen Jahren besser[2].«

»Es ist der Geist, der sich den Körper baut.«

KANT (1724—1804):

»Es wird künftig — ich weiß nicht wo oder wann — noch bewiesen werden, daß die menschliche Seele auch in diesem Leben in einer unauflöslich verknüpften Gemeinschaft mit allen immateriellen Naturen der Geisterwelt stehe, daß sie wechselweise in diesen wirke und von ihnen Eindrücke empfangen, deren sie sich aber als Mensch nicht bewußt ist, so lange alles wohl steht.«

»Ich gestehe, daß ich sehr geneigt bin, das Dasein immaterieller Naturen in der Welt zu behaupten und meine Seele selbst in die Klasse dieser Wesen zu versetzen.«

»Die menschliche Seele würde daher schon in dem gegenwärtigen Leben als verknüpft mit zwei Welten zugleich müssen angesehen werden...«

»Es ist demnach zwar einerlei Subjekt, was der sichtbaren und unsichtbaren Welt zugleich als ein Glied angehört.«

»Der Tod ist nicht die absolute Aufhebung des Lebens, sondern eine Befreiung der Hindernisse eines vollständigen Lebens.«

»Der Anfang des Lebens ist die Geburt, diese ist aber nicht der Anfang des Lebens der Seele, sondern des Menschen. Das Ende des Lebens ist der Tod, dieser ist aber nicht das Ende des Lebens der Seele, sondern des Menschen.«

---
1) Siehe Seiten 13, 22, 25, 38, 99, 108, 124, 156, 177.
2) Siehe auch Seiten 83, 94, 98, 157.

FICHTE (1762—1814):
»Was euch Tod scheint, ist eine Reife für ein höheres Leben.«

SCHOPENHAUER[1] (1788—1860):
»Der Tod gibt sich unverhohlen kund als das Ende des Individuums, aber in diesem Individuum liegt der Keim zu einem neuen Wesen. Demnach stirbt nichts von allem, was da stirbt, für immer; aber auch keines, das geboren wird, empfängt ein von Grund aus neues Dasein. Das Sterbende geht unter: aber ein Keim bleibt übrig, aus welchem ein neues Wesen hervorgeht, welches jetzt ins Dasein tritt, ohne zu wissen, woher es kommt, und weshalb es gerade ein solches ist, wie es ist.«

RÜCKERT[2] (1788—1866):
»Ich will auch meinen Leib zurück vom Staube fordern;
Denn nicht ein Stäubchen des', was mein ist, soll vermodern.
Was ich als ein Gewand hab' abgelegt im Grabe,
Anzieh' ich's wieder, wenn ich ausgeschlafen habe.
Es wird das alte Kleid und **doch ein neues sein**;
Die Mutter in der Nacht wusch es dem Kinde rein.«
(Weisheit des Brahmanen)

WILLIAM WORDSWORTH (1770—1850):
»Geburt — ein Schlaf nur, ein Vergessen —
Die Seele aber, unseres Lebens Stern
Hat weite Räume eh'mals schon durchmessen,
Ging einst schon unter........kommt von fern.«

AUGUST TIEDGE (1752—1841) sagt in »Urania«:
»Von einem Tode schleicht zum andern
Das Leben hin, das stets sich selbst verwirrt.
Und warum muß der Mensch durch
tausend Tode wandern?
Weil auch ein tausendfaches Leben ist.«

»Was irdisch ist, gehört der Erde,
Das Heilige gehört dem Himmel an,
sein werd' ich, weil ich bin.«

---
1) Siehe auch Seite 141.
2) Siehe auch Seite 138, 188.

JEAN PAUL (1763–1825):

»Lasset einer Ansicht des Daseins, welche ein Plato, ein Pythagoras und ganze Völker und Zeiten nicht verschmähten, wenigstens ihr volles Recht zukommen.«

HEINRICH ZSCHOKKE (1771–1848):

»Der Seelenwanderungsglaube des hohen Altertums, der der Unwissenheit späterer Zeiten Torheit erschien, wird sich wieder den alten Adel aus der Naturkunde zurücknehmen. Und wäre es in euren Gedanken ein Wahn, daß ich auf Erden schon in verschiedenen Hüllen ein und derselben geliebten Person begegnet bin, so nennt es immerhin Wahn, was ein unerklärliches Gefühl in mir, was eine innere Stimme mir Gewißheit nennt.«

— In seiner 1800 erschienenen Abhandlung »Vergangenes Seelendasein und dereinstiges« schreibt er:

»Ich werde sterben, heimgehen zum Staube wie Millionen vor mir, wie Millionen nach mir. I c h w e r d e n i c h t s s e i n ! — D o c h n i c h t m e i n I c h , s o n d e r n n u r d i e H ü l l e m e i n e s I c h s , eben die Hülle, durch welche ich Leid und Lust empfand, das Werkzeug, durch welches die Gegenstände der Erde auf meinen Geist wirken.

Mein Geist, mein von Gott zur U n s t e r b l i c h k e i t geborener Geist, wird eine Welt verlassen, die er nicht mehr genießen kann, weil er getrennt von den Mitteln ist, die sie ihm genießbar machten, so wie der, welcher seine Augen verliert, keinen Genuß, keine Empfindung von Licht und Schatten, vom Schönen und Häßlichen haben kann.

S o l l m e i n G e i s t a b e r e i n e n e u e W e l t b e w o h n e n , e i n a n d e r e s L e b e n b e g i n n e n , s o w i r d i h n d i e A l l m a c h t d e r G o t t h e i t m i t e i n e r n e u e n K ö r p e r h ü l l e b e k l e i d e n . I c h w e r d e e i n n e u e s L e b e n leben, werde neue Bekanntschaften unter fremden, unbekannten Geschöpfen gewinnen, neue Brüder, neue Vertraute finden.

Daß wir uns eines ehemaligen Lebens nicht mehr bewußt sind, das ist doch kein Beweis dafür, daß wir es gar nicht gelebt haben. Hätten wir noch die Sinne, die Empfindungswerkzeuge, welche unser Geist vielleicht in einer vormaligen Welt besaß, so würden wir uns auch wahrscheinlich an ehemalige gehabte Empfindungen in einem vergangenen Leben zurückerinnern können. So wie wir hier leben, lachen und weinen, arbeiten, denken und sterben, so lebten, webten und starben wir vor unserem Hiersein auf Erden in einer anderen Welt; vielleicht ist dies Erdenleben schon eine höhere Stufe zur großen Vollkommenheit unseres Geistes, und wohl dem, der sich bei seinem Abschiede aus dieser Welt für eine noch höhere Stufe geistiger Vollkommenheit würdig fühlt!

Jedes Leben ist eine neue Prüfung für mich...

Der, welcher schwach genug war, den Verführungen des Lasters zu folgen, der den angeschaffenen Adel seines Geistes schändete, ist unmöglich würdig, eine vollkommenere Welt, eine erhabenere Stufe auf der Leiter unsterblicher Wesen zu erlangen; seine Strafe nach dem Tode ist eine geringere Staffel, auf welcher er sich erst zu einer höheren bereiten muß, seine Strafe, daß er später als andere seiner Brüder zum großen Ziele gelangt, wohin alles hinaufklimmt.

Wir sehen ja alles sich erst stufenweise ausbilden in der Natur.

Vielleicht, daß ich manchen meiner Lieblinge in dieser Welt schon in einer ehemaligen kannte. Vielleicht, daß ich manchen großen Mann, den ich hier bewundere, schon einst bewundert habe. O, es ist ein angenehmer, ein so wahrscheinlicher Gedanke, schon gelebt zu haben und so fortzuleben. Wir sterben; unser Geist verläßt sein Wohnhaus, welches er auf ewig nicht wieder bewohnen wird, weil ein zweites, ein drittes und viertes Leben ihn mit einem anderen Schleier nach den erforderlichen Bedürfnissen jener Welten überkleiden wird.

Nachdem wir von Welt zu Welt gewandert sind, von jeder eine Vollkommenheit mitgenommen haben und durch diese Sammlung von Vollkommenheiten endlich **zum letzten Ziele gelangt sind**, wohin zu gelangen vielleicht die Dauer der Ewigkeit kaum Raum hat, dann erkennen wir vielleicht erst den Plan der Gottheit, dann erinnern wir uns vielleicht erst an alle genossenen Freuden und Leiden während unseres Seins, dann übersehen wir wohl mit einem Blick alle unsere schönen, guten Taten, die wir in verschiedenen Welten ausübten.«

NOVALIS (1772—1801):

»Wer hier nicht zur Vollendung gelangt, gelangt vielleicht drüben dahin oder muß eine abermalige irdische Laufbahn beginnen. Sollte es nicht auch drüben einen Tod geben, dessen Resultat irdische Geburt wäre?«

FRANZ GRILLPARZER (1791—1872):

»Will unsre Zeit mich bestreiten,
Ich lasse es ruhig gescheh'n:

Ich komme aus anderen Zeiten,
Um fort in and're zu geh'n.«

FRIEDRICH DAUMER (1800—1875):

»Was meine Unsterblichkeitslehre betrifft, so ist dieses die Lehre von der Aufbewahrung der unsterblichen Seele im Innern der Welt, in der göttlichen Seele des Universums, und der Wiedergeburt derselben ins irdische Leben hervor, um hier wieder ein volles menschliches Dasein zu beginnen.«

»Auf jeden Fall verbindet alle wahrhaft liebenden Seelen ein tiefes, inneres, ewiges Band. Eine ganze Ewigkeit ist unser, und diese Ewigkeit lang werden wir uns immer wieder neu finden, uns lieben und umfassen... Auch haben wir uns schon oft gefunden, oft geliebt und oft umfaßt, ob wir es auch nicht mehr wissen...« (aus einem Briefe).

FRIEDRICH HEBBEL (1813—1863):
»Wie alt? Ich bin so alt wie die Welt;
aber als Haus existiere ich erst dreißig Jahre.«

RICHARD WAGNER (1813—1883). Im »Parsifal« sagt Gurnemanz von Kundry, der Gralsbotin:
»Ja, eine Verwünschte mag sie sein:
Hier lebt sie heut', —
vielleicht erneut,
zu büßen Schuld a u s   f r ü h e r'n   L e b e n ,
die dorten ihr noch nicht vergeben.«

— Parsifal antwortet auf die Frage nach seinem Namen:
»Ich hatte viele,
doch weiß ich ihrer keinen mehr.«

— Brunhilde sagt am Schlusse der Götterdämmerung die Worte:
»Ich fahre nicht mehr
Nach Walhallas Feste. —
Wißt ihr, wohin ich fahre?
Aus Wunschheim zieh' ich fort,
Wahnheim flieh' ich auf immer;
D e s   e w ' g e n   W e r d e n s
O f f ' n e   T o r e
S c h l i e ß'   i c h   h i n t e r   m i r   z u :
Nach dem wunsch- und wahnlos
Heiligsten Wahlland,

Der Weltwanderung Ziel,
Von Wiedergeburt erlöst,
Zieht nun die Wissende hin,
Alles Ew'gen
Sel'ges Ende! —
Wißt Ihr, wie ich's gewann?
Trauernder Liebe
Tiefstes Leiden
Schloß die Augen mir auf;
Enden sah ich die Welt.«

KARL SPITTA (1801–1859):

»Da denke ich mir nun, daß ich nach meinem Tode werde wieder geboren werden zu einem neuen irdischen Leben, meine Seele, der Inbegriff des Geistigen an mir, wird einen neuen irdischen Leib erhalten, den ich zu führen habe, bis auch er wieder aufgelöst wird in jene Bestandteile, von denen er genommen ist, und wiederum wird meine Seele einen neuen Leib empfangen, bis endlich alles erfüllt ist, was ich soll. Meine Seele ist das Ewige, das Geistige, sie ist das Ewige in der Zeit, das nicht von dieser Welt ist, und das auch in dieser Welt nicht zugrunde gehen kann; diese Welt ist eine Schule, ein Übungsplatz, in dem Geistiges sich ausleben soll, von Stufe zu Stufe soll es aufsteigen durch treue Arbeit in unermüdlicher Liebesgesinnung.«

»Es stirbt; wieviel stirbt mit ihm, welch eine Fülle von geistigem Besitztum geht da verloren! Verloren? Sollten wirklich alle diese Schätze dahin sein, unwiederbringlich dahin? Nicht doch! seine Werke folgen ihm nach, seine Mühen, falls es nur immer sittliche Mühen gewesen sind, werden ihm im neuen Leben vollauf zugute kommen. Nichts geht verloren an sittlichem Gut, — der Aussaat folgt die Ernte sicherlich, sie muß folgen.«

VICTOR HUGO (1802–1885)

EMANUEL GEIBEL (1815–1884):

»Ein heilig Bad bist du, o Schlummer,
Würziger Kraft voll. Mut und Erneuerung
Atmet die Psyche, wenn deine Woge
Sanft die bewußtlos schwimmende trägt
Von Leben zu Leben, von Strand zu Strand.
So ist der Tod auch ein Bad nur.
Aber drüben, am anderen Ufer
Liegt uns bereitet ein neu Gewand.«

LEO TOLSTOI (1828–1910):

»Wie wir Träume in diesem Leben Tausende durchleben, s o i s t a u c h
d i e s e s u n s e r L e b e n e i n s v o n d e n T a u s e n d e n d e r
L e b e n, in die wir aus dem wirklicheren, realeren, wahreren Leben
eintreten, aus dem wir beim Eintritt in dieses Leben kommen, und in
das wir sterbend zurückkehren.

Unser Lehrer ist einer von den Träumen eines wirklicheren Lebens und
so weiter in die Unendlichkeit bis zu einem letzten, wahren Leben —
dem Leben Gottes.«

PETER ROSEGGER (1843–1918):

»Die Wiederbelebung und Auferstehung der Substanz kann von niemandem geleugnet werden. Ich glaube aber auch dreist an die Auferstehung des Individuums. Sei es, daß der Vater im Sohne lebt, sei es, daß die scheinbar vergehende Person durch ein anderes Geheimnis das Bewußtsein wiederfindet — ich glaube, daß dieses Ichbewußtsein vielleicht unterbrochen werden kann, daß es aber unzerstörbar ist, und wenn das Ich auch nur seine Gegenwart weiß, sich aber nicht erinnern kann an seine Vergangenheiten, so glaube ich doch, daß von einem »Leben« zum anderen gewisse Ursachen und Wirkungen verbindend fortbestehen, die das Individuum erhalten und bestimmen. So möchte es ja wohl sein, daß die Person in einem späteren Leben die Folgen eines früheren empfindet und zu tragen hat. Vervollkommnet sich ein Wesen in diesem Leben, so tritt es eben vollkommener in ein nächstes über, erniedrigt es sich hier, so wird es dort als niedrige Art wiedergeboren. Dieser Glaube dürfte recht sehr verstimmend wirken bei niederträchtenden Kreaturen, ist aber wunderbar beseligend für den, der sich bestrebt, reiner und besser zu werden; denn er geht einem edleren, vollkommeneren Leben entgegen — er nähert sich Gott. Auf diesem Wege zu Gott ist die lebende, webende, blühende Natur, unendliche Rosen streuend, auf dem Leidenspfad, auf dem Siegeszug.

(Mein Himmelreich)

FRIEDRICH NIETZSCHE (1844–1900):

»Alles geht, alles kommt zurück; ewig rollt das Rad des Seins. Alles stirbt, alles blüht wieder auf, ewig läuft das Jahr des Seins.
Alles bricht, alles wird neu gefügt, ewig baut sich das gleiche Haus des Seins. Alles scheidet, alles grüßt sich wieder; ewig bleibt sich treu der Ring des Seins.«

»Du lehrst, daß es ein großes Jahr des Werdens gibt, ein Ungeheuer von großem Jahre: das muß sich, einer Sanduhr gleich, immer von neuem umdrehen, damit es von neuem ablaufe und auslaufe.«

CHRISTIAN WAGNER:

»Tausendmale werd' ich schlafen gehen,
Wandrer ich, so müd' und lebenssatt;
Tausendmale werd' ich auferstehen,
Ich Verklärter in der sel'gen Stadt.
Tausendmale werd' Vergessen trinken,
Wandrer ich, an des Vergessens Strom;
Tausendmale werd' ich niedersinken,
Ich Verklärter in dem sel'gen Dom.
Tausendmale werd' ich von der Erden
Abschied nehmen durch das finstre Tor;
Tausendmale werd' ich selig werden,
Ich Verklärter in dem sel'gen Chor.«

»Ist dein Blick noch nie hindurchgedrungen?
Hat dein Ohr die Kunde nie erlauscht,
Daß das Sein bei Alten wie bei Jungen
Stets und ewig nur die Hülle tauscht?
Daß das Leben, das da ging verloren,
Daß das Schöne, das man trug hinaus,
Nur in andren Formen, andren Toren
Wieder eintritt in das Vaterhaus?«

»Aber unfrei von dem Lebenstriebe,
Geht in Splitter ihre Freiheitsliebe,
Satt gar bald die Elemente Hasten,
Satt gar bald der toten Ruhe, tasten
Ringsum sie, sich einen Leib zu wählen,
Mit verwandtem Geist sich zu vermählen.
Und sie finden sich. Verwandtes findet
Zu Verwandtem sich, und wieder bindet
Sie das Band der Seele und des Leibes.«

G. TH. FECHNER, der Metaphysiker (1801–1887):

»So wenig ein Mensch je sterben kann, der einmal gelebt, so wenig könnte er zum Leben erwacht sein, hätte er nicht vorher gelebt.«

JULIUS BAUMANN, Professor der Philosophie an der Universität Göttingen:

»Die Menschenseele als formale Einheit, als verknüpfendes Ich kehrt wieder in neuen Menschenleibern und kann so alle Stufen menschlicher Entwicklung durchleben.« *(Neuchristentum und reale Religion)*

KARL FRIEDRICH GAUSS (1777–1855):
»Man findet sich zu der Ansicht gedrängt, für die eine streng wissenschaftliche Begründung und so vieles andere spricht, daß neben dieser materiellen Welt noch eine andere, zweite, rein geistige Weltordnung existiert mit ebensoviel Mannigfaltigkeiten als die, in der wir leben. Ihrer sollten wir teilhaftig werden.«

OTTO ERNST (1862–1925) sagt in »Des Kindes Freiheit und Freude«:
»Man muß nicht den kleinlichen Optimismus haben, daß in einem Menschenalter und in jedem Einzeldasein das Gute siege, sondern den kosmischen Optimismus, daß alle Entwicklung sich in der Richtung auf ein Vollkommeneres bewegt. – – Aus einem geborenen Egoisten macht man in e i n e m Leben keinen Altruisten, aus einem Eigensinnigen keinen Nachgiebigen, aus einem Zornmütigen keinen Sanftmütigen, in e i n e m Leben nicht!«

FRIEDRICH LIENHARD (1865–1929):
»Wenn der Seelenlenker, das Ich, etwas Unsterbliches ist – warum soll es sich nicht schon oft verkörpert haben?

»Wer kann sich Sterblichkeit unseres wahren Ich überhaupt vorstellen? Uns ist das Weltall ein ungeheures Lebensganzes. Und wir sind Mitglieder einer Geistergemeinschaft, die weit über den Bereich eines Planeten hinausgeht, auf dem wir uns ja nur für einige Jahrzehnte verkörpert haben, um hier eine Aufgabe zu erfüllen und unsere Seele dabei zu fördern.«

(»Die Abstammung aus dem Lichte.«)

»Ich bin aus altem arischen Holz,
bin auf mein deutsches Volkstum stolz...
Sendung hat mich hierher getragen;
und komm ich nach hunderttausend Tagen
abermals auf diese Erde – – –
Wer weiß, wo ich dann geboren werde?«

FERNANDO FINCK († 1938):
Was du in diesem Sein an Garben wirst dir binden,
wirst du als sichres Gut im nächsten Leben finden.
Was du gesät, gepflanzt in deinen Erdentagen,
das wird in Ewigkeit dir reiche Früchte tragen.

Ein Schleier ist der Tod – dein schlafend Aug' erwacht –
du siehst, wie weit du's nun zur Nähe Gott's gebracht;

Gott selbst siehst du noch nicht, wenn du auch bist gestorben,
du siehst nur, was bisher du hast von Gott erworben.

(Aus »Gottes Ebenbild«)

RABINDRANATH TAGORE (1861–1941), der große indische Dichter der Gegenwart:

»Die Zeit, die meine Reise braucht, ist lang, und lang ist der Weg.
Ich kam herab aus dem Wagen im ersten Strahle des Lichtes und setzte die Fahrt weiter fort durch die Wildnis der Welten und ließ meine Spur auf manchem Sterne und Planeten. An jede fernste Tür muß der Wanderer klopfen, bis er zur eigenen gelangt, durch alle äußeren Welten muß er ziehen, um zuletzt zum Allerheiligsten zu kommen.«

(Hohe Lieder)

»Ich wußte den Augenblick nicht, da ich einst die Schwelle des Lebens beschritt... Als ich am Morgen emporschaute ins Licht, fühlte ich augenblicks, daß ich kein Fremder war in der Welt, und daß das Unerforschbare, das ohne Namen ist und Gestalt, mich in seine Arme nahm in Gestalt meiner Mutter.
So wird der Tod, der gleiche Unbekannte, mir erscheinen als immer gekannt. Und weil ich dies Leben so liebe, so weiß ich, daß ich den Tod gleich lieben werde.«

NOTHNAGELS (1841–1905):

»Der elementaren Gewalt des Todesproblems kann sich kein Denkender entziehen. Handelt es sich doch um eine unentrinnbare Frage, die jeden ohne Ausnahme persönlichst angeht. Wir mögen sie gleichgültig oder leichtsinnig, mutig oder ergeben, angstvoll oder gar freudig mit der Ruhe des Philosophen oder der Wißbegierde des Forschers aufnehmen, aber erinnert werden wir auf diesem oder auf jenem Wege doch einmal an sie. Dem ernsten Menschen aber geziemt es, einem Vorgang, der alles Lebendige der Vernichtung zuführt, eine eindringliche und vertiefte Aufmerksamkeit zuzuwenden.«

»Ich sage, weil der Tod mich machet frei,
Daß er das beste Ding von allen Dingen sei!«

ANG. SILESIUS

WAS LEHRT UNS DIE TATSACHE DES FORTLEBENS NACH DEM TODE?

Wenn der Lärm des Tages verrauscht und der goldene Sonnenball langsam und feierlich am Horizont erlöscht und in unermeßliche Räume hinabzutauchen scheint, wenn der Abend seine matten Schleier webt, dann halten wir Einkehr bei uns selbst. Obgleich draußen das Dunkel der Nacht den Tag verschlingt, wird es in unserm Innern immer heller und lichter. »Die Nacht scheint tiefer, tief herein zu dringen, allein im Innern leuchtet helles Licht« (Faust). Die Welt weitet ihre Grenzen zu einem weihevollen Tempel des Friedens und der Liebe. Da tauchen in buntem Gefolge die Bilderreihen vergangener Erlebnisse in uns auf. Alle uns liebgewonnenen Gestalten ziehen an unserem nach innen gekehrten Blick vorüber, mögen sie uns noch auf unserer Erdenwanderung begleiten, oder mag sie schon der Tod abgerufen haben. Ein unaussprechliches Grüßen weht zu ihnen hinüber, ein wundersames Ahnen antwortet uns von drüben. Wir vereinigen uns zu neuem, innigem Bunde. Tief unter uns verrauschen die flüchtigen Wogen des Alltags mit ihrer Lust und ihrem Leid. Stiller und immer stiller wird es in uns. Die dunklen Schleier des Todes lösen sich auf vor dem strahlenden Licht aus den inneren Reichen.

Der Tod gibt uns verklärt zurück, was er uns einst genommen. Er ist ein Verwandler, ein Freund und Bruder der Seele. Er will sie im Frieden ihrer Heimat verjüngen zu goldener Jugendfrische und nie versiegender Kraft. Wenn wir seinen tiefen Sinn erkennen und seine heilige Weihe erleben, da wir unser wahres Selbst gefunden haben, dann vermögen wir den Tod zu lieben, denn wir haben uns selbst in dem Einen Göttlichen wiedererkannt. Da schweigen alle persönlichen Empfindungen und Gedanken. Das Bewußtsein des ewigen Lebens entfaltet den reinen Lotus seiner Größe und Schönheit. Wir erleben die vollkommene Freiheit und fühlen uns von allem Wechsel und aller Gebundenheit gelöst und doch im tiefsten Wesen eins mit allem Sein. So hat uns die Stunde der Einkehr das Reich der Seele erschlossen.

Unser Verhalten am Sterbebett

Unser lieber Mitwanderer, an dessen Sterbelager wir stehen, will in das Reich des Friedens und der Verklärung eingehen. Er will sich seinem »Bruder Tod« anvertrauen, der ihn weiterführt. Dürfen wir da klagen und jammern? Dürfen wir das feierliche Erleben der geliebten Seele mit unserem persönlichen Schmerze jäh unterbrechen? Lieben wir nicht tiefer, wenn wir ergeben in den göttlichen Willen das Scheiden der Seele mit einem friedevollen, segnenden Weihegebet begleiten?

Wie helfen wir dem Sterbenden auf die beste Weise?

Man sollte im Sterbezimmer die größte Ruhe bewahren, sich in innerem Frieden in sein Wesen vertiefen und in Harmonie mit allen Geschöpfen sein Bewußtsein auf das höchste Ideal richten, d. h. im tiefsten Grunde der Seele beten. Dadurch hebt man alle widrigen Gedanken- und Gefühlskräfte auf und zieht eine Schar schützender und helfender Wesen an, die den Sterbenden beruhigend umgeben. Sie leiten ihn nach dem Verlassen des physischen Körpers mit treuer, liebevoller Hand durch die einzelnen Stufen der

Wunschwelt, die er ruhig und sicher durchwandern kann, ohne abgelenkt oder zurückgehalten zu werden. Wie beim Einschlafen der letzte Gedanke, wenn er stark genug gedacht wird, den Aufenthalt der Seele in den jenseitigen Sphären beeinflußt, so sind auch die letzten Eindrücke und Gedankenverbindungen des Sterbenden für seinen zunächst folgenden Zustand von Bedeutung. Wir würden unweise und unrecht handeln, wenn wir diese feierlichen Augenblicke des Todes durch unsere persönlichen Fragen, unser Klagen und Jammern störten.

Den Sterbenden umkreist, wie dies in vorhergehenden Kapiteln beschrieben wurde, ein Panorama schmerz- und freudvoller Lebenserinnerungen. Lenken wir ihn von dieser subjektiven Selbstschau ab, und hindern wir ihn, die Folgerungen aus diesen Bildern zu ziehen, so berauben wir ihn der wesentlichsten Hilfe seines seelischen Weiterlebens, des inneren Gleichgewichts, dessen er weiterhin so nötig bedarf. Derartige Ablenkungen zehren von seiner Kraft und erschweren damit seinen Übergang und Aufstieg in die jenseitigen Sphären. Auch kann die heftige Gemütserregung der Hinterbliebenen niedere Wesen der Wunschwelt anziehen, die, ihrem Charakter entsprechend, den Sterbenden beeinflussen und ihm Leid verursachen können.

Daher ist Selbstbeherrschung am Sterbebett ein Gebot der Liebe. Wie wir dem Freund, der eine weite Reise unternimmt, vielleicht um in einem fremden Lande sein Glück zu versuchen, still segnend die Hand reichen, so soll auch unser ruhiger Händedruck dem Sterbenden versichern: wir sind gefaßt über seinen Weggang und lassen ihm unsere Liebe in seine neue, himmlische Heimat nachfolgen.

Wohl ist es begreiflich, daß die Herzen der Hinterbliebenen zagen, wenn sie den Leib des geliebten Menschen wie eine Blume welken sehen, jenes Menschen, mit dem sie vielleicht jahre- und jahrzehntelang innerlich treu verbunden waren. Aber im Hinblick darauf, daß der Tod ja eine Befreiung der Seele aus den Banden des vielleicht durch zermürbende Schmerzen gequälten Körpers ist, dürfte sich der Schmerz bald mildern. Und wenn wir auf das unermeßlich große, tiefe Leid der Menschheit blicken, erkennen wir das unsrige nur als einen kleinen, unbedeutenden Bruchteil davon.

Es wird berichtet: Zu Buddha, dem Meister des Erbarmens, sei einst eine hilfeflehende Mutter gekommen, dessen Sohn im Sterben lag, und habe gebeten: »Gib mir ein Mittel, ihn zu retten! Hilf mir, Meister!« Voll Mitleid und Liebe habe der Erhabene ihr geantwortet:

> Es gibt ein Mittel, liebe Schwester, wohl,
> Das heilen könnte d i c h z u e r s t , d a n n i h n ,
> Wenn es zu finden nur gelänge dir;
> Denn wer den Arzt befragt, muß auch,
> Was er zum Heilen noch bedarf, verschaffen ihm.
> Drum bitt' ich dich, Senfkörner bringe mir
> Ein Maß voll, schwarz; doch merke wohl,
> Daß du sie k e i n e r Hand und k e i n e m Haus entnimmst,
> Wo Vater, Mutter, Kind je starb.
> Es wäre gut, du fändest solchen Senf.
> Das Weib ging hin und fragt' in jeder Hütt',
> Im Dschungel, in der Stadt, doch fand kein einzig Haus es,
> Wo man Senfsamen hatte, und wo zugleich niemand gestorben war ...
> »Heut' weißt du«, sprach der Buddha dann,
> »Es weint die ganze weite Welt mit deinem Weh;
> Geringer wird das Leid für einen, wenn es alle gleich betrifft.«

EDW· ARNOLD

In dem Bewußtsein, daß das Sterben nur die Geburt in einen anderen Zustand ist, verliert der Schmerz seine Schärfe. Es bedeutet ja eine Heimkehr, ein Erwachen der Seele in einer lichteren, schöneren Welt. Darum: stellen wir unser persönliches Leid friedvoll unter das große Gesetz der Notwendigkeit. Worüber sollten wir denn noch trauern? Wir beweinen unsere Lieben ja auch nicht, wenn sie sich am Abend zum Schlafe niederlegen, obgleich wir nicht wissen, ob sie aus ihm wieder erwachen werden. Aber unsere Erfahrung lehrt, daß es ein Erwachen gibt, und daß sie frisch und gekräftigt mit neuer, freudiger Schaffenskraft aus dem unbekannten Jenseits in das Diesseits zurückkehren. So kehren einst auch unsere Verstorbenen nach einer längeren Pause wieder zurück, um in einem neuen, geeigneteren Erdenleib die unvollendet gebliebene Lebensaufgabe fortzusetzen und sich dadurch auf eine höhere Stufe zu erheben. Es gibt ja keinen Tod der Seele, nur das Erlöschen der Lebenstätigkeit im physischen Körper. Die Seele des Menschen geht in eine andere Daseinsform über; denn sie ist eine unsterbliche Königstochter, die wohl in Schlaf verfallen kann, vom Prinzen der Liebe und Weisheit einst aber wieder erweckt und zur Königin erhoben wird und dann auch die Macht hat über Tod und Vergänglichkeit.

Unser Verhalten nach der Bestattung unserer Abgeschiedenen

Wir sollten uns nach dem Heimgang unserer Lieben nicht der Trauer über unseren »Verlust« hingeben. Jedermann weiß, wie sehr die Gedanken aus unserer Umgebung auf uns einwirken können, wie ein freudiger Mensch einen erhebenden und fröhlichen, dagegen ein bedrückter, von Sorgen, Kummer, Zweifel, Ärger und Zorn gequälter Mensch einen beunruhigenden und seelisch lähmenden, einen zersetzenden Einfluß auf uns ausüben kann. Wir sehen die Wirkung der Gedanken am augenscheinlichsten und oft am furchtbarsten in der Gedankenübertragung und anderen magischen Handlungen. Daraus können wir ermessen, daß unsere Gedankenwellen auch an das Ufer des jenseitigen Lebens schlagen und einen bedeutenden Einfluß auf die Verstorbenen haben. Ihr Empfindungs-, Gefühls- und Gedankenleben ist ja der dichtmateriellen Umhüllung beraubt und nunmehr in höherem und gesteigertem Maße wirksam. Sie sind für alle Schwingungen, für unsere Gedanken, Gefühle und Vorstellung noch viel mehr empfänglich, wenn das magnetische Band der Liebe uns noch mit ihnen verbindet. Für sie ist unsere anhaltende Trauerstimmung nicht Wohltat, sondern Beunruhigung und Beängstigung; wir bereiten ihnen nur Leid, Sorge und Schmerzen damit, unsere persönliche Sehnsucht ruft sie zurück und bindet sie an die Erde. Es überkommt sie eine gleiche lähmende Trauerstimmung, die leidvolle Erinnerungen an früher weckt. Diese Erinnerungsbilder bewirken, daß der Verstorbene seinen höheren Bewußtseinszustand allmählich verliert und sich an die dichteren Sphären der Wunschwelt kettet. Dort fällt es ihm sehr schwer, sich wieder in den Zustand unpersönlichen und selbstlosen Bewußtseins zu erheben.

Darum sollten wir aus Liebe zu unseren Verstorbenen jede Traurigkeit bannen und alle auftauchenden Trauergefühle und negativen Stimmungen durch Gedanken des Friedens, der Liebe und Einheit überwinden. Damit helfen wir ihnen und stärken ihre innere Kraft, durch die sie sich in lichtere Gefilde erheben können. In dem Gedanken an eine Wiederkehr und ein Wiedersehen überwinden wir schließlich die Trauer. Der Tod erscheint uns dann nicht mehr als eine völlige Trennung von ihnen, sondern nur als Ruhepause auf unserer gemeinsamen Lebenswanderung. Der Mystiker und Philosoph Dr. Franz Hartmann schreibt: »Der Tod ist nur das Anhalten auf einer Station während der Reise zur Quelle des ewigen Lebens.«

Der Gedanke, getrennt zu sein, errichtet zwischen uns und unseren Heimgegangenen eine Schranke. Nie können sie für uns verloren sein, wie ja überhaupt niemals etwas von dem verloren gehen kann, was wir geliebt und innerlich besessen haben. Denken wir an unsere Verstorbenen, so möge nur das in uns lebendig werden, was sie uns in den schönsten und tiefsten Stunden ihres Erdenlebens waren. Wenn nur dies in uns fortlebt, so bleiben uns unsere lieben Heimgegangenen immer nahe und werden uns zu jeglicher Stunde unseres Lebens lebendiger als je zuvor.

> »Und keine Frage soll uns quälen,
> ob ihr uns fern, ob ihr uns nah;
> uns soll das tiefe Glück beseelen:
> Ihr l e b t mit uns, und ihr seid da.«
>
> OTTO RIEMASCH

Haben wir aber das Gefühl, daß unsere Lieben für immer von uns gegangen sind, so haben wir sie nie recht geliebt und ihr Wesen nie ganz erkannt. *Verlieren* wir durch den Tod einen lieben Menschen, so haben wir nicht ihn, sondern nur seinen Körper geliebt. War uns aber seine Liebe heilig, dann wird sie durch den Tod nur neu besiegelt und erlebt in der Weihe des Todes ihren tiefsten und lebendigsten Triumph. Alles Leid geht, wie Buddha sagt, aus der Nichterkenntnis der Wahrheit hervor, auch die Trauer um den Verlust unserer Lieben. Sie kann nur durch die Liebe und die Selbsterkenntnis der Wahrheit und in der beständigen Erfüllung des göttlichen Allwillens überwunden werden. Fürchten wir, daß uns der Tod etwas rauben könnte, so ist unsere Seele noch nicht ganz erwacht. Bringt uns die Trennung Schmerz, so ist unsere Seele noch an das Irdische gebunden. Können wir aber bei jedem Ereignis, das uns trifft, sagen »Dein Wille geschehe!« und jedes Leid mit der Segnung überwinden. »Alles ist gut!«, dann stehen wir in der Einheit und Wirklichkeit des Lebens. Und wenn wir die

Kraft zu dieser Einstellung noch nicht haben, dann wollen wir doch mit unserer ganzen Seele danach streben.

Allerdings gibt es einen Tod, der die Ursache vieler Tränen und großen Leides ist: den Tod, den manche Menschen schon während ihres Erdenlebens sterben, indem sie ihren wahren Ursprung, ihre göttliche Abstammung vergessen, wodurch das höhere Selbstbewußtsein in ihnen schwindet. Dieser Tod ereilt nur denjenigen Menschen, der ein Leben der Zweiheit und Getrenntheit vom Ganzen im Bewußtsein des Sonderseins führt. Die unablässige Befriedigung der Begierden und Leidenschaften vergiftet das innere Leben völlig und ist gleichbedeutend mit einem geistigen Selbstmord. In diesem Zustande ist der Mensch ein »Lebendig-Toter«. Er verliert sein intuitives, geistiges Wissen. Doch einmal verrauschen auch die Lüste des Augenblicks, und der seinem wahren Leben abgewandte Mensch muß durch eine Unzahl von Enttäuschungen, Leiden und Sorgen, durch Abgründe von Elend und Verzweiflung den Weg wieder zurückwandern zu dem himmlischen Vaterhause, der wahren, inneren Heimat.

Je mehr die Persönlichkeit gereinigt und beherrscht wird, d. h., je mehr wir unsere Aufmerksamkeit auf das Geistig-Göttliche richten, alle Kräfte und Fähigkeiten im Bewußtsein der Einheit zum Wohle der Menschheit und aller Wesen verwenden, unsere Liebe und Güte in weiser Einsicht auf alle Wesen ausdehnen, um so mehr steigert sich unser Leben zu einem Gotteserlebnis. »Wisset ihr nicht, daß ihr Tempel Gottes seid, und der Geist Gottes in euch wohnet.« (1. Kor. 3. 17, 17.)

UNSER VERHALTEN BEI DEN ERSCHEINUNGEN VERSTORBENER

Der Mensch, in dem das Bewußtsein der Einheit alles Seins lebendig geworden ist, empfindet kein Verlangen mehr, die *Toten zu rufen*. Durch die Kraft der Liebe vermag er sich jederzeit in ihren Bewußtseinszustand zu erheben und, wenn sein Körper im Schlafe liegt, mit ihnen in den feineren Körpern zu verkehren. Jeden Versuch, die Verstorbenen zu rufen, wird er aus Liebe zu ihnen unterlassen; weiß er doch, daß er sie dadurch nur ihrer Ruhe berauben würde.

Doch es brauchen nicht immer die Hinterbliebenen zu sein, die einen Verstorbenen veranlassen, sich seinem früheren Betätigungsfelde, der Erde zu nahen. Zuweilen ist es auch der Verstorbene selbst, dessen innere Hemmungen und Bindungen eine stärkere Verdichtung seines Wunschleibes herbeiführen, so daß er in diesem Zustande einem Lebenden erscheinen kann. So gibt manchmal ein Zweifler seinen Bekannten das Versprechen, ihnen nach dem Tode zu erscheinen, vielleicht um ein lustiges Experiment zu versuchen, dessen Erfolg er aber jetzt schon bezweifelt und belächelt. Dieses Versprechen kann ihn nach dem Tode zur Ausführung einer Spukerscheinung veranlassen. Es ist sehr unweise, ein solches Versprechen zu geben, um damit das Fortleben der Seele zu beweisen; denn wie leicht macht sich der Verstorbene erdgebunden und verlängert damit seinen Aufenthalt in den unteren Sphären der Wunschwelt, was ihm Leiden aller Art einbringt.

Wie verhalten wir uns aber bei Erscheinungen Verstorbener? Zeigt sich tatsächlich ein Verstorbener in der durchscheinenden Gestalt seines Äther- oder Astralleibes, so sollten wir uns innerlich und äußerlich vollkomen ruhig verhalten. Ohne Beunruhigung oder Furcht, still und liebevoll ihm zugewandt, sollten wir sein Anliegen, das er etwa äußert, entgegennehmen und seine Wünsche erfüllen, sofern sie uns vernünftig und ausführbar erscheinen. Der von seinen quälenden Gedanken also Befreite wird dann in der Regel nicht wieder erscheinen. Er wird sich seinen Idealen zuwenden und sich damit in höhere jenseitige Sphären erheben.

Doch gibt es auch Verstorbene, die sich dem verkörperten Menschen in böswilliger Absicht nähern, ihn vampirisieren oder zu Handlungen drängen wollen, die er verurteilen muß. Sie erscheinen ihm gern vor dem Einschlafen und bleiben manchmal viele Stunden in seinem Zimmer, indem sie ihn mit den niederen Strömungen ihrer Gedanken überschütten und ihm die Nachtruhe rauben. Durch seine Angst öffnet er sich gewissermaßen der verhängnisvollen Beeinflussung, so daß ihn der böse Geist in seine Gewalt bekommt; denn je mehr der Mensch vor ihnen erschrickt und sich fürchtet, um so mehr stärkt er ihre Kräfte. Diese jenseitigen Peiniger sind aber keinesfalls unüberwindlich. Wir müssen uns klar machen, daß uns ein Verstorbener niemals schaden kann, wenn wir ihm nicht selbst durch Angst und Entsetzen die Macht hierzu geben. Je mehr wir innerlich und äußerlich unsere Ruhe bewahren, um so leichter können wir uns auf ein inneres Wort einstellen, das uns die Kraft gibt, den Aufdringling aus dem Jenseits von uns zu weisen. Nicht Abneigung und Ärger leihen die Kraft dazu, *sondern die Einstellung unserer Gedanken- und Gefühlskräfte auf Harmonie und Frieden, nennen wir es nun Gebet oder Meditation.* Das Geheimnis der Gedankenkraft entfaltet hier seine wundertätige Wirkung. Die höheren Schwingungen unserer Gemütseinstellung machen es dem jenseitigen Besucher unmöglich, sich weiterhin in unserer Nähe aufzuhalten. Er geht von selbst, oder wir entlassen ihn vielleicht mit dem Wunsche »Der Friede Gottes sei mit dir!« Diese unsere harmonische, friedvolle Einstellung kann einem seelisch gebundenen Verstorbenen insofern helfen, als er von seinen groben Gelüsten befreit wird und im Jenseits Ruhe findet. Er geht damit in weniger dichte Sphären ein und wendet sich höheren Zielen zu.

Demjenigen, der seine Liebe den Heimgegangenen über den Tod hinaus bewahrt, wird die Frage erstehen:

»KÖNNEN WIR DEN TOTEN HELFEN?«

Besonders bei plötzlichen Todesfällen würde wohl mancher alle seine Schätze opfern, wenn er die Gewißheit hätte, damit seinem lieben Verstorbenen zu helfen. Aber nicht äußere Opfergaben helfen dem Verstorbenen weiter. Das prunkhafte, marmorne Grabmal, das seine Erben ihm zum Gedächtnis errichten, während sie einander das reiche Erbgut mißgönnen, verhilft ihm nicht zum schnelleren inneren Fortschritt. Die kostbaren Trauerkleider, die streng eingehaltenen Trauersitten erleichtern den neuen Lebensweg des Betrauerten in keiner Weise. Und wenn wir alle unsere Schätze daran wendeten, seinen kurzen Erdentag in großartigen Grabstätten unsterblich zu machen, so hülfe das dem Toten ebensowenig. Kein äußeres Ding nützt ihm, sondern nur unsere Liebe, die ihn geleitet.

Am besten helfen wir unserem Heimgegangenen durch unsere liebevollen, segnenden Gedanken. Sie sind das beste Geleit für ihn; denn sie regen seine wahre, göttliche Natur zu immer größerer Entfaltung an, verhelfen ihm zu schnellerem Freiwerden von den niederen Sphären und führen ihn höheren Wesen zu, die ihn als Helfer in den Dienst der inneren Welten einstellen. Auch den Wunschbefangenen im »Fegefeuer« verhelfen segnende Gedanken zum leichteren Durchschreiten der Wunschwelt. Sobald sie für Belehrungen zugänglich werden, bessert sich ihr leidvoller Zustand. Aber Verachtung und Geringschätzung, die z. B. Selbstmördern von der menschlichen Gesellschaft noch immer entgegengebracht werden, bessern keinesfalls den Zustand dieser bedauernswerten seelisch Kranken. Da hilft allein Liebe, die sie beruhigt und stärkt. Von wissenden Helfern, die ihnen teils sichtbar, teils unsichtbar zur Seite stehen, werden sie an Orte der Erde geführt, wo sie Erbauung und Erhebung finden. Sie sind überall dort unsichtbare Zuhörer und Zuschauer, wo das Wirken der Erdbewohner dazu angetan ist, ihnen Ansporn und innere Kraft zu verleihen. So hören sie mit reger Anteilnahme die Predigten in den Kirchen, die künstlerischen Veranstaltungen in Konzert und Theater, die Vorträge in Versammlungen, in denen geistige Probleme behandelt werden. Es kommt hierbei nicht auf die vollendete Form der Darstellung, sondern auf die Innerlichkeit und Beseeltheit des Vortragenden an. Angeregt und erbaut, froher, hoffnungsvoller und mutiger gehen sie mit ihren Lehrern und Helfern wieder von dannen und verarbeiten in stiller Zurückgezogenheit die aufgenommenen Erlebnisse und Eindrücke in gegenseitiger Aussprache. Bald regt sich in ihnen der Wunsch nach eigener Tätigkeit und nach Gemeinschaftsleben. Die Wogen seelischer Erregung schwingen sich in ihnen immer mehr aus; sie gesunden allmählich; Gleichmut, Frohsinn und Harmonie ziehen in ihrer Seele ein und erfüllen nach und nach ihre Natur mit Liebe. Indem sie sich dem Wohle ihrer Umgebung widmen, wird das Höhere, Gute, Wahre und Schöne in ihnen lebendig, damit erleben sie den inneren Aufstieg. Jeder wahre Menschenfreund, der restlos für die Hebung der äußeren und inneren Nähe seiner Mitmenschen wirkt, möge darum auch die liebevolle Einstellung seiner Gedanken auf jene gebundenen und seelisch kranken Mitbrüder in den jenseitigen Sphären als seine Pflicht betrachten und ihnen Gedanken des Friedens, der Harmonie und der Liebe zusenden. Nicht eher wird der Mensch den vollkommenen Frieden in sich tragen, als bis er seine Pflicht im Tempel des reinen Menschentums erfüllt hat.

Wie Diesseits und Jenseits in Wechselwirkung zueinander stehen, so auch die Bewohner dieser Bewußtseinssphären. Doch wie können die Verstorbenen aus den viel feinerstofflicheren, jenseitigen Sphären heraus die Verbindung mit der Erde aufrecht erhalten? Wie können sie aus dem traumhaft subjektiven Zustande ihres Lebens diesseitige Nöte wahrnehmen?

Können uns die Toten helfen?

Die Verstorbenen können uns in ihrem jenseitigen Dasein ebenso helfen, wie wir ihnen. Denn nicht die physische Welt allein ist unser Wirkungskreis. Wir leben immer zugleich auch in der feinstofflichen Wunsch- und Gedankenwelt und den geistigen Sphären, in jenen Reichen des Universums also, welche auch unsere lieben Heimgegangenen bergen. Wie wir vermittels unserer unsichtbaren Körper mit ihnen verkehren können, so nehmen wir durch diese auch ihre Einwirkungen wahr.

Die Verstorbenen, die mit ihrem Bewußtsein bestimmte Menschen oder Menschengruppen umfassen und selbstlos zu wirken bereit sind, wenden sich diesen zu, um ihnen in ihrer Arbeit zu helfen. So erhält mancher ehrlich strebende Mensch, der ein bedeutendes Lebenswerk auszuführen sich zum Ziel gesetzt hat, wertvolle jenseitige Unterstützung, ohne daß er sich derselben im physischen Leben immer bewußt ist. Mancher ernste Künstler schafft durch solchen Beistand edlere, schönere Werke, die ihm allein nicht gelungen wären. Der Philosoph wird durch solche Helfer zu tieferen Gedankengängen angeregt und löst seine Probleme zwangloser. Manchem Forscher verhelfen die unbewußten Anregungen zu neuen Erfindungen, und viele wissenschaftliche Fragen finden mit jenseitiger Hilfe ihre Lösung. Doch handelt es sich bei solcher Hilfeleistung nicht um eine suggestive Beeinflussung, eine automatische Gedankenübertragung oder inspirative Mediumschaft, die nicht als Hilfe, sondern als Gefahr für den Menschen anzusprechen wären, sondern um Belehrungen im Jenseits, welche die geistig tätigen Verstorbenen den empfänglichen und suchenden Menschen in der Nacht, während ihr Körper im Schlafe liegt, erteilen. Sie entspricht mehr einem geistigen Unterrichte, in welchem nur die Ideen gegeben werden, deren Ausführung aber dem Betreffenden überlassen bleibt. Viele Menschen, deren geniale Leistungen die Bewunderung ihrer Zeitgenossen und der späteren Geschlechter erregen, sind sich dieser Hilfe bewußt. Sie wissen, daß sie aus eigener Kraft ihr Werk nicht hätten vollenden können. Doch verlassen sie sich nicht auf diese oder eine andere äußere Hilfe, sondern erfüllen, unbeirrt durch Schwierigkeiten und eintretende Hindernisse, ihre Pflicht. Diese steht ihnen über allem. Indem sie ohne Rücksicht auf Erfolg oder Mißerfolg, Anerkennung oder Ablehnung ihrem Werke leben und damit andere fördern, wird ihnen selbst geholfen; ist es doch ein Gesetz, daß dem geholfen wird, der anderen hilft. Dieses jenseitige Liebeswerk umfaßt alle kulturellen Gebiete und dient so dem Fortschritt des Ganzen.

Die liebenden, hilfsbereiten Verstorbenen gewähren aber auch persönlichen Schutz, sei es, daß sie diesen selbst für nötig erachten, oder daß sie durch höhere Wesen dazu beauftragt werden. Die verstorbene gütige Mutter oder der treubesorgte Vater helfen in Stunden der Not und Gefahr dem bedrohten Kinde. Oder sie halten den mit verbrecherischen Gedanken erfüllten Menschen davon zurück, seine unheilvollen Absichten auszuführen. Nicht selten umgibt die eines raschen, frühen Todes verstorbene Mutter, wenigstens die erste Zeit nach ihrem Tode, ihre hilflosen Waisen und wirkt mit edlen und ermutigenden Gedanken auf sie ein, gibt ihnen während des Schlafes Belehrungen und Ermahnungen und ist in vielerlei Art um ihre Erziehung und ihren Schutz bemüht. In Fällen drohender Gefahr erscheint sie ihnen im Traum oder sogar am Tage. Auch veranlaßt sie andere Wesen, z. B. die höheren Naturgeister, Devas genannt, ihre lieben Gefährdeten als »Schutzengel« zu umgeben, die sie, wenn auch die Gefahr schon unabwendbar erscheint, unversehrt und wohlbehütet in Sicherheit bringen. Auch kommt es vor, daß eine liebende, fürsorgliche Mutter, die plötzlich ihrem Familienkreise entrissen wurde und ihre Lieben in Not, Sorge und Ratlosigkeit zurücklassen mußte, sich in der Nacht an Bekannte oder edelgesinnte Menschen wendet und ihnen ihre Sorge um die hinterlassenen Angehörigen mitteilt. Ohne sich nach dem Erwachen des Umgangs mit der Verstorbenen bewußt zu werden, fühlt der Betreffende das Bedürfnis in sich, den Hinterbliebenen zu helfen. Auf diese Art helfen auch verstorbene Ehegatten dem zurückgebliebenen Lebenskameraden. Der Hinterbliebene wird durch diese jenseitige Hilfe dann innerlich so gestärkt, daß er zu den größten Leistungen und persönlichen Opfern befähigt wird und Eigenschaften entfaltet, die man keineswegs in ihm vermutet hätte. Ein solcher segensreicher Austausch gegenseitiger Liebe und Treue hat es schon vermocht, dem Verhältnis eine Innigkeit zu geben, wie es selbst ein Zusammenleben der Ehegatten bis ins hohe Alter hinein kaum bewirkt haben würde. Manche Freundschaft entfaltet sich durch eine solche jenseitige Hilfe und Verbundenheit zur schönsten und reinsten Blüte seelischen Einsseins, zu einer Tiefe und Erhabenheit, wie sie sich auf Erden vielleicht nie hätte gestalten können.

Aber die Hilfeleistung unserer lieben Verstorbenen erfordert nicht, daß sie in ihrem himmlischen Zustande stets ihre auf Erden lebenden Freunde und Angehörigen sehen und sich mit ihren persönlichen Verhältnissen belasten. Das würde sie erdgebunden machen, wenn sie nicht bereits geistig-erwachte Menschen sind. Wo bliebe auch die Glückseligkeit der Heimgegangenen, wenn sie alle persönlichen Angelegenheiten und Einzelheiten des Lebens ihrer Hinterbliebenen wüßten? Wie leidvoll müßte es sie berühren, wenn sie kurz nach ihrem Tode etwa den heftigen Streit der Erben beobachten müßten, oder wenn sie die Treulosigkeit, Habgier, Ehr- und Zügellosigkeit des verwitweten Gatten, die Vernachlässigung der mutterlosen Waisen in allen Einzelheiten sehen müßten? Wie schnell auch versiegen die Tränen, und Genußsucht, Leidenschaft und Egoismus nehmen den Hinterbliebenen gefangen. Nur ein Gesetz grausamster Härte könnte den Verstorbenen mit einem solchen Wissen begaben. Doch das Gesetz der Liebe und Barmherzigkeit bewirkt, daß sich während des devachanischen Lebensabschnittes um das Ego ein Schleier bildet, so daß es nur das Gute, Wahre und Schöne aus seinem eigenen Leben und dem seiner Hinterbliebenen, mit denen es in Liebe verbunden ist, wahrnimmt. Mit diesen Idealbildern wirkt nun der Verstorbene auf den Hinterbliebenen ein, wodurch dessen Seele erhoben und gestärkt wird. Die einströmenden Schwingungen des verstorbenen Freundes übermitteln ihm die Kraft, sich seinem wahren Selbst zu nähern, wodurch alle persönlichen Gedanken, Neigungen, Wünsche, Sorgen und Leiden zum Schweigen kommen. Durch die Liebe des Verstorbenen wird der Hinterbliebene in seiner idealen und tugendhaften Lebenseinstellung sehr gestärkt. Er kann dadurch unmittelbar an dem himmlischen Leben des Verstorbenen teilnehmen, wodurch er in seiner eigenen Entwicklung, seinem geistigen Aufstieg gefördert wird. Helfende Kräfte ebnen gleich schützenden Engeln seinen Lebensweg. Wir sollten uns daher bemühen, unsere Freundschaften zu vertiefen und zu vergeistigen; dann steht uns erhabene Hilfe, ein Kreis edler Freunde im Himmel bei, aus dem unaufhörlich Segensströme der Liebe in uns einfließen und unserem Leben eine höhere Weihe verleihen. Die Freundschaft ist für den Menschen das köstlichste und edelste Geschenk. Sie ist der reinste Edelstein, die unversiegbare Kraftquelle der Seele, die Blüte der Selbstlosigkeit und die Krone der Liebe.

Die Einstellung zum Helfen und Dienen im Diesseits wie im Jenseits ist Bedingung für die

HÖHERENTWICKLUNG DES MENSCHEN

Je mehr sich der Mensch seines wahren Lebenszweckes bewußt wird, um so mehr wird er auch bestrebt sein, sich immer mehr und mehr zu vervollkommnen. Die Tatsache der Höherentwicklung beobachten wir im ganzen Weltall. Alles ist in der Entwicklung begriffen. Darin besteht die Möglichkeit der Befreiung aus aller Gebundenheit, allem Leid und Schmerz.

In dem großen Werden und Reifen der Seele werden alle Hindernisse hinweggeräumt, alle inneren und äußeren Hemmnisse überwunden, welche der Erhebung in das Reich der Freiheit entgegenstehen. Ist der Mensch durch Opferung seines Eigenwillens eins geworden mit dem göttlichen Willen, dann schwindet das Dunkel der Nichterkenntnis, und das der Seele zu Grunde liegende göttliche Urbild kann sich gestalten. Im Laufe dieser Entwicklung verfeinern sich die stofflichen Hüllen immer mehr, das Bewußtsein erweitert sich, und die Kraft des Willens zum Guten wird gesteigert. Die Persönlichkeit wird zum willigen, brauchbaren Diener.

Die Liebe vertieft sich immer mehr; sie beschränkt sich nun nicht mehr auf einen kleinen Kreis, sondern umfaßt die ganze Menschheit. Die Kraft der Liebe aber überwindet alle Hindernisse, besiegt Selbstwahn und Selbstsucht und befreit von aller Täuschung durch das Licht der Erkenntnis. Die Liebe macht frei von allen Fesseln, Nöten und Leiden des Daseins und bringt den Menschen seinem wahren Ziele näher. Dieses Ziel aber kann kein anderes sein als das vollkommene Erwachen zur Selbsterkenntnis der Einen, ewigen Wahrheit. Zur Wahrheit kommen wir nicht durch den Schein, sondern nur durch die Wahrheit selbst. Haben wir gelernt, in allem das Wirkliche vom Schein, das Höhere vom Niederen, das Ewige vom Vergänglichen zu unterscheiden, dann wird das Licht der Wahrheit heller und heller in der Seele leuchten. Dann erhält unser Dasein einen höheren Sinn, alle Leiden bekommen einen Ewigkeitsklang.

Unser Leben mit seinen so mannigfachen Erscheinungen und Ereignissen, seinem beständigen Wechsel von Freude und Leid erklingt in der Vereinigung mit dem göttlichen Willen, in der Verwirklichung des wahren Menschentums in einem harmonischen Dreiklang von Weisheit, Liebe und Friede. Folgen wir darum der göttlichen Stimme in uns, werden wir wahre Helfer und Diener des Einen Weltenbaumeisters; dann wirken wir in allen Sphären des Universums, allen Wesen zum Heil und Segen. Erkennen wir unsere Aufgabe im Dienste der Menschheit, und seien wir bemüht, sie immer vollkommener zu erfüllen! Dies wird uns um so mehr gelingen, als wir die Kräfte unserer höheren Natur zur vollen Entfaltung bringen durch Reinigung unseres Wesens, Entsagung aller Wünsche, Opferung des Eigenwillens und beständige Erfüllung und Verwirklichung des göttlichen Willens. Dann werden alle Kräfte lebendig und wird die Erhebung in das Reich der Wahrheit und Wirklichkeit möglich. Dann sind alle Unterschiede im Strahle lebendiger Bruderliebe aufgelöst; der Lichtpfad zum wahren, ewigen Leben ist gefunden. Er führt durch das reine Menschentum zum Reich des ewigen Lichtes, zum seligen Frieden im Reiche Gottes. Dort vereinigt sich der zum Gottesbewußtsein erwachte Mensch mit allen Wesen im All in der ewig schaffenden, allumfassenden Liebe, dem bewußten Erleben der göttlichen All-Einheit.

Der *freie* Mensch geht ein in das wahre Sein, in die wunsch- und wahnlose göttliche Gemeinschaft der Vollendeten, der Heiligen und Weisen. In ihm hat sich

DER MYSTISCHE TOD

das Wunder der Wiedergeburt, vollzogen. Dieser Verwandlungsprozeß macht frei von Geburt und Tod; er ist der Eingang zur wirklichen Freiheit und höchsten Seligkeit, das Erwachen zum ewigen Leben, das bewußte Leben in der Einheit, das Erleben der Unsterblichkeit. Im mystischen Tod stirbt der Mensch für die Erscheinungswelten für immer und erwacht zum wahren, zeit- und raumlosen göttlichen Leben. Alles Niedere, Vergängliche ist für immer besiegt, und der Eigenwahn und die Getrenntheit sind überwunden. Wer durch den mystischen Tod gegangen ist, erkennt sich selbst als das Eine Wesen in allem Sein. Er spricht mit dem Meister Jesus: »*Ich und der Vater sind eins.*« (Joh. X, 30.) Er ist auferstanden von dem Tode des vergänglichen Daseins und eingegangen in das Lichtreich der Ewigkeit. Alle Finsternis der Nichterkenntnis ist dem Sonnenglanz des bewußten göttlichen Lebens, alle Schatten des Leides sind der erlösenden Liebe gewichen, und die Täuschung ist überwunden durch das Licht der göttlichen Selbsterkenntnis. Der Auferstandene hat den Tod und alle Leiden besiegt. Er kann dann sprechen: »Tod, wo ist dein Stachel? Hölle, wo ist dein Sieg?«

Er feiert seine wahre Auferstehung als erwachter Gottmensch in der Allvereinigung. Damit ist er Gott und Mensch in einem, Erlöster und Erlöser der Menschheit und aller Wesen, ein Quell der Liebe, ein Vollendeter und Meister, ein bewußter Mitarbeiter am göttlichen Weltentwicklungsplane. Er ist nun selbst Schöpfer, Erhalter und Erlöser, im Gottesbewußtsein selbst allmächtig und allwissend, aller Dinge Segen in Zeit und Ewigkeit — und selbst von ewiger Seligkeit umfangen.

Der geistig *Auferstandene* geht nicht zur Ruhe in die Seligkeit der höheren Welten ein. *Er verkörpert sich zu bestimmten Zeiten freiwillig auf Erden*, um seinen jüngeren Schwestern und Brüdern, der noch im Wahn des Sonderseins befangenen, leidenden Menschheit, zu helfen. Er ist ein Glied der »*Großen Weißen Bruderschaft*«, und sein Friede, seine Seligkeit sind nicht vollkommen, solange er noch einen seiner Schwestern und Brüder leiden sieht. Darum kehrt er als erwachte Seele freiwillig zurück und versucht, durch Aufklärung, Trost und Hilfe aller Art auch seine jüngeren Geschwister von den Fesseln des Leides, der Täuschung und Trennung zu befreien. Dabei verliert er aber sein himmlisches Bewußtsein nicht, sondern lebt, meist unerkannt, als Mensch unter Menschen still, bescheiden, stets hilfsbereit, freudig und friedvoll, im Bewußtsein des Ewigen bei jeglicher Arbeit, die er im Dienste der Menschheit verrichtet, dankbar und zufrieden, als Diener des göttlichen Willens allen helfen und dienen zu dürfen.

In seinem reinen und heiligen Leben ist er den Menschen ein Freund und Bruder und weist ihnen den Weg zur Freiheit und zum göttlichen Frieden, auf dem sie durch Betätigung der selbstlosen Liebe zur Erlösung gelangen. Durch Aufklärung über das wahre, göttliche Wesen in allen Dingen führt er sie zu sich selbst zurück und lehrt sie, die Entwicklungsgesetze zu erfüllen, damit auch sie auf dem Wege der Erfahrung zur Erkenntnis ihrer Einheit mit Gott erwachen. Ununterbrochen dient er der Menschheit und lehrt sowohl die Verstorbenen während seines körperlichen Schlafes als auch seine mit ihm verkörperten Geschwister, durch unablässige Arbeit an sich und an der Menschheit ihr Leben zu einem Leben dienender Liebe zu gestalten. Er lehrt sie, die in ihnen erwachenden geistig-seelischen Fähigkeiten im Einklang mit dem göttlichen Willen weise zu gebrauchen und immer mehr durch harmonische Lebenseinstellung und Betätigung der Liebe zur Entfaltung zu bringen.

So kehrt der *Gottmensch* freiwillig zur Erde zurück, bis alle Menschen das Ziel ihrer planetarischen Entwicklung erreicht haben und zur Stufe der Meisterschaft gelangt sind. Erst wenn alle das reine, wahre Menschentum in sich verkörpert haben und in jedem Menschen das *Christusbewußtsein* erwacht ist, fühlt er sich seiner Aufgabe und Verantwortung enthoben und wendet sich noch höheren Zielen zu, die jenseits all unserer Vorstellungen liegen.

Wenn wir mit solcher erweiterten Erkenntnis an ein Sterbebett treten oder am Grabe eines lieben Heimgegangenen weilen, sind wir fähig, den Tod als eine Wandlung zu *höheren »Wandlungen«*, als ein tiefes Mysterium zu erleben. Keine Klage wird unser Herz erschüttern; wir wissen, der liebe Verstorbene geht in lichte Welten ein, wo es kein Leid, keine Sorge und Täuschung mehr gibt.

Wir erkennen den Tod als die Pforte zum höheren, schöneren Leben. In göttlicher Reinheit und Schönheit erleben wir das Mysterium des Lebens, jenseits von Geburt und Tod. *»Stirb und werde!«* verkündet uns das geoffenbarte, göttliche Leben. An nichts sollst du dich binden, du Wanderer auf Erden, niemals sollst du untätig sein; denn nirgends im Weltall gibt es einen Stillstand! Alles fließt, und immerwährend sprudeln die Quellen des Lebens aus den unendlichen, unergründlichen Tiefen des Urseins. Beständig erschallt das göttliche »*Werde!*« durch alle Sphären des unermeßlichen Alls und ruft neue Zeichen und Wunder der göttlichen Allmacht ins Dasein.

Auch unsere Verstorbenen kehren in neuem, schönerem Kleide wieder, wenn die Strahlen der Liebe sie wecken und die Lenker und Hüter des Schicksals sie durch das Tor der Geburt zum neuen Erdenleben geleiten. *Dann werden wir uns wiedersehen.* Die Liebe führt zu neuem Wirken und Schaffen zusammen. Dann wird jeder Tag und jede Stunde ein neuer Zeuge unserer Liebe sein, jede Nacht im Erdenleben ein freudiges Eingehen ins Jenseits zum frohen Wirken in den Sphären der unsichtbaren Welten. Jeden Morgen werden wir uns stärker fühlen, jeden Abend bescheidener; alles Wirken und Schaffen wird ein beständiges Lichtwärtsschreiten; jeder Schritt führt uns näher zur Unermeßlichkeit des wahren Seins und zur Seligkeit. Nur reine Freude bringt uns das Leben, unvergänglicher Friede leuchtet aus unserem Innern, und stille Klarheit verklärt unser Sein.

Und naht dann wieder die Stunde, in welcher der »Tod« seine Hand auf uns legt, so ergreifen wir sie freudig und dankbar wie die Hand eines lieben Freundes, der uns aus dem Getriebe des Lebens in sein stilltrautes Heim entführt. Wie ein Kind nach einem ereignisreichen Tage, vom Schauen und Freuen müde, sich still und vertrauend in der Mutter Schoß zum Schlafe niederlegt und sich da wohlgeborgen weiß, so werden auch wir zuversichtlich und ergeben unserem Freunde »Tod« in die jenseitige Welt folgen. Ein großer Schultag ist wieder beendet; näher brachte er uns dem göttlichen Bewußtsein, der Selbsterkenntnis Gottes in unserer Seele, der heiligen Theosophie. Nun kommt die stille Nacht und mit ihr Ruhe und Stärkung, und auch ihr wird einst wieder ein schöner, lichter Morgen folgen. Dankerfüllt schauen wir noch einmal auf das beendete Erdenleben zurück und lassen unser Herz aus gottgeweihter Liebe sprechen:

»Ich habe die Welt überwunden!
Es ist vollbracht!
Vater, in Deine Hände befehle ich meinen Geist!«

Friede allen Wesen!

BILDANHANG

NACHWORT

Lieber Leser, hat Ihnen das vorliegende Buch Freude, Anregung oder Trost gebracht und wünschen Sie in dieser Geistesrichtung weiter zu forschen, so wenden Sie sich an die

„Theosophische Gesellschaft in Deutschland" e. gemn. V.

Geschäftsstelle: 757 Baden-Baden, Breslauer Straße 9

Dieselbe wurde von dem deutschen Arzt, Philosophen und Mystiker Dr. Franz Hartmann 1897 gegründet, um inmitten der modernen internationalen theosophischen Bewegung, welche über die ganze zivilisierte Welt ausgebreitet ist, das deutsche theosophische Geistesleben seiner großen Denker und Dichter zu pflegen.

Sie, eine Gemeinschaft von Wahrheitssuchern, strebt danach, dem Menschen Weg und Ziel auf Grund einer klaren Weltanschauung zu zeigen und die Weisheitsreligion der Weisen und Erleuchteten aller Zeiten und Völker aus der universellen Begegnung von Ost und West zu übermitteln.

Sie weist Wege, um die im Menschen schlummernden höheren Erkenntnis- und Willenskräfte zum Wohl der Menschheit zu entfalten, und hilft ihm, das Tor zu seiner Selbstverwirklichung zu öffnen, um sein wahres Sein als freier, selbstbewußter, selbstdenkender Mensch zu leben.

Aus der Tatsache, daß allem Dasein eine geistige, unzerstörbare Einheit zugrunde liegt, erstrebt sie die Humanität als Ausgangspunkt der geistigen Bruderschaft aller Menschen, der Nächstenliebe.

Mit der sittlichen Forderung, die Leiden der Welt zu überwinden, steht sie solidarisch zu allen humanitären Einrichtungen, welche Menschenfreunde als religiöse, philosophische, soziale und humane Lösungen zur Lebenskrise, als heilende Kräfte für die Leiden der Zeit anstreben. Sie unterstützt alle, die guten Willens sind, aus idealen Motiven für den Aufstieg der Menschheit zu handeln und in Ehrfurcht vor dem göttlichen Leben allen Wesen zu einem würdigeren Dasein zu verhelfen.

Offizielles Organ der Gesellschaft ist die theosophische Zeitschrift *„Das Höhere Leben"*. Die Geschäftsstelle, welche weitere Auskünfte erteilt, versendet unverbindlich und kostenlos Probenummern.

ERGÄNZENDE LITERATUR

Baird Spalding: LEBEN UND LEHREN DER MEISTER IM FERNEN OSTEN

Band I—III: Bericht eines Eingeweihten über das Wunderwirken des Avatars
3. Auflage, 416 Seiten, Großformat, Ganzleinen

Band IV: Unterweisungen, indische Reisebriefe
4. Auflage, 236 Seiten, Großformat, Ganzleinen

Band V: Menschen, die mit den Meistern gingen
5. Auflage, 132 Seiten, Großformat, Ganzleinen

Die Erforschung der inneren Welt indischer Meister war Spalding zur ersten Aufgabe geworden. Er lernte sie kennen, die ihm den Einblick in eine schrankenlose allumfassende Vergeistigung boten. Und alles, was er erkennt, was er in unbändigem Forscherdrang erfaßt, breitet er einfühlend vor dem Leser aus.

Das Wunderwirken des Avatars ist eine tief ergreifende Botschaft an die gesamte Menschheit: „Wer nicht mehr glauben konnte, an was es auch immer sei: Hier erfaßt er den Glauben, der Berge versetzt! Wer diese Bücher besitzt, hat einen Schatz erworben, der niemals versiegt..."

Maria Schneider: APOLLONIUS VON TYANA —

> Der Wanderer durch den Sternkreis
> 3. Aufl., 480 Seiten, 15.—18. Tausend
> Leben und Werk eines Eingeweihten

Aus dem Dunkel der Sage taucht er auf, durchwandert die Kraftfelder der 12 Häuser des Sternkreises und wird im Geheimnis eines verborgenen Sterbens wieder heimgeholt in den Atem des Weltgeistes, als dessen Bote er zu den Menschen seines Zeitalters gekommen war.

Von den Kräften der heilenden — goldenen Mitte zu sprechen, ist das tiefe Anliegen dieses formal und sachlich erstaunlich gekonnten Werkes. Die Mysterienkulte Kleinasiens, Ägyptens, Indiens, Griechenlands und Roms sind wohl kaum zuvor so lebendig und zugleich quellengeschichtlich einwandfrei exakt geschildert worden.

Gesamt-Buchspiegel mit ca. 110 Werken erhalten Sie vom

DREI EICHEN VERLAG

Postfach 600 115, 8000 München 60

Maria Schneider: APOLLONIUS VON TYANA —

Der Wanderer durch den Sternkreis
3. Aufl., 480 Seiten, 15.—18. Tausend
Leben und Werk eines Eingeweihten

Aus dem Dunkel der Sage taucht er auf, durchwandert die Kraftfelder der 12 Häuser des Sternkreises und wird im Geheimnis eines verborgenen Sterbens wieder heimgeholt in den Atem des Weltgeistes, als dessen Bote er zu den Menschen seines Zeitalters gekommen war.

Von den Kräften der heilenden — goldenen Mitte zu sprechen, ist das tiefe Anliegen dieses formal und sachlich erstaunlich gekonnten Werkes. Die Mysterienkulte Kleinasiens, Ägyptens, Indiens, Griechenlands und Roms sind wohl kaum zuvor so lebendig und zugleich quellengeschichtlich einwandfrei exakt geschildert worden.

Gesamt-Buchspiegel mit ca. 110 Werken erhalten Sie vom

DREI EICHEN VERLAG

Postfach 600 115, 8000 München 60